KB097604

남자들은 항상 나를 잔소리하게 만든다

FED UP

Copyright ⓒ 2018 by Gemma Hartley
Korea-language edition copyright ⓒ 2019 by Across Publishing Group Inc.

이 책의 한국어판 저작권은 대니홍 에이전시를 통한 저작권사와의 독점 계약으로
어크로스출판그룹(주)에 있습니다. 저작권법에 의해 한국 내에서 보호를 받는 저
작물이므로 무단 전재와 복제를 금합니다.

남자들은 항상 나를 잔소리하게 만든다

여자들에게만 보이는
지긋지긋한
감정노동에 대하여

제마 하틀리 지음
노지양 옮김

Fed Up…

어크로스

루카스, 에이버리, 토머스에게

Fed Up···

3부 | 이젠 잔소리를 끝낼 시간

| 일러두기 |

• 본문의 *표시는 옮긴이 주를 뜻한다.
• 본문의 고딕체는 저자 강조이다.
• 단행본, 잡지, 신문은 《 》로, 영화, 드라마, 칼럼, 논문 등은 〈 〉로 표기했다.
• 국내에 출간되지 않은 단행본의 경우 번역한 제목 옆에 원제를 표기했다.

바닥에 뒹구는 수납함을 보는 순간,
눈물이 터졌다

사회라는 양탄자가 무엇으로 구성되어 있고
이 양탄자를 아름답게 유지해야 하는 사람들에게
우리가 무엇을 요구하고 있는지
다시 물어야 할 필요가 있다.

- 앨리 러셀 혹실드

어머니의 날 내가 남편에게 부탁한 건 딱 한 가지였다. 청소업체 부르기. 화장실과 바닥 청소는 기본으로 하고 비용이 허락한다면 창문 청소도 포함하면 좋겠다고 했다. 나에게 그 선물은 청소 자체라기보다는 딱 한 번만이라도 우리 집안의 관리자이자 비서 역할에서 벗어날 수 있는 기회를 의미했다. 전화를 돌리지 않고, 추천받지 않고, 검색과 비교도 하지 않고, 비용 지불 방법을 고민하지 않고, 시간 약속을 잡지 않아도 일이 해결되어 있길 바랐다. 내가 진심으로 원한 선물은 한 가지 일을 해야 할 때도 마음 한구석에서 나를 계속 따라다니며 수만 가지를 신경 쓰게 하는 감정노동에서 잠시라도 해방되는 것이었다. 깨끗해진 집은 보너스에 가까웠다.

남편은 내가 마음을 바꿔 대청소보다는 아마존에서 클릭 한 번만 하면 집까지 배송되는, "손쉬운" 선물을 고르기를 바랐다. 내가 끝까지 뜻을 굽히지 않자 어머니의 날 바로 전날 한 군데

업체에 전화를 걸더니 생각보다 너무 비싸다며 자기가 직접 화장실 청소를 하겠다고 선언했다. 그러면서도 자꾸 나에게 선택권을 넘기려 했다. 내가 요구한 대청소 비용이 얼마인지 말하면서 (내가 우리 집 예산 관리자이므로) 그래도 청소업체를 꼭 부르고 싶은지 재차 물었다.

내 입장에서 그에게 바란 건 페이스북에 질문을 올리고 친구들에게 업체를 추천받아 네다섯 군데에 전화를 거는 감정노동을 해주는 것이었다. 나라면 당연히 그랬을 것이다. 프리랜서 일이 갑자기 늘면서 전부터 청소 서비스를 한 번쯤은 받아야겠다고 생각하고 있었다. 아직까지 하지 못한 이유는 내 몫의 일을 남에게 넘기는 데서 오는 죄책감이었고, 또 다른 이유는 청소업체를 선택하고 고용하는 절차를 감당하고 싶지 않아서였다. 그런 일이 얼마나 자잘하게 스트레스를 유발하는지는 안 봐도 뻔했다. 그래서 어머니의 날에 받고 싶은 선물을 묻는 남편에게 특별히 부탁을 했던 것이다.

하지만 어머니의 날 나는 목걸이를 받았고, 남편이 화장실을 변신시켜놓겠다며 한참 동안 사라졌을 때 점점 더 난장판이 되어가고 있는 집 안에서 아이들을 돌봤다.

남편 머릿속에서는 아내가 간절히 원했던 일을 해주고 있던 터였다. 아내는 가만히 앉아 있다가 반짝반짝한 욕실을 얻을 수 있지 않은가. 그래서 내가 결과를 보지도 않고 고맙다는 소리도 없이 바닥에 떨어진 신발과 셔츠, 양말을 줍자 남편은 나름대로

　　　　　　　　　　남자들은 항상 나를 잔소리하게 만든다

기분이 상한 모양이었다. 나는 옷방 가운데에 있는 커다란 러버메이드 수납함 위에 몸을 수그렸다. 전날 남편이 높은 선반 위에서 내려놓은 그 상자 안에는 시어머니 선물과 내 선물을 포장할 때 필요한 상자와 포장지 등이 들어 있었다. 그는 그 수납함을 내려놓고 필요한 도구를 꺼내 선물을 포장한 다음 바닥에 그 상태 그대로 놔두었다. 눈엣가시 같은, 오갈 때 걸리적거리는, (적어도 나에겐) 노여움을 유발하는 그 물건은 여전히 그 자리에 있었다. 그 물건은 빨래 바구니에 옷을 넣거나 입을 옷을 꺼낼 때마다 내 신경을 건드렸다. 발에 채이기도 하고, 밀쳐지기도 하고, 바닥에 굴러다니기도 했지만 끝끝내 아무도 치우지 않았다. 결국 내가 선반에 다시 올려놓기 위해서 부엌 의자를 끌어왔다.

"나한테 올려놓으라고 말하지 그랬어." 끙끙대는 날 보며 그가 한마디 했다.

그 상자가 옷방 한가운데 놓여 있어 방해가 되고 언젠가 누군가는 치워야 한다는 건 명명백백한 사실이었다. 남편은 마음만 먹으면 의자 없이도 간단히 올려놓을 수 있었을 테지만 그보다 상자를 안 치우고 빙 돌아가는 걸 택했고, 뻔히 보면서도 이틀 동안이나 무시했다. 애초에 자기가 필요해서 내려놓은 건데도 내가 시켜야만 치우겠다는 말이다.

"바로 그게 문제잖아." 이렇게 말하는 내 눈에는 눈물까지 그렁그렁했다. "나는 당신한테 하나하나 시키기 싫단 말야."

문제는 바로 여기 존재한다. 남편에겐 최소한의 노력만 하면 되는 간단한 일이다. 그런데 왜 그는 하지 않는가? 왜 내가 꼭 부탁을 해야 하는 걸까?

그 질문을 시작으로 눈물과 고함이 동반된 부부 싸움이 전개되었다. 나는 남편에게 내가 언제나 문제를 발견하고, 해결책을 고민하고, 가능한 한 명랑 발랄한 목소리로 누군가에게 부탁을 하는 것이 얼마나 지치는 일인지, 내가 왜 다른 사람들의 심리적 짐을 덜어주기 위해 모든 집안일을 관리 감독해야 하는지 설명했다. 처리해야 할 일을 가장 먼저 발견하는 사람은 항상 나고, 나의 선택권은 제한되어 있다. 나 혼자 알아서 하거나 다른 식구에게 맡겨야 한다. 우유가 떨어지면 장볼 목록에 적어두거나 남편에게 마트에 가서 사오라고 말해야 한다. 물론 우유의 마지막 한 방울까지 마신 건 남편이다. 나는 욕실이나 부엌이나 침실이 지저분할 때 가장 먼저 눈치채는 사람이고 또한 모든 상황에 시선이 가기 때문에 한 가지 일은 스무 가지 일로 늘어나곤 한다. 양말을 세탁기에 넣으러 가다가 발에 걸리적거리는 장난감을 발견하고 그러다가 놀이방을 치우고 그러다가 굴러다니는 그릇들을 싱크대에 넣고 그러다 보면 설거지를 하고 있다. 그 사이클은 끝도 없이 반복된다.

가사노동에만 질질 끌려다니는 게 아니다. 나는 우리 집의 스케줄 담당으로 모든 약속을 잡고 달력에 행사 날짜를 표시한다. 나는 남편이 열쇠를 어디에 놓았는지 모를 때 답을 아는 사람이고 결혼식이 몇 시에 시작되는지 아는 사람이고 그때그때 알맞

남자들은 항상 나를 잔소리하게 만든다

은 옷차림을 정해야 하는 사람이다. 오렌지 남은 거 있어? 초록색 스웨터 어디 있어? 누구 생일이 언제더라? 우리 저녁 뭐 먹어? 나는 모든 종류의 복잡한 목록들을 머리에 한가득 얹고 산다. 내가 원해서일까? 나밖에 할 사람이 없어서다. 나 아니면 누가 아이 학교 알림장을 읽나. 나 아니면 누가 친구의 포틀럭파티에 무엇을 가져갈지 계획하나. 어느 누구도 내가 요구하기 전에는 손가락 하나 까딱하지 않는다. 이유는 단 하나, 이제까지 계속 그래왔기 때문이다.

그러나 요청하기, 좋은 말로 부탁하기는 추가되는 감정노동일 뿐이다. 일을 배분하고 지시하려면 반복적으로 요청해야 하고 그것은 종종 잔소리로 여겨진다. 가끔은 웃으며 좋은 말로 부탁하고 부탁하고 또 부탁하지만 그래봤자 아무 소용 없을 때도 많다(잔소리 좀 그만하라는 말만 듣고 끝난다). 그러느니 내가 알아서 해버리기로 한다. 아침마다 딸에게 신발을 가져다 신겨준다. 딸이 신발을 못 신어서가 아니라 소리 지르기 전에 열 번은 말해야 하고 그러다 보면 유치원 갈 시간이 되고 그러다 보면 발에 신발이 신겨져 있지 않으니까. 남편이 뒷마당을 청소해주었으면 하지만 그와 동시에 집안의 평화를 유지하고 싶고, 그러려면 나의 짜증이 드러나지 않도록 목소리 톤을 조절해야 한다. 남편은 일일이 짚어주지 않고서는 해야 할 일을 먼저 알아내지는 못한다. 나는 주변 사람들의 비위를 맞추기 위해 내 감정을 최대한 조절해야 한다. 그래야만 우리 가정이 원활하게, 잡음 없이 돌아가기 때문이다. 감정 조절과 어조 조절이 힘들면? 내가 그 모든 일을 하면 된다. 우리 애들은 자잘한 심부름을 하지 않아도 되고 남편도 마찬가지다. 내 일이다. 언제나 그랬다.

그런데 내가 아무리 많은 일을 해치워도 언제나 마음속에는 추가의 일이 남아 있는 느낌이다. 어쩌면 계속 쌓이고 쌓이는 물리적인 일 자체보다 더 많은 시간을 잡아먹는 일이지만 주변 사람 아무도 알아보지 못한다. 이는 너무나 많은 여성에게 너무나 익숙한 느낌일 것이다. 티퍼니 두푸Tiffany Dufu의 《공을 떨어뜨리다Drop the Ball》를 읽다가 저자가 출산 후의 스트레스를 남편에게 쏟아내는 장면에서 '나도 이 느낌 알아' 하며 몸을 부르르 떨었다. "우리 둘 다 직장에서 풀타임으로 일하고 있다. 그런데 집에만 오면 내가 훨씬 많이 열심히 일한다. 더 화가 끓어오르는 건 남편은 내가 우리 집을 돌아가게 하기 위해 하는 모든 일의 반도 의식하지 못하고 있다는 사실이다. 다시 말해 그는 일을 덜 할 뿐만 아니라 내가 일을 더 많이 한다는 사실을 알지도, 고마워하지도 않는다."[1] 하지만 두푸의 남편은 아마 자신이 충분히 잘하고 있다고 생각할 것이다. 대부분의 남자들이 이전 세대보다는 집안일을 더 많이 하고 있긴 하다. 1965년과 2015년 사이 남편들의 가사노동 시간은 두 배가 되었고 육아 시간은 세 배가 되었으나 이러한 수치상의 급격한 발전은 우리에게 온전한 평등을 선물하지 않았다. 가정에서 젠더 간 격차는 여전히 크게 벌어져 있다. 여성들이 가사와 육아에 쓰는 시간은 남성의 두 배다.[2] 그

남자들은 항상 나를 잔소리하게 만든다

러나 가사에서의 육체노동을 공평하게 분담하는 비교적 평등한 부부 사이에서도 여전히 여성들은 자신이 더 많은 일을 한다고 느낀다. 왜 그럴까? 실제로 더 많이 하기 때문이다. 가사와 육아를 정확히 5 대 5로 나눈다고 해도 여성들이 그 일을 수행할 때 사용하는 감정노동은 수량화되지 않는다. 우리가 "추가로" 하는 일을 못 보기는 너무 쉬운데 "추가의" 일 대부분이 눈에 보이지 않기 때문이다. 물리적, 가시적 결과를 내기 위해서 밟아야 할 정신적 단계들은 잘 보이지 않는다. 대체로 여자의 눈에만 보이고 여자만 따라가고 여자만 수행한다.

도와달라고 하면 되잖아

어머니의 날에 내가 기어이 눈물을 쏟은 것은 바닥에 놓여 있던, 눈에 계속 거슬리고 밟히던 그 수납함 때문이 아니었다. 남편이 감정노동을 하기 싫다는 이유로 내가 원한 선물을 주지 않아서가 아니었다. 몇 년에 걸쳐 서서히 우리 가정에서 모든 일과 모든 사람을 챙기고 신경 쓰는 사람이 나 혼자가 되어버렸고, 그 세월이 쌓이면서 나의 노동이 당연한 것이 되어버렸다는 사실 때문이었다.

내 안의 분노는 조용히 끓어오르다 어느 순간 폭발하고 말았지만 왜 이렇게 화가 나는지 명료하게 설명할 수가 없었다. 실은 그 근본 원인을 추적할 수가 없었기 때문이다. 언제부터 이렇게 차이가 벌어졌을까? 감정노동은 나의 강점 아니던가? 우리 가정, 우리 아이들, 우리 인생, 우리 친구와 가족을 챙기겠다고 선택한 사람은 내가 아닌가? 내가 남편보다 이 일을 잘하지 않나? 이제 와서 이 관계를 재정립하자고 하는 건 너무 지나친 요구가 아닐까?

나는 오로지 나 자신의 이익을 위해서만 이 질문을 하진 않았다. 감정노동이 내 담당 영역이라 생각하지 않으면 주변 사람들에게 어떤 일이 일어날까? 나는 그 결과가 궁금하고 적잖이 신경 쓰인다. 생활을 지탱해준 조각들이 하나둘씩 떨어지면 그 조각은 누가 주울 것인가? 만약 내가 가사노동과 집안 대소사 관리를 내팽개친다면 누가 가장 괴로울까? 남편을 대할 때 말투나 표정에 신경 쓰지 않는다면 부부 싸움의 강도와 빈도는 지금과 다르겠지? 이렇게 나는 평생 동안 앞날을 미리 내다보고 주변 사람들에게 뭐가 필요한지 미리 생각했고 그들을 더 깊이 사랑하고 보살필 줄 아는 나를 만들어왔다. 감정노동은 어린 시절부터 학습해온 일종의 기술이었다. 남편은 나와 같은 학습 과정을 밟지 않았다. 그는 돌볼 줄 아는 사람이지만 돌봄노동에 능한 사람은 아니다.

내가 이 일을 더 잘할 뿐만 아니라 이 일에 가장 적합한 사람이라고 가정하면 내가 모든 일을 맡아야 한다는 의미가 된다. 울고 떼쓰는 아이를 잘 달래다 보니 항상 그 일을 하게 되었다. 집

　　　　　　　　　　남자들은 항상 나를 잔소리하게 만든다

을 깨끗이 유지하기 위해 공을 들였고 그러다 보니 정리정돈은 내 소관이 되었다. 사소한 것을 챙기는 걸 잘하다 보니 내가 책임자가 되는 게 당연하게 느껴진다. 하지만 《린인》에서 셰릴 샌드버그가 말했듯이 한 사람이 모든 책임을 떠맡으면 결국엔 모두에게 해롭고 위험한 불균형 상태가 된다. "파트너에게는 각자 책임을 지는 분야가 있어야 한다. 그렇지 않을 경우 받기만 하는 사람은 의무를 행하면서도 호의를 베푼다고 느낀다."³ 남편이 감정노동이라는 우산 아래 있는 몇 가지를 한다 해도 그건 나를 위해 베풀어주는 호의가 된다. 그가 해주는 감정노동은 생활을 하나부터 열까지 어떻게 꾸려야 하는가에 대한 고민이나, 내가 아니면 안 된다는 무거운 책임감에서 비롯되지 않는다. 내 부탁 없이도 어떤 일을 해주어 내가 진 정신적 부담의 작은 조각이라도 가져가주면, 그건 나를 위한 "선물"이다. 나와 똑같은 일을 해도 나는 기대할 수 없는 칭찬과 인정을 무더기로 받는다. 반면 나에게 감정노동은 의무를 넘어 나라는 인간의 가치와 긴밀히 얽혀 있는 영역이다.

나는 지긋지긋했고 기진맥진했다. 이번만큼은 내 의사를 확고하게 전달하면서도 남편의 표정을 살펴야만 하는 그 아슬아슬한 줄타기를 하고 싶지 않았다. 여성들은 어릴 때부터 마치 의무처럼 파트너의 감정을 세심히 살피고 뭐가 필요할지 예측하고 기분 상하지 않도록 조심하여 평화를 유지하는 법을 배운다. 여기에 전제가 하나 달린다. 갈등 상황에서 남자들에게 같이 소통하면서 감정 문제를 해결해보자고 요구하면 남자들은 핑계를 대거나, 짜증을 내거나, 버럭 성질을 내는 것이 "자연스럽고" 남자니까 그럴 수도 있다고 여겨지는 것이다. "우리 사회는 여성들이 언제나, 선천적으로나 생리학적으로 남성보다 감정을 더 잘 감지하고 표현하고 다스릴 수 있다는 잘못된 개념을 지속적으로 강화하면서 감정을 젠더화한다." 펜실베이니아 웨스트체스터대학에서 감정노동을 주제로 강의하고 집필하는 젠더 사회학자인 리사 휴브너 박사의 주장이다. "각자의 성품 때문에 다른 사람보다 감정을 더 잘 다스릴 수는 있다. 그러나 이러한 능력이 오로지 생물학적 성에 의해 좌우된다는 주장에는 아직 확실한 근거가 없다. 그런데도 이 사회는 (남녀가 선천적으로 다르지 않음에도 불구하고) 소녀와 여성들만 감정에 책임을 지고, 남성은 책임을 회피해도 되는 법을 무수히 강구하고 있다."[4]

우리 부부는 감정노동에 대한 우리의 견해차를 주제로 길고 긴 대화를 나누었다. 남편은 기본적으로 착한 성품과 선한 의도를 갖고 있는 사람이다. 그러나 그는 굉장히 가부장적으로 반응했다. 내가 감정노동을 요구하자 본인 성격에 대한 비난처럼 받아들였다. 나는 머릿속으로 계산했다. 남편에게 내 불만을 끝까지 이해시키는 것이 더 나을까, 아니면 되도록 싸우지 않기 위해 필요한 감정노동이 피곤하니 이쯤에서 그만두는 게 나을까. 평소 같으면 그냥 넘어갔을 것이다. 어쨌든 시키는 일만큼은 군말 없이 하는 파트너가 있으니 운이 좋다고 생각했을 것이다. 자매

남자들은 항상 나를 잔소리하게 만든다

와 친구들을 포함한 다른 여자들과 비교하면 내가 나은 편에 속한다는 걸 알고 있다. 남편은 집안일을 곧잘 한다. 매일 저녁 설거지를 한다. 저녁도 차린다. 내가 일하고 있으면 아이들을 침대로 데려가 재운다. 그 이상의 집안일을 요구해도 불평하지 않고 한다. 때론 이런 남편에게 더 많이 원하는 건 과욕처럼 느껴진다. 어쨌거나 남편은 착한 사람이고 훌륭한 페미니스트 동지다. 함께한 세월이 길어서 남편이 내 말을 알아듣는지 아닌지 대번에 알아챌 수 있다. 그는 전혀 이해하지 못했다. 앞으로 청소를 더 자주 하겠다고 했다. 도움이 필요하면 부탁하면 되지 않느냐는 말을 반복했다. 하지만 바로 그 말에 문제가 있다. 나는 모든 집안일을 세세하게 관리감독하고 지시하고 싶지 않다. 나는 동등한 주도권을 갖는 파트너를 원한다.

쇼니 브루지Chaunie Brusie는 배블Babble*(육아 관련 웹사이트)에 쓴 유명한 칼럼에서 불공평한 집안일 분담에 대해 이렇게 이야기한다. "같이 저녁을 먹었으니 다 같이 치우고 설거지하면 모든 일을 더 빨리 끝내서 같이 쉴 수 있지 않을까? 아이들이 엄마만 청소 담당이 아니라는 사실을 배우면 더 좋아지지 않을까? 공유 공간에 공동의 책임을 갖는 것이 더 상식적이지 않나?"[5] 기본적으로 모든 감정노동이 여성 한 명에게만 가지 않으면 더 좋아지지 않을까? 남편이, 언젠가는 자녀들이 주도적으로 할 일을 찾아보고 그 일을 하면 어떨까? 브루지는 집에서 풀타임으로 일하는 프리랜서 작가이며 억대 연봉을 버는 여성이다. 그렇다면 "약간의 도움" 이상이 보장되어야 하지 않나? 그녀는 공동으로 사용하는 집의 관리 책임이 오직 엄마인 자신에게만 돌아가선 안 된다고 주장한다. 그런데 이제까지 그래왔다. 브루지는 그 칼럼에서 저녁식사를 마치고 뒤처리는 가족에게 일임했다고 썼다. 최대한 쾌활한 목소리로 부탁했다. 첫 요청이 무시당하자 설거지가 끝나면 다 같이 게임을 하자며 당근을 내밀기도 했다. 엄마가 "도움" 받기를 원하면 좋은 말로 웃으면서 해야만 한다. 그 "도움"의 실체는 결국 본인들이 어지른 것을 치우는 일인데도 말이다. "우리는 집안 청소나 정리를 자기가 할 일이 아니라 '엄마 돕기'로 취급한다. 나는 우리 아이들이 집을 돌보는 일이 매우 중요한 일이라는 사실을 인지하길 바란다. 그 일은 중요한 일이 맞고 우리 모두가 해야 하는 일이다." 그러나 해야 할 일을 먼저 알아보는 습관이 되어 있지 않은 파트너, 즉 가정 관리의 정신적·물리적 노동을 동등하게 나누지 않으려는 사람에게 이런 부탁은 팔기 어려운 상품이다. 쓰레기를 버리는 건 좋다. 그러나 우리는 파트너가 쓰레기통을 지금 비워야 한다는 것을 먼저 알아챌 만큼 나와 동등한 책임감을 갖길 바란다.

이 점을 남편에게 마르고 닳도록 설명해보려 했지만 남편은 차이를 이해하지 못했다. 일이 완수되기만 하면 되지 누가 부탁을 하고 안 하고가 왜 중요해? 그게 뭐 그렇게 큰일이야? 당시 나는 말로는 내 생각을 정리할 수가 없었다. 그래서 글로 썼다. 부부 싸움으로 귀결된 나의 그 모든 괴로움과 불만들을 토로

했고, 그 글을《하퍼스 바자》에 실었다.[6] 저 바깥에는 내 말을 직관적으로 이해하는 여성이 없지 않을 거라고 믿었다. 우리는 이런 종류의 보이지 않는 노동, 기계가 돌아가도록 바퀴에 기름칠하는 일을 매일 하고 있다. 억울할 정도로 과하게 부여된 감정노동이라는 짐을 매일 지고 살면서 스트레스를 감내하고 있다. 하지만《하퍼스 바자》에 실린 에세이 〈여자들은 잔소리하려는 게 아니다. 그저 지긋지긋할 뿐〉이 하루아침에 입소문을 타고 많은 이들에게 퍼졌을 때 당황스러울 정도로 놀랐다(이 글을 쓰는 지금, 그 에세이는 96만 2000회 이상 공유되었다). 수천 개의 댓글과 답글이 달렸다. 많은 이들이 자기만의 "어머니의 날에 있었던 일"을 떠올렸다. 너무 많은 것을 감당하고 있고 설명할 일이 너무 많았지만 방어적인 파트너 앞에서 할 말을 잃어버렸던 경험이 있었다. 인종과 계층을 망라한 수백만 명의 여성들이 고개를 끄덕였다. "나도 그래요." 기쁘면서도 깊은 한숨이 나오는 여성 연대의 순간이었다. 그러다가 궁금해졌다. 왜 지금일까?

이젠 정말 지긋지긋하다고

물론 나는 감정노동이라는 개념을 최초로 연구하고 파헤친 사람이 아니다. 사회학자들이 처음 이 용어를 사용했을 때 그들의 연구 대상은 주로 비행기 승무원, 메이드 등의 서비스 업종 종사자였다. 이들의 직무 중 하나는 항상 행복한 표정과 태도를 전시하며 처음 만난 사람들을 최대한 친근하게 대하는 것이다. 감정노동emotional labor이란 용어는 사회학자인 앨리 러셀 혹실드Arlie Russel Hochschild가 1983년에 발표한 책《감정노동》에 처음 등장하며 주목을 받았다. 감정노동이란 자신의 감정을 억누르고 통제하여 공적으로 요구되는 말투나 표정을 교환가치로 만들어 상품으로 파는 것을 말한다. 혹실드는 사적인 상황에서 감정노동을 감정 일, 혹은 감정 관리라는 용어를 사용했다.[7] 혹실드는 승무원들이 그저 직업 수행 중에 겉으로 온화하고 친절하게 보이는 데 그치지 않고 기내 승객들의 감정과 기대에 부응하기 위해 실제로 온화하고 친절해져야만 하는 상황에서 요구되는 연기적 행위에 주목했다. 승무원에게는 미소 또한 업무의 일부다. 따라서 자아와 감정을 결합시켜 즐거운 척하면서도 아무 노력이 들어가지 않은 척하고 그로 인해 생기는 피로감과 불쾌함을 능숙하게 숨겨서 고객들을 불편하지 않게 해야 한다. 승무원은 감정을 최대한 통제하는 법을 배우고 취객이나 막무가내 승객이 관심을 바라는 "아이처럼" 행동할 때 자연스럽게 일어나는 분노를 숨기는 법도 훈련받는다. 머릿속에서 고객에 대한 수긍 가는 이야기를 만들어내면서까지 연민을 끌어내야 한다. 고객의 감정에 최대한 공감하려 노력하면서 자신의 감정과는 최대한 멀어져야 한다. 극단적인 형태의 고객 만족 서비스라 할 수 있다.

　다른 사회학자들 또한 감정노동이라는 주제를 확장하는 논문들을 발표했고, 여성이 가정에서 감정노동을 수행하는 방식을 연구했다. 2005년 리베카 에릭슨은 여성의 감정노동과 불평등한 가사 분담을 연결시켰다. 에릭슨의 논문에서는 가사노동에서의 성별 차이를 이해하기 위한 결정적인 요소로 감정노동을 지목했다. 여성은 더 많은 일을 하고, 더 많은 일을 대표하며, 그 일을 하면서도 모든 사람을 행복하게 해주어야 한다.[8] 가정 안에서 누가 언제 어떤 일을 하는가에 큰 격차를 보이는 이유는 여성이 감정노동을 수행해야 한다는 성 역할에 대한 기대 때문이다. 우리는 그 일을 직접 해야 하는지 누군가에게 맡겨야 하는지를 결정하는 사람이고, 종종 감정노동보다 육체노동을 하는 것이 더 쉬운 길이다. 문화적·젠더적 관습에서는 여성이 집을 "총감독" 하는 사람이어야 하고, 그 문화 때문에 커플들 사이의 심각한 불균형이 형성되고 유지된다.

그러나 이 주제가 학계 외부의 관심을 끌게 된 건 비교적 최근의 일이다. 2015년 제스 짐머만Jess Zimmerman은 여성이 사적 영역에서 감정노동을 수행하는 방식을 언급하면서 대중적 담론으로 이끌었다. 사실 우리는 그 일을 항상 수행하고 있다. 우리는 청자가 된다. 우리는 조언자가 된다. 우리는 자아를 억누르고 다른 사람의 감정을 인정하면서, 우리 내부의 감정이 내는 소리는 죽인다. 우리는 고개를 끄덕인다. 우리는 미소 짓는다. 우리는 보살핀다. 어쩌면 가장 중요한 건 우리는 그 일을 아무런 화답을 기대하지 않고 한다는 점에 있을지 모른다. 감정노동은 여성이라면 마땅히 해야 하는 일이니까. 우리 모두 알고 있다. "우리는 항상 여자들이 더 직관력이 뛰어나고, 더 감정이입을 잘하고, 생득적으로, 기꺼이 도와주고 조언하는 존재라는 말을 들었다." 짐머만은 말한다. "이러한 문화 구조는 남자들이 얼마나 편리하게 감정적으로 게으를 수 있는 핑계가 되는가. 감정을 기반으로 하는 일은 '여성의 성격 깊은 곳에서 흘러나오는 내적 욕구이자 열망'이라고 보면 얼마나 편리해지는가."[9]

짐머만의 논문은 유명한 웹사이트 메타필터MetaFilter에서 화제가 되었고 수천 명의 여성들이 댓글로 이 용어를 응원하고 감정노동에 대한 생생한 경험과 풍부한 이야기를 공유했다.[10] 게시판에 글을 올리는 사람들은 자신들이 투자한 감정노동을 다른 사람의 기대에 부응하는 일, 우선순위를 따지고 조화시키는 일, 다른 사람의 입장이 되어보는 연민으로 읽었다. 메타필터 유저들은 집안일을 더 완벽하게 잘 해내지 못한 것에 대한 부끄러움과 죄책감에서부터 상대의 감정을 자신의 감정보다 더 많이 고려하려는 노력에서도 감정노동을 보았고, 고객을 만족시키기위해 성노동자들이 제공하는 매력과 대화에서도 감정노동을 발견했다.

로즈 해크먼Rose Hackman은 《가디언》에 기고한 에세이에서 감정노동의 정의를 더 확장하여 감정노동은 페미니즘의 다음 주제가 될 것이라고 주장했다.[11] 짐머만이 연구한 감정노동뿐만 아니라 더 세세한 분야에서의 감정노동을 이야기했다. 여성들이 하는 모든 계획, 배려, 돌봄까지를 감정노동에 포함시켰다. 감정노동이 우리 삶에 파고드는, 사소해 보이지만 은밀하고 해악적인 방식에 대해서도 논했다. 살림살이와 물건을 어디에 놓는지를 책임지는 일부터 (키친타월을 "우리"가 어디에 두었는가) 생일을 기억하고 행복한 시간을 기획하고 유쾌한 직장 분위기를 만드는 일과 파트너의 자존심을 만족시키기 위한 가짜 오르가슴까지도 감정노동이라 주장했다.

감정노동이라는 주제는 그 후 몇 년 동안 주류의 의견이 되고 관심을 받았다. 감정노동에 관한 수백 개의 기사와 논평들과 그 반복된 버전들이 발표되었다. 나의《하퍼스 바자》에세이 또한 이 주제에 관해 처음 쓴 글은 아니다. 그 글이 발표되기 몇 달 전에 나는 '롬퍼'에도 전업주부로서 겪는 감정노동에 대한 글을 썼다.[12] 감정노동은 어디에나 있다. 그런데 대체 왜,《하퍼스 바자》에 내 글이 발표되었을 때 그렇게까지 센세이션을 일으켰던 걸까?

솔직하게 말하면 나는 여성들이 진저리가 났기 때문이라고 생각한다. 내 글은 2017년 9월 말, 힐러리 클린턴의 대선 패배와 트럼프의 승리 이후 1년이 지난 시점에 발표되었다. 대통령 취임 이후에 세계 여성의 날 행사가 열렸는데 "미국 역사상 가장 많은 국민이 참여한 1일 시위"로 기록되었다고 한다.[13] 바로 한 주 전에는 하비 와인스타인의 성추행 혐의로 인해 타라나 버크Tarana

Burke*(아프리카계 미국인 민권운동가로 2006년 처음 '미투' 문구를 사용했다)가 창시했던 #미투metoo 운동이 다시 불같이 일어났다. 여성들은 화가 났고, 깨어났고, 강력한 변화를 맞을 준비가 되어 있었다. 우리는 우리의 소중한 것들을 포기하고 남성들의 감정과 기대에 맞추는 데 진력이 나 있었다.

이 같은 시대적 상황과 맞물려 여성들은 감정노동이 그저 짜증나는 집안일과 불만의 원천 정도가 아니라 우리 삶의 모든 영역을 건드리는 구조적인 문제의 근본 원인일 수 있으며 우리 문화에 만연한 성차별의 해로운 결과라는 사실을 깨달았다. 가정 안에서 진을 빼게 하는 정신적·감정적 노동—그 노동에 의해 가장 이익을 얻는 사람들에게는 대체로 간과되는 종류의 노동—을 보통은 여자들이 모두 감당해야 한다는 기대가 당연시되면서, 우리 여자들은 너무나 쉽게 이 해로운 기대에 멋모르고 끌려간다. 뭔가 이상하다고 생각하면서도 다른 선택의 여지가 없기에 그 안에 발을 딛고 살아간다. 문화적 관습에 따라 우리의 말투를 바꾸고 외모를 맞추고, 습관을 형성하고 우리 내면도 기대에 맞춰 바꾸면서 평화를 유지하려 한다. 표 나지 않는 노동을 수행할 때의 고통을 항상 느끼면서도 감수해왔다. 그러나 내 에세이가 발표되면서 가정 안에서의 양상이 좀 더 뚜렷하게 보이기 시작한 것이다. 여기에 그치지 않았다. 우리는 변화를 원했다.

걱정하기로 지정된 사람

　나보다 앞서 감정노동을 논의한 저널리스트들이 그랬던 것처럼 나도 감정노동을 조금 더 확장해서 독자들이 가정과 사회 안에서의 역학관계를 조금 더 명확히 볼 수 있는 새로운 렌즈를 제공해주고 싶다. 내가 정의하는 **감정노동**이란 감정 관리와 생활 관리가 결합되어 있다. 내 주변 사람들을 편안하고 행복하게 해주기 위해 우리가 대가 없이 하는 보이지 않는 노동이다. 나의 에세이에서 묘사한 종류의 돌봄노동 관련 용어인 **감정적인 일, 심리적 과부하, 정신적 부담, 가정 관리, 사무 노동, 그림자 노동**을 모두 포함한다. 이 용어들은 각각 따로 떨어뜨려놓고 보았을 때는 대단한 노동으로 인정받지 않지만 이런 종류의 감정노동이 서로 교차하고 혼합되면 궁극적으로 적지 않은 스트레스를 유발한다. 정신을 소진시키고 육체를 지치게 하는 감정노동의 부정적인 영향은 더 넓은 세상까지 우리를 따라온다.

　주디스 슐레비츠Judith Shulevitz는 《뉴욕 타임스》 기사에서 어머니들이 경험하는 감정노동에 따르는 대가를 이렇게 서술했다. "여성이 걱정하는 일을 좋아하건 싫어하건 그것은 그 여성이 돈을 받고 하는 일에 바쳐야 하는 집중력을 흩뜨려놓고 직업적 성공을 향해 가지 못하게 그 여성을 넘어뜨리거나 경력을 무너뜨린다. 여성이 걱정하고 우려하게끔 만들어진 체계는 여성을 산만하게 하고 고되게 하며, 이는 일터에서 여성의 평등을 가로막고 있는 가장 단단한 바위일지도 모른다."[14]

슐레비츠의 표현에 따르면 "걱정하기로 지정된 사람"이 되려면 시간과 노력이 필요하다. 가정 안에서만 한정하여 예를 들자면, 당신은 아마도 모든 사람의 아침을 매끄럽게 흘러가게 하기 위해 체계를 만들고 지휘하는 사람일 것이다. 현관 앞 벽에 열쇠를 걸어놓아야 하는 사람이다. 열쇠 걸 못을 하나 박는 데도 "잔소리"를 해야 한다. 철물점에서 필요한 재료를 사오라고 몇 번이나 당부해야 하고, 그것도 힘들면 기억해두었다가 직접 사와야 한다. 오늘 밤이나 내일까지 그 간단한 일을 완성하기 위해 여러 차례 고운 말로 부탁해야 한다. 그러면서도 해야 할 일들의 우선순위를 계속 머릿속으로 계산해야 한다. 당신이 자동차 열쇠를 벽에 걸어두면 얼마나 편리할지 아무리 반복해 설명해도 열쇠들은 늘 아무데나 놓여 있다. 모두가 당신에게 묻는다. "내 열쇠 어디 있어?" 당신은 열쇠가 있을 만한 장소들을 알려줄지, 아니면 다시 한번 열쇠 걸이 이야기를 꺼낼지 고민한다. 후자를 택하면 언쟁이 될 수 있기에 한 발 앞서 생각해보아야 한다. 단어를 신중하게 고르고, 최대한 짜증을 눌러 평상시 목소리로 말해야 한다. 내 감정을 누르면서도 상대의 감정을 살피는 일을 동시에 수행해야 한다. 그건 참으로 피곤한 일이기에 그냥 파트너에게 열쇠가 어디에 있는지 알려준다. 그래야 시간도 감정도 절약되기 때문이다.

하지만 꼭 시간 절약이 아닌 이유는 이러한 복합적인 감정노

남자들은 항상 나를 잔소리하게 만든다

동이 표면적으로 사소해 보이는 문제들의 전반에서 표준이 되어 버리기 때문이다. 당신의 생활은 이윽고 오직 당신만 헤쳐 나갈 수 있는 매우 복잡하게 얽힌 거미줄이 되어버린다. 세심한 체계라는 실타래에 다른 사람들의 발이 엉키거나 걸려 넘어지지 않도록 모든 사람을 인도해야 한다. 치약이 다 떨어져가는 걸 알아채는 사람도 당신이고, 다 쓴 화장실 휴지를 새로 걸어놓는 사람도 당신이다. 동료들을 위해 퇴근 후 회식 장소를 검색하는 것도 당신이다. 자신의 감정을 억누르면서 다른 사람들의 감정을 알아채고 인정하는 사람이다. 항상 눈을 크게 뜨고 세세하게 신경 쓰면서 모든 일을 무사히 굴러가게 하고 모든 일을 해내는 사람이다. 알고 보면 이런 종류의 노동을 수행하는 데는 굉장한 시간과 정력이 소요된다. 우리 뇌는 멈추지 않고 돌아간다. 그러나 이 일은 큰 대가를 치르게 된다. 우리 자신을 돌보거나 나의 직업을 위해 노력하거나 나의 생활과 행복을 위해 사용되어야 할 정신의 용량을 다 써버리기 때문이다. 이전에는 상이하다고 여겨지던 이 개념들을 한 우산 아래 넣는 것이 당연해 보이는데 이 모든 것이 실은 긴밀히 연결되어 있다. 감정노동은 일의 결과에만 신경 쓰는 것이 아니라 우리의 감정, 언어, 행동에 영향을 받는 모든 사람을 신경 쓰는 일이다. 그러면서 개인적으로는 큰 손해를 감수해야 한다.

여성은 대가 없이, 주변 모든 사람을 무슨 일이 있어도 편안하게 해주어야 한다는 기대를 받는다. '무슨 일이 있어도'에는 나 자신을 희생하는 것도 포함된다. 이타적인 페르소나를 창조하여 우리 자신을 다른 사람의 욕구에 종속시킨다. 차분한 청자가 되고, 현명한 조언자가 되고, 여행 플래너가 되고, 매니저가 되고, 청소부가 되고, 상기시켜주는 사람이 되고 모두가 앉아 기댈 수 있는 편안한 쿠션이 된다. 그것이 우리를 어떻게 고갈시키는지 알아주는 사람은 없다. 감정노동을 수행할 때면 주변 사람들의 욕구를 우리의 욕구보다 늘 앞에 둔다. 이것이 우리가 이 세상 안에서 존재하는 방식이지만 알아주는 이는 없다. 주변 사람들에 맞춰 변신하기 위해 나 자신의 감정을 숨기거나 가면 바꿔 쓰듯이 바꾼다. 남편과의 원만한 관계를 위해, 아이들이 짜증내고 떼쓰지 않게 하기 위해, 엄마와 말싸움하지 않기 위해, 길거리 성희롱이 더 심각한 폭행으로 커지지 않게 하기 위해 그렇게 한다.

다른 사람의 감정을 돌보고 기대치에 맞춘다는 건 먼저 다른 사람들을 위해 온갖 어려운 일을 자처한다는 뜻이고, 조금 더 생산적인 방식으로 채울 수 있는 귀중한 시간을 그 일에 써버리는 것을 의미한다. 내 반응이 상대방의 감정을 건드리지 않을지 미리 계산해야 한다. 일을 시키거나 맡길 때도 명랑하고 캐주얼한 말투를 유지해야 한다. 불편한 상황에서도 자제하고 참고 즐거운 척해야 한다. 내가 안전해지려면 다른 사람들이 어떻게 반응할지를 미리 생각해야 한다. 언제나 매력적이고 온화하게 의사를 전달해야 하지 않겠는가? 까딱 잘못하다 회사에서 부정적인 평가를 받을 수도 있고, 경력을 키울 기회를 날릴 수도 있다. 낮선 남자가 길에서 당신에게 외설적인 소리를 지껄일 때 비웃지 말고 입을 다물어야 하지 않겠는가? 잘못하다가 그 남자가 따라와서 공격하거나 더 험악한 일이 생길 수도 있다.

이미 확립된 힘의 역학관계를 우리의 언어와 행동으로 따르지 않으면 호된 대가를 치러야 할 수도 있다. 샌드버그가 책에서 설명한 것처럼 여성은 비난받을지도 모른다는 두려움에, 전문성을 발휘해야 하는 자리에서도 발언을 자제한다. "팀플레이를 하지 못한다는 말을 들을까 봐 두려워서, 부정적이거나 잔소리가 심하다는 말을 들을까 봐, 건설적인 비판이 상투적인 비난으로 들릴까 봐, 일어나서 큰 소리로 발언하면 관심이 집중될까 봐, 관심이 집중된다는 건 곧 공격당할 가능성을 열어버린다는 것이니까 (같은 목소리가 내는 공포는 아예 회의 자리에 앉지 말라고 말하기도 한다)."[15] 집에서조차 "도움"을 요청해야 할 때, 너무나 절실히 필요하지만 싸우고 싶지는 않기에 비슷한 종류의 머뭇거림을 느낀다. 남의 눈에 보이지 않지만 우리만 아는, 지치고 끝나지 않는 일이다.

혹실드는 승무원들이 비행 중에 가정적인 분위기를 만들어내야 하고 그때 만들어진 가짜 감정은 퇴근 후에도 그들을 힘들게 한다고 설명했다. 감정적으로 소진되고 일의 페르소나와 진정한 자아 사이를 자유자재로 오갈 수 없다. 자기 안에서도 진정성을 찾기 힘들어하는데 그들의 감정노동은 서비스 업계의 업무로만 한정되지 않기 때문이다. 여성으로서 우리는 삶의 모든 분야에서 배려와 다정함을 보여주어야 하는 임무를 띠고 있다. 직장에서뿐만 아니라 집에서도 세상 밖에서도, 친구나 가족과 함께 있을 때도, 직장 동료나 처음 보는 사람 앞에서도 그렇게 한다. 여성들은 우리가 퇴근 카드를 찍고 나갈 수 없다는 사실을 알기 때문에 지쳤다. 어느 골목을 돌건, 누구를 만나건 우리에게 감정노동을 요구한다. 생활 모든 분야에서 감정노동의 주된 제공자가 되라는 지속적인 요구를 들어주다가 드디어 지쳤다. 이 일은 아주 힘들고, 많은 시간이 소비되고, 우리를 제자리에 묶어놓거나 후퇴시키기 때문이다.

한정된 정신적 용량을 온갖 잡다한 집안 대소사로 채워놓고 내 시간의 많은 부분을 다른 사람들의 편의를 위해 사용한다. 직업적으로 성공하기 위해서도 남자들과는 다른 방식으로 감정노동을 수행한다. 말투와 태도를 검열하고 다른 사람들의 아이디어를 들어주고 받쳐주고 지지해준다. 공적 장소에서 낯선 남자를 상대할 때도 안전을 위해서 어떻게 행동해야 할지 신중히 따지고 계산해야 한다. 이 모든 종류의 감정노동은 더 크고 더 구조적인 불평등의 증상으로 여성들, 특히 특권이 적은 여성들에게 적극적으로 위해를 가한다. 혹실드는 남성과 여성이 감정적인 일에 관련하여 반응하는 방식은 가면과 같다고 말한다. "이 불평등은 누가 누군가에게 빚을 지고 있다는 가정에서 비롯된다. 표면적인 행동도, 그것을 지탱하는 사고에서도 그렇다."[16] 여성들은 이 사회에서 언제나 빚을 진 것처럼 감정노동을 제공하

남자들은 항상 나를 잔소리하게 만든다

고 있고 그것을 필요로 하는 누군가에게 끝없이 은혜를 베푼다. 남성과 여성 모두가 누가 어떤 일을 하고 무엇이 진정 가치가 있는지에 대한 기대치를 바꾸지 않는 한 한쪽이 적자인 상태는 계속된다.

남의 짐을 대신 지지 않는 법

바로 여기서 우리는 감정노동의 개념을 재정립하여 그 뒤에 있는 기술과 능력의 가치를 재조명해야 할 것이다. 감정노동은 우리를 무력하게 하는 크립토나이트다. 그렇다. 그러나 우리의 슈퍼파워가 될 수도 있다. 이 일에 가치가 있음을 보아야 하고 이것을 밝은 곳으로 데려와야 한다. 이런 종류의 돌봄과 감정 지능은 매우 소중한 능력이다. 공감과 연민이라는 이익이 따라오는 강도 높은 순발력 훈련이다. 펜실베이니아주립대학 커뮤니케이션학 부교수인 미셸 램지Michele Ramsey 박사는 감정노동은 문제 해결과 동의어가 될 수 있다고 말한다. "'여자들은 감정적이기 때문에 남자들이 해결사가 되어야 한다'는 말은 젠더 편견이다. 집이나 사무실에서 이 세상의 문제의 대부분을 누가 해결하고 있는가?"[17] 세 아이를 키우는 엄마이자 주부이며 한 가정의 관리자로서 나는 그 답을 알고 있다고 확신한다. 감정노동은 우리에게 분노와 스트레스를 안겨주기도 하지만 거기에는 매우 중요한 능력이 내재되어 있다. 우리는 큰 그림을 볼 줄 알고 더 넓은 범위에 포함된 결과들을 생각해내기도 하고 예기치 못한 상황에도 쉽게 적응하고 우리가 하는 일, 우리가 만들어가는 관계, 사회적 상호작용에도 마음을 쏟을 줄 안다. 감정노동이 우리 삶에 존재하는 방식 때문에 이 사회를 서로 연결하고 유지해주는 예의라는 실로 짠 정교한 태피스트리가 완성된다. 우리는 감정노동 없이는 살아갈 수 없고 그러길 원해서도 안 된다.

감정노동을 모두가 소유하고 이해해야 하는 소중한 능력이나 기술로 재정립해야 한다. 우리를 생활의 리듬에 더 귀 기울이고 맞출 수 있게 하기 때문이다. 우리를 인간적인 경험에 더 깊숙이 발을 들여놓게 한다. 우리를 더 진실하고 더 완전한 버전으로 만든다. 남성과 여성 모두에게 이익이 돌아간다. 여성에게 과도하게 지워진 감정노동을 덜어낼 수도 있고 남성들에게는 자신의 삶을 더 새롭고 보람 있는 영역으로 들어갈 수 있게 한다. 감정노동의 짐을 공평히 나누기만을 원하지 않고 그 짐을 질 때 무엇이 함께 따라오는지도 이해해야 한다. 현재 떠안고 있는 짐이 불균형하다 해도 우리는 감정노동 때문에 더 오래 더 건강한 삶을 산다.[18] 우리가 앞을 내다보고 더 건강한 관계를 만들고 유지하기 위해 고민하고 서로를 편안하게 하기 위해 끊임없이 노력한다. 우리 파트너 또한 당연히 여기서 큰 이득을 얻는다. 하버드 대학의 연구에 따르면 기혼 남성이 비혼 남성보다 더 오래 건강한 삶을 영위한다.[19] 스트레스를 적게 느끼고 우울증 발병도 낮으며 비혼 남성보다 신체적으로도 더 건강하다. 그들의 아내가 건강한 방식으로 그들의 삶을 이끌어주기 때문이다. 여러 논문에서 아내와 사별하거나 이혼한 남성은 사별하거나 이혼한 여성보다 삶의 질이 떨어진다는 결과가 나온다. 남성들의 삶을 관리하는 데 시간과 정성을 쏟는 파트너가 없을 때는 그들의 건강, 안정, 사회적 연대가 위험에 처한다.[20] 파티 초대장에 답하는 사람은 아내이고, 가족 모임을 만드는 사람도 아내이고, 친구 관계를 *끈끈하고* 건강하게 유지하는 사람도 아내일 때, 그 아내를 잃는다는 건 모든 사람을 잃는다는 뜻이다. 또한 그 유대감은 애초에 남성에게 속하지 않았다는 사실을 의미한다.

여성들은 친구와 가족과의 유대를 튼튼하게 유지한다. 파트너가 건강한 음식을 먹고 운동하는지 확인한다. 여성은 남성들에게 돌아가야 할 짐을 자신이 짊어진다. 남성들은 하찮게 여기지만 결코 하찮지 않은 "사소한 일들"을 기억하는 제2의 뇌가 된다. 하지만 감정노동을 배우지 않은 남성들은 삶에서 매우 크고 중요한 부분을 놓친다. 여러 면에서 편한 생활이긴 할 것이다. 그러나 다른 누군가가 생활의 사소한 모든 부분을 책임져주면 당신의 삶은 온전히 당신의 것이라고 할 수 없다. 현재의 감정노동의 불균형 상태는 남성들이 자신의 사회적 유대를 위해 노력하지 않아도 된다는 기대를 심어준다. 남자들은 자기 삶의 사소한 부분을 챙기는 사람이 아니다. 생활을 창조하고 가정을 꾸리는 데 의미를 찾는 사람도 아니다. 바로 이 지점에서 해로운 가부장제가 번성한다. 여성들은 복잡한 방식으로 남성들을 돌보아야 한다는 기대를 받고, 남성들은 자신을 돌보는 법을 배울 기회를 잃는다. 육체적으로뿐만 아니라 감정적·정신적으로도 자신을 돌보지 못한다. 이 사회는 남성이 감정노동을 다루지 못한다고 말한다. 그들을 위해 모든 일을 일일이 설명하고 관리해주어야 한다고, 그들은 삶을 적극적으로 바꿔줄 이 기술을 배울 수 있는 존재가 아니라고 말한다. 반쪽짜리 삶 속에서 불만을 묻으며 살게 한다. 그들의 능력과 특권도 발휘할 기회를 주지 못한다. 우리는 우리 모두를 해치는 사이클을 유지하려 노력하고 있다. 이러한 사이클을 변화시키는 것은 여성을 도울 뿐만 아니라 남성을 해치지도 않는다. 모두를 자유롭게 한다. 감정노동을 더 동등하게 부담하려는 목표를 세우는 것은 그저 하기 싫은 일을 다른 곳으로 이동시키는 것이 아니라 우리 모두가 더 좋은 쪽으로 삶을 바꾸는 초대장을 받는 것이다.

감정노동의 균형을 맞추면 우리 모두가 더 충만하고 더 진정성 있게 살아갈 기회를 얻는다. 짐을 덜게 된 여성들은 정신적 에너지와 시간을 되찾을 수 있고 직업적인 면에서 더 현명한 판단을 할 수 있으며 진정한 평등 속에서 파트너와 더 깊은 공감대를 형성할 수 있다. 남성들은 새로운 방식으로 자신의 인간성과 인간애를 찾는다. 유해한 남성성을 거부하며 사람들과 유대감을 나누고 더 평등한 세상을 위해 싸우는 우리를 지지하면서도 두려워하지 않을 수 있다.

혹실드는 우리 삶에서 감정노동을 어떻게 인정하는지에 따라 어떤 미래를 전망하는지를 알 수 있다고 말한다. 나는 우리가 고루한 법칙을 깨고 새로운 개척지로 들어갈 준비가 되어 있다고 믿는다. 감정노동에 억지로 끌려다니지 않고 감정노동이라는 돌봄의 기술을 어떻게 하면 제대로 이용할지 결정할 수 있다. 감정노동은 우리의 웰빙에 해로울 필요가 없다. 사실 너와 나와 세상을 하나로 묶어주는 단단한 끈이기도 하다. 이것을 인지하고 인식하고, 좋건 나쁘건 우리의 삶에 영향을 미치는 방식을 인정할 때 감정노동을 온전히 소유할 수 있다. 이 기술을 사용하는 방식을 전환시킬 수 있다. 다시 정의하고 되찾을 수 있다.

무엇보다 아이들을 위한 평등 모델을 세워서 아이들이 우리의 패턴을 반복하지 않게 해야 한다. 남성이 감정노동을 경험하고 아버지이자 파트너이자 한 인간으로서, 더 깊고 넓은 인간적인 경험으로 들어갈 수 있는 소중한 기회를 주어야 한다. 여성들에게 지나치게 부과되는 감정노동에 대한 기대에는 선을 그을 줄도 알아야 한다. 이것을 핸디캡으로 보기보다는 기술로 활용할 수 있어야 한다. 맥신 워터스Maxine Waters의 말처럼[21] 우리는 우리 시대를 새롭게 주장해야 한다*(캘리포니아주의 민주당 의원 맥신 워터스가 2017년에 사용한 "reclaim my time"이라는 문구가 크게 유행했다). 감정노동을 이롭게 이용하여 우리를 포함한 모든 사람에게 더 나은 세상을 위한 도구로 만들어야 한다. 그렇게 했을 때 우리 삶뿐만 아니라 파트너와 다음 세대의 삶까지 변화시킬 수 있다. 감정노동의 불평등을 직시하기 위해 함께 노력하면 우리 자녀들의 미래까지 바꿀 수 있다. 우리 아들들은 자신들이 져야 할 짐을 지게 될 것이다. 우리 딸들은 다른 이들의 짐을 지지 않는 법을 배울 것이다.

남자들은 항상 나를 잔소리하게 만든다

1부

집에 있는데 뭐가 힘드냐는
사람들에게

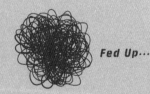

Fed Up...

1.
남편에게 같은 질문을
다섯 번째 반복하던 날

차가 집 주차장을 빠져나갈 때 우리 집 두 살짜리는 온몸을 비틀며 울부짖어댔다. 30분 전 일어나는 순간부터 계속 이 상태였다. 차가 도로에 진입했을 때 우리 집 네 살짜리는 두 살 동생에게 시끄럽다고 소리를 질렀다. 여섯 살짜리는 둘 다 그만하라고 소리를 질렀고 서로가 서로에게, 말하자면 라운드 로빈 방식*(스포츠나 게임에서 각 팀이 다른 팀과 모두 최소 한 번씩 경기를 치르는 방식)으로 손가락질하고 소리를 질러대는 상황이 되었다.

하루를 이렇게 시작하는 내가 안쓰럽다 싶겠지만 사실 나의 하루는 이미 몇 시간 전에 시작되었다. 나는 일어나자마자 이메일을 보내고, 가계부를 쓰고, 아침을 차리고, 점심 도시락을 싸고, 싱크대를 정리하고 설거지를 했다. 이 모든 걸 시간 관리 팟캐스트를 들으면서 했다. 울고불고 하는 막내를 달래면서 여섯 살짜리의 숙제를 봐주고, 책가방을 확인하고, 물통에 물을 채워주고, 세 아이의 옷을 입힌 다음 딸아이의 머리를 땋아준 후에 이 애들을 차에 어찌어찌 밀어넣는 데까지는 성공했다. 운전을 하면서 머릿속으로는 오늘 하루에 해야 할 일들을 생각했는데 주변의 소음 강도 때문에 결코 쉬운 일은 아니었다. 남편에게 시어머니에게 문자를 보내 크리스마스에 강아지 봐줄 수 있는지 물어보라고 해야 한다. 손 세정제도 떨어졌고 기저귀도 몇 장 남지 않았다는 걸 절대 잊어선 안 된다. 학교에서 온 이메일을 열어놓았지만 읽지 못했다. 나는 아주 많은 것들을 기억해야 하는데 분명 잊어버릴 것이 뻔하다. 운전하면서 점점 더 심해지는 뒷자리 아이들의 싸움을 말려야만 하기 때문이다. 바로 그때 맞은편에서 오는 남편의 차를 발견했다.

롭은 두 시간 전에 출근했기에 회사 카드키나 노트북을 가져가지 않아서 집에 다시 오는 건 아니었다. 시리를 이용해 남편에게 왜 돌아오는지 문자로 물었다. 딸을 유치원에 데려다주었을 무렵 남편의 문자를 보았다. "이따가 당신 집에 오면 이야기해."

남편이 회사를 그만뒀다

말하지 않아도 나는 안다. 그의 차를 보고 가슴이 철렁할 때 이미 알았다. 남편 회사에서 대대적인 인원 삭감을 한다는 것을

남자들은 항상 나를 잔소리하게 만든다

알고 있었고 이 시기에 특히 해고가 잦았다. 아이를 내려줄 두 번째 학교로 가면서 나는 숨을 깊게 들이쉬었고 곧바로 계획 모드로 들어갔다. 어떻게든 방법을 찾아낼 것이다. 우리 집 경제 상황은 알고 있다. 외벌이로도 당분간은 버틸 수 있다. 절약하면서 산다면 남편이 6개월 정도는 일을 쉬어도 괜찮다. 사실 그는 6개월 내내 일하지 않고 집에 있어야 할지도 모른다.

나의 책 마감일은 6개월 앞으로 다가왔다. 내 경력은 이제 자리를 잡아가고 있고 수입도 일정하게 유지되고 있다. 남편이 자기에게 더 잘 맞는 일자리를 알아보면서 가사를 책임지고 두 살짜리 막내를 전담하여 돌볼 수도 있을 것이다(그나저나 이 애는 아직까지 울고불고 떼쓰고 있다). 타이밍은 이보다 더 좋을 수 없을 정도로 완벽하다. 프리랜서 일이 점점 더 많이 들어오면서 어떻게든 수완을 발휘해 대처해오긴 했지만 최근 한계에 도달하고 있다고 느꼈다. 롭에게는 여전히 보이지 않는 감정노동이 너무나 많았고 내가 챙겨야 할 일은 그 어느 때보다 많았다. 남편이 집에 있으면 상황이 바뀌지 않을까 상상해보았다. 그는 집이 정상적으로 돌아가려면 매일 단위로 무엇을 해야 하는지 파악할 것이고 전업주부 아빠로서 해야 할 감정노동도 마주하게 될 것이며 우리 가정 관리자로서 상황을 보다 뚜렷이 보게 될 것이다. 처음에는 가정의 위기로 다가왔던 것이 어쩌면 우리에게 활짝 열린 기회일지도 모른다고 생각했다.

몇 달 전 《하퍼스 바자》에 내 에세이가 실리고 나서 우리는 감정노동의 불균형에 대해서 수없이 많은 대화를 나눠왔으나 아직 말뿐이지 실질적인 변화를 만들지 못하고 있었다. 남편도 우리 집의 상황을 더 자세히 볼 수는 있었다. 내가 대부분의 청소를 하고 있고, 도시락을 싸고, 계획을 짜고, 일정을 관리한다. 하지만 남편의 도움이 절실할 때도 남편은 내가 하던 일을 어디서부터 어떻게 맡아야 할지 스스로 알아내지 못했다. 내 직업은 더이상 아르바이트가 아니지만 우리 가정은 바뀐 상황을 전혀 반영하지 못했고 나의 의무는 여전히 그대로였다. 롭이 빨래를 몇번 더 돌리기도 하고 자기 손에 맞는 집안일을 몇 가지 더 추가하긴 했지만 집안 관리와 아이 관련 일을 계획하고 배분하는 일은 여전히 내 어깨에만 무겁게 올라가 있는 기분이었다. 가끔은 머리가 터져버릴 것 같았다. 그러나 내가 감당하는 이 감정노동을 남편에게 설명하는 일은 더 힘들었다. 그의 실직이 나에게는 이익이라 생각했다는 사실에 죄책감을 느꼈지만 한편으로는 이런 획기적인 변화가 지금 우리 가족에게 꼭 필요하다고 확신했다. 우리 가족에게 전환점이 될 거야. 드디어 개혁이 시작될지도 몰라. 이제 나는 우리 집의 유일한 수입원이며 가장이다. 그렇다면 남편은 자연스럽게 가정의 관리자 일을 맡게 될 것이다. 그도 이역할을 수긍하게 될 것이다. 이와 다른 시나리오가 어떻게 펼쳐질 수 있겠는가?

집에 도착하니 그가 소식을 전했고, 차에서 했던 생각은 아직은 혼자만의 계획으로 간직했다. 지금 이 순간 그에게 필요한 건 위로라는 걸 알았다. 그에게 속상하겠다고 말하고, 그래도 우리는 괜찮을 거라 위로한 후에 그의 개떡 같다는 말을 나도 따라 했다.

"그래, 개떡 같지."

롭은 그 말을 듣자마자 충격을 받은 듯했다. 오늘은 아마도 내게 어마어마하게 밀려올 감정노동을 해낼 첫날이 될 것이다. 아마도 한 주 내내 그럴 것이다. 우리가 앞으로의 계획에 대해서 대화할 때마다 그는 실직 때문에 얼마나 화가 났는지도 쏟아낼 것이다. 그에게 실직의 괴로움과 당황스러움을 소화할 시간을 주고 싶었다. 말로 쏟아내다 보면 다시 자신감이 생겨 이 시기를 견디는 법을 찾게 될 것이다. 남편이 이 상황을 기회로 보고, 이제 자기 앞에 놓인 자유를 즐기면서 스스로 여유를 주길 바랐다. 그 시점까지만 모든 감정노동을 감당하기만 한다면 그는 집에서 생활의 조화를 찾을 것이고 우리 둘 다 행복해질 수 있을 것이다. 우리는 더 큰 스케일로 가사 분담을 하고 나는 머리 한쪽에서 계속 집안일 목록을 재생시키지 않고 내 일에 집중할 수 있을 것이다. "내가 없을 때" 누군가가 집안일을 전부 책임져준다는 사실을 알고 내 사무실 겸 서재로 들어갈 때 기분이 어떨지 상상해보았다. 꿈만 같았지만 우리만의 리듬을 그리 어렵지 않게 찾으리라고 확신했다. 이제 우리 인생의 새로운 장을 열고 있는 중일지도 몰랐다.

그날 오후 우리는 (아직까지도 징징거리고 있는) 두 살짜리를 공원에 데리고 갔다. 공원 산책로 옆을 흐르는 냇가를 따라 걸었다. 공기는 상쾌했고 바닥에는 미루나무에서 떨어진 노란 낙엽들이 덮여 있었다. 산책로는 이제 키 큰 시에라소나무가 서 있는 숲길로 접어들었다. 이 풍경의 변화가 우리 생활의 변화처럼 느껴졌고, 나에겐 큰 의미로 다가왔다. 예상치 못했고 불안하기도 했지만 생각하면 할수록 우리 인생에서 꼭 필요한 변화라는 확신이 들었다. 남편의 경력을 위해서도 그렇지만 우리 관계 안에서도 새 출발이 될 것이다. 남편에게 실직이 긍정적인 일일지 모른다고, 조심스럽게 말했다. 지금 우리 모습을 보라고. 단어 그대로 또 비유적으로. 나는 이제 집중해서 책을 쓰면 된다. 남편은 3개월 동안 실업 급여를 받을 수 있다. 어쩌면 우리 가족에게 좋은 일일지도 모른다.

"그래도 나한테 화낼 시간 좀 주면 안 돼?"

그가 나의 낙관주의에 살짝 질려서 한 발 물러났다는 사실을 눈치로 알았다. 그는 집에 오자마자 컴퓨터를 켜고 구직 사이트에 들어갔다. 나는 다시 머리로 모든 옵션들을 돌려보았다. 나처럼 배우자의 실직을 경험했던 친한 친구에게 전화를 걸어 우리가 앞으로 겪을 감정의 굴곡에 대해 묻기도 했다. 이 길을 되도록 가볍게 밟고 싶었고 남편의 기분을 상하게 하지 않으면서 앞으로 나아가고 싶었다. 친구들은 실직 상태가 예상보다 더 길어지면 남편들은 불안 초조해하다가 심각한 정체성 혼란을 겪기도 한다고 조언해주었다. 차를 타고 집으로 돌아오는 길에 롭은 2주

남자들은 항상 나를 잔소리하게 만든다

안에는 다시 일을 찾을 수 있을 거라고 말했지만 그건 그의 강력한 희망사항일 뿐이었다. 나는 어떻게 하면 그가 능력 있는 사람이라는 확신을 주면서 현실을 직시하게 할지 고민했다. 과하지 않을 정도의 낙관주의를 유지하면서 만만치 않을 구직 과정에 세심하게 관심을 기울이고 정체성 변화에 적응하기 어려워하는 심경 또한 이해해주어야 했다. 생각만 해도 피곤해졌다. 그러나 나의 감정은 어떤지 감히 확인해볼 생각조차 하지 않았다. 우리 부부와 가족의 평화를 위해 늘 그렇듯 나는 아슬아슬한 줄타기를 해야 했고, 이제 그 줄은 실처럼 가늘어지려 했다.

이 남자는 하루 종일 뭘 한 거야?

내 일정이 점점 더 빡빡해지면서 롭은 아침 준비를 책임졌다. 그날은 내가 일어나자마자 이메일 보내기, 인터뷰, 팟캐스트, 리서치를 하지 않아도 되는 드물게 여유 있는 아침이었다. 남편에게 일정이 적힌 달력을 보여주며 매일 매일 달라지는 스케줄을 확인하게 했다. 매일 아침 딸을 유치원으로 데려다주는 건 여전히 내가 했다. 한 달 정도 롭의 무직 상태와 나의 풀타임 책 집필 일정에 적응해갔다.

"오늘 난 한 시간 반 동안 팟캐스트 녹음이 있고 1시까지는 책 목차를 완성해서 편집자에게 보내야 해." 남편에게 말했다. 시간상 무리는 없었다. 내가 일을 마무리하고 메일을 보내고 나면 두 살 막내는 아빠가 해준 점심을 먹고 낮잠 잘 준비를 할 것이다. 나는 아이를 재우고 내 점심을 먹은 다음에 필요한 참고 도서를 읽을 참이었다. 어쩌면 일과 관련 없이 읽고 싶었던 다른 책을 읽을 수도 있을 것이다. 그 시간에 남편은 산악자전거를 타러 가기로 했다.

하지만 내가 서재에서 나왔을 때 두 살 막내는 아직 점심을 먹지 않은 상태였다. 급하게 라면을 끓여 먹이고 낮잠을 재우려 하는데 톰은 자전거 라이딩 복장으로 갈아입고 있었다. 아빠가 나가는 모습에 정신이 팔린 아이를 달래서 재우기 위해 애를 쓰는 동안, 남편은 자전거를 타러 나갔다. 아이를 달래 재우는 데는 꼬박 한 시간이 걸렸다. 아이와의 실랑이를 겨우 끝낸 다음에 꼬르륵 소리 나는 배를 안고 지친 걸음으로 부엌으로 갔다. 그때 식탁의 상태를 보았고 나는 비명을 지를 뻔했다.

색칠 공부 책, 크레용, 마커, 내가 여섯 살 첫째에게 엄마 서재에서 함부로 갖다 쓰지 말라고 수없이 잔소리했던 프린트 용지, 연필 깎이, 펼쳐진 채 뒤집어져 있어 그 안을 보기 두려운 도서관에서 빌린 책들이 엉망으로 놓여 있었다. 상자에 들어 있어야 할 두 가지 색깔의 모래 놀이는 여러 개의 작은 덩어리가 되어 바닥에 흩어져 있었다. 아침식사 후에 나온 그릇들과 반쯤 먹다 만 음식이 있는 그릇이 그대로였고 식탁 위에는 흘린 우유가 말라붙어 있었다. 만들기 장난감 상자에서 나온 작은 비즈들이 모든 곳에,

남자들은 항상 나를 잔소리하게 만든다

모래 놀이 안에, 음식 안에, 바닥에 떨어져 있었다.

　그릇을 싱크대에 넣고 식탁의 음식들을 버리고 그 전날 저녁에 나온 설거지가 그대로인 걸 보면서 소리를 지르고 싶은 충동은 이제 내가 누를 수 없는 수준까지 올라갔다. 아침에 나온 설거지도 그대로였다. 세제나 물에 담가놓지도 않았다. 싱크대 상판에는 뚜껑이 열린 시리얼 상자가 있고, 가스레인지 위 냄비에는 딱딱해진 오트밀이 그대로 있었다. 도서관에서 빌린 책을 원래 자리인 거실 책장에 꽂으러 가는 동안 거실 바닥에서 팝콘이 반쯤 들어 있는 바구니와 반쯤 먹다 만 옥수수를 발견했다. 소파 위에는 신발과 스웨터들이 널려 있었다. 꺼냈던 장난감도 그대로였다. 걸으면서 이 물건들을 치우고 정리하는 동안 또 다른 일이 눈에 들어왔다. 빨래 바구니는 넘칠 지경이었다. 쓰레기통도 꽉 차 있었다. 내 안에서 분노가 부글부글 끓어올랐다. 이 남자는 하루 종일 대체 뭐 한 거야?

　내가 다섯 시간 동안 집중해서 일하는 동안 남편이 여타 잡다한 집안일을 신경 쓰지 않게 해주길 바랐었다. 집은 그냥 어질러진 정도가 아니었다. 폭탄 맞은 수준이었다. 세상에서 가장 몸이 재고 날렵한 사람이라면 아무것도 밟지 않고 이 뒤죽박죽 난장판을 헤쳐 나갈 수도 있을 테지만 눈을 뜨고 있는 이상 어떻게 이 상태를 보지 않을 수가 있나? 남편의 노트북은 한 편의 호러쇼가 펼쳐지고 있는 그 식탁 끝에 놓여 있었다. 그가 아침의 반은 그 식탁 앞에 앉아 노트북으로 자전거 라이딩 코스를 검색하고 라이딩 동영상을 보고 있었다는 사실은 보지 않아도 짐작 가능했다. 그리고 일어나서, 이 난리법석의 부엌과 거실을 지나쳐 몸만 쏙 빠져나간 것이다.

전에 몇 번 들은 적 있는 재미없는 농담이 떠올랐다. 남자들 안구에는 먼지가 한 겹 끼어 있어서 엉망인 집이 안 보인다는 것이다. 그들에게는 보고 싶지 않은 것들은 보지 못하는 편리하고 특이한 재주가 있다. 내가 아는 모든 여자들에게는 파트너가 절대 보지 못하는 것들의 목록과 그에 관련된 웃을 수 없는 사연들이 있다. 어떤 남편은 싱크대 찬장 문을 활짝 열어놓고 나간다고 한다. 어떤 사람은 파티를 위해 꺼내놓은 아이스박스를 몇 주 동안 그대로 놔두었다고 한다. 수건은 언제나 욕실 문 앞에 팽개쳐져 있다. 나 또한 짜증 유발 사각지대를 내 영혼으로 느끼고 있다. 남편은 우리 집 안 곳곳에 커피 잔을 놔둔다. 나는 그의 커피 잔을 차고에서 본 적이 있고, 바비큐 기계에서 보았으며, 현관 문 밖에서도 보았고, 옷장 안에서도 보았고 침대 옆 사이드테이블 위에서도 보았다. 커피를 마신 그날에 그 잔을 발견하면 다행이다. 머그잔 안에 나름의 생태계가 형성되고 있음을 발견하고 그 즉시 쓰레기통에 버린 적이 있다. 이런 사연들은 친구들과 와인 한 잔 하면서 수다 떨 때는 나름대로 웃긴 농담이 될 수도 있다. 그러나 파트너의 선택적 시력의 결과를 보고 열이 받기 시작할 때는 전혀 웃기지도 재미있지도 않다.

집에 돌아온 롭은 얼마나 환상적인 라이딩이었는지에 대해 시한 수를 읊더니 라이딩복을 벗어서 옷장 옆 빨래 바구니 옆에 내던졌다. 나는 땀에 전 그 옷을 집어서 그를 기다리는 동안 분리해놓은 빨랫감과 함께 세탁기에 넣었다. 두 살 아이가 낮잠 잘 동안 분노를 연료로 한 열정으로 미친 듯이 청소를 했다. 짜증이 났다고 말하는 건 너무 약했다.

"와, 집 깨끗해졌네." 그는 샤워를 끝내고 말했다.

"좀 그렇지." 나는 쌀쌀맞게 대꾸했다. "그런데 청소기는 아직 안 밀었어."

"그래도 괜찮은데. 여보, 미안해. 아까 내가 청소 많이 못해놓고 가서."

남편이 내가 방금 언급한 그 임무를 끝낼 것이라고 믿으며 그가 청소기 함을 열 수 있도록 약간 비켜섰다. 하지만 그는 그대로 몸을 돌려 간식거리를 찾아 부엌으로 향했다. 나는 청소기를 꺼냈고, 복도에 놔두었다. 아무 일도 일어나지 않았다. 한 시간 뒤 내가 직접 청소기를 밀었다. 그리고 그에게 총 다섯 번째로 하는 질문을 했다. 크리스마스 연휴 여행 갈 때 시부모님이 우리 강아지를 봐주실 수 있는지 전화해봤냐는 질문이었다. 그는 하지 않았다고 했다.

왜 항상 제자리로 돌아갈까

우리는 어쩌다 이 지경까지 온 걸까? 나는 어떻게 이런 일이 일어날 수 있는지 이해가 되지 않았다. 우리는 감정노동에 대해 충분히 대화를 나누어왔다. 남편은 돕고 싶다고 했다. 내 글이 《하퍼스 바자》에 실리고 몇 주 후에 남편은 꼬박꼬박 아이들의 외출 준비를 했고 며칠에 한 번씩 빨래를 도맡아 했다. 그가 자기 몫을 어떻게 맡아야 하는지 이해했다고 생각했다. 우리 부부가 변했다고, 남편의 실직 기간은 우리 부부의 감정노동의 균형을 최종적으로 맞추게 될 절호의 기회가 될 거라고 진심으로 순진하게 믿었다. 그런데 나는 왜 다시 바닥에 떨어진 남편의 옷가지를 주우며 부글부글 끓어오르는 분노를 주체 못하고 있는가?

내가 아는 모든 현명한 여성들은 균형이 "모든 것을 정확히 반으로 가르는 것"을 의미하지 않는다는 걸 안다. 적절히 밀고 당기기를 해야 한다. 관계가 아무리 잘 정립되었다고 해도 고정되진 않는다. 사실 바람직한 관계의 핵심 변수는 변화에 대한 적응 여부다.[1] 스트레스가 되거나 충격적인 사건뿐만 아니라 충분히 예측할 수 있는 변화 앞에서도 적응해야 한다. 일정 변동, 이사, 실직 등을 겪을 때 어떻게 얼마나 빨리 효과적으로 적응하는가? 나는 어머니의 날 이후에 우리 가족에게 깨달음의 순간이 왔고 변화가 영원하리라 믿었다. 그러나 이렇게 쉽고 빠르게 과거로 돌아가버렸다는 사실을 깨닫자 덜컥 겁이 났다. 나는 파트

남자들은 항상 나를 잔소리하게 만든다

너에게 어마어마한 분노와 불만을 품고 사는 많은 여성들을 알고 있다. 감정노동자로서의 역할에서 도저히 빠져나올 수 없다는 걸 알고 무력감을 느끼는 여성, 가망이 없다고 포기해버린 여성들을 알고 있다. 빠른 시일 내에 우리의 역학관계를 바꿀 방법을 찾지 못하면 나 또한 결국 그 상태로 들어갈 수 있다고 직감했다.

그날 밤 나는 두려운 마음을 안고 세라 브리겔이 어떻게 이혼까지 이르게 되었는지를 쓴 에세이인 〈더 이상 결혼을 유지하고 싶지 않다고 말하기〉를 읽었다. 이전에 발표되어 많이 읽힌 글이었고, 나 또한 비슷한 주제인 육아, 인생, 사랑에 관한 글을 쓰고 있는지라 개인적으로 저자도 알았다. 그 에세이에서 내 모습을 보리라고 생각한 적은 없었다. 아니, 적어도 보지 않기를 바랐다. 하지만 글의 여백마다 감정노동의 긴장과 갈등이 존재한다는 것을 바로 알아챌 수 있었다. "나는 혼자 있을 때 더 나은 부모가 된다는 점, 내가 느낀 실망감, 계속 찾아왔다 사라지는 분노에 대해서 이야기했다. 하지만 그 순간 분노는 나를 너무나 거세게 흔들었고 난 알았다. 내가 포기했다는 것을."[2] 나는 포기했다고 느낀 적이 없었다. 포기 근처에도 간 적이 없었다. 하지만 나는 낙심했고 울컥했고 자꾸 이런 생각이 들었다. 왜 남편이 집에 없을 때가 훨씬 더 편하지? 하지만 우리는 조정해나가고 있었다. 감정노동에 대해 진지한 대화를 나누었다. 앞으로 나아가고 있었다. 적어도 조금씩 달라지고 있었고 내가 마법의 공식을 찾는다면 다시 그렇게 될 것이었다. 세라의 에세이에서는 그녀가 부탁했던 대로, 때로는 그 이상으로 남편이 아침을 차리고 설거지를 하고 아이를 돌보는 부분도 나온다. 그 부분을 읽으며 잠시 희망을 품을 뻔했지만 그녀는 내가 목격하고 있던 결정적인 진실을 밝혀버렸다. "하지만 늘 다시 제자리로 돌아갔다. 내 안의 나는 알았다. 결국 이렇게 항상 후퇴를 반복하다 이 상태가 우리 관계 안에 뿌리를 내리고 내 인생에서 기억나는 건 오직 누군가의 화난 아내였다는 사실뿐일 것이다." 나는 그 에세이를 두 번 읽었다. 모두가 감정노동에 관한 내용이었다. 처음 읽었을 때는 알아채지 못한 부분 또한 감정노동에 관한 것이었는데 나의 천성이라 느끼지 못했을 뿐이다. 아이들을 위해 상처를 봉합하는 사람은 그녀다. 부부 상담 약속을 잡는 건 결국 그녀다. 물론 항상 그렇다.

세라와 전화 통화를 하면서 더는 손 쓸 수 없다고 느꼈던 순간이 있느냐고 물었다. 나는 약간은 절실하게, 그녀가 도중에 경고 신호를 받았냐고 물었고, 그녀는 내가 가장 두려워하고 있던 말을 했다. 부부 사이의 감정노동은 언제나 이럴 것이라고, 특히 두 아이를 키우면서는 계속 이런 식일 것이라고 말했다. 착하고 아내를 아끼지만 자신을 끝끝내 이해하지 못한 남편을 이야기할 때는 내 인생을 묘사하고 있는 것만 같았다. 그녀의 남편은 가정 내에서 아무런 감정노동을 하지 않는 아버지를 보며 자란 사람이었다. 따라서 본질로 들어갔을 때에 남편의 머릿속에는 "그건 내 일이 아니다"라는 생각이 깊게 박혀 있었다. 그는 식기세척기를 한 번 작동시키면 뿌듯해하면서 칭찬을 독점받길 바랐고, 세라가 칭찬은커녕 아무도 눈치채지 않는 가운데 하루에 세 번을 돌렸다는 사실에는 관심 없다. 세라가 감정노동에 관한 이야기를 꺼내려 하면 자꾸 그녀가 "인정머리 없는 인간"이 될 것 같은 기분이었다. 남편은 자기비하를 하면서 자신이 충분히 좋은 남편이 아니라며 자책했다. 남편의 이런 반응 이후 찾아오는 죄책감 때문에 결국 그녀가 조용히 다시 감정노동을 감당했고 홀로 모든 것을 떠안았다.[3] 나는 여기서 깨달음 이상을 얻었다. 마치 거울로 나를 보고 있는 것만 같았다.

넌 사랑받는 여자가 되어야 해

우리가 처음 사귀던 시절까지 떠올리며 나와 롭의 관계와 세라와 남편의 관계의 차이점을 찾아보려고 노력했다. 우리는 그 부부와 다른 사람들이기에 괜찮을 거라고 믿고 싶었다. 우리가 다르다는 확신을 갖고 싶었다. 하지만 우리 사이에 감정노동이 평등하게 배분된 적이 단 한 번이라도 있었던가? 롭과 나는 고등학교 때부터 사귀던 사이였다. 우리는 열일곱 살 때 십대에 결혼하게 된 우리 친구의 결혼식에 같이 가기도 했다. 그때도 선물을 해야 한다는 것쯤은 알았는데 선물 준비는 당연히 내 몫이었다. 나는 와플 기계를 포장하고 예쁜 카드를 사서 축하의 말을 적은 다음에 우리 두 사람의 이름을 썼다. 결혼식에 가는 차 안엔 불편한 긴장감이 감돌았다. 롭은 말은 하지 않았지만 우리가 커플로 결혼식에 간다는 사실을 무척이나 불편해했다. 나는 롭의 기분을 맞추기 위해 그의 의도적인 침묵과 내 얼굴이나 우리 선물을 똑바로 보지 않으려는 태도도 못 본 척 무시했다. 긴장으로 숨이 막힐 것 같았다. 그는 상자를 불안하게 쳐다보았고 나는 무슨 선물인지 궁금하냐고 물었다. 그는 관심 없다고 말했다. 나는 그를 흘겨보면서 원한다면 바보 같은 카드에 적힌 그의 이름을 지워주겠다고 말했다. 나는 그가 카드 쓰는 걸 얼마나 싫어하는지 알았다. 그는 예전에 나에게 아무 내용도 없는 밸런타인데이 카드를 준 적이 있었다. 그에게는 너무나 하기 싫은 일이었고 나는 이해하고 넘어갔다. 그때의 나는 지금처럼 감정노동을 감당하는 데 능숙하지 않았지만 알게 모르게 감정노동을 연습하고 있었다.

롭은 집으로 오는 차 안에서 결혼은 낡은 관습이라고 비판하면서 자신은 절대 결혼하고 싶지 않다고 했다.

"난 언젠가는 하고 싶은데." 나는 건조하게 말하면서 트럭의 바닥 깔개에 내 하이힐을 묻었다. 나는 무표정으로 내 앞의 도로만 바라보았다.

가끔 나는 어떤 세계로 들어가는 줄 알고 스무 살에 결혼을 했는지 모르겠다고 농담하곤 한다. 그러다가 그 순간을 생각한다. 어쩌면 알았을 수도 있어. 남편은 로맨틱한 제스처에 능한 사람이 아니었다. 나는 원하는 걸 양보하고 물러날 사람도 아니었다. 그 성향은 아직도 변하지 않았다. 우리의 성격이 어떻게 부딪치거나 어떻게 상호 보완될 줄을 약간은 짐작했다고 해도 열일곱, 혹은 스무 살에는 내가 앞으로 짊어지게 될 감정노동을 인식하지도 못했고 우리가 성인의 인생을 관통하면서 그것이 어떤 식으로 진화할지도 전혀 몰랐다. 그때는 그 모든 것이 너무나 무해한 놀이 같았다. 내가 확실히 기억하는 건 와플 기계를 사는 건 내게 꽤나 재미있는 일이었다는 점이다. 어른 흉내를 내는 일이었으니까. 앞으로 평생 우리 두 사람을 대신해 내가 선물을 산다고 생각하니 저절로 즐거워졌다. 우리 이름을 나란히 쓰는 행위에는 다분히 낭만성이 깃들어 있었다. 나는 감정노동 수행을 본질적으로 낭만적이고 어른스러운 행위로 받아들이도록 자랐고, 십대였던 나는 그 두 가지 특징을 동경해 마지않았다. 와플 기계에 끼워둔 카드는 여학생들이 공책에 "제마 하틀리 부인"이라고 쓴 낙서와 비슷했지만 숨겨야 할 필요가 없으니 더 흥분되었다. 사실 나는 그의 불편한 얼굴을 보며 화를 낼 수도 있었지만 그러지 않았다. 그것은 어쩌면 우리 미래의 예고편이라 할 수 있었다.

생각해보면 와플 기계를 사면서 남편이 아니라 내가 더 겁을 집어먹었어야 했다. 우리 두 사람을 대신해 우리 가족 이름으로 선물과 카드를 사면서 나의 미래를 보았어야 했다. 나는 우리 엄마와 이모와 할머니가 가족을 위해서 어떻게 살아왔는지는 잘 알았다. 내 인생의 여자들은 함께 모여 명절과 가족 휴가를 계획

했다. 저녁마다 식탁에 요리를 차려놓고 가족의 모든 스케줄을 능숙하게 관리하며 허드렛일부터 자녀 숙제까지 하나부터 열까지가 제대로 되어 있는지 확인했다. 여자 친척들이 주변 모든 사람들을 챙기는 모습을 보면서 감정노동이야말로 사랑을 지속시키는 행동이라 생각했다. 남편들은 바로 그런 점 때문에 아내를 사랑했다. 바로 그 점 때문에 아내를 존경했다. 내가 자라온 환경에서만 본다면 사랑은, 적어도 여성에 한해서는 자신의 모든 것을 요구했다. 냉정한 현실은 짐작도 못하고 오로지 위대한 사랑을 갈망한 십대의 나는 사랑을 위해 모든 것을 바치는 일도 가치가 있다고 생각했다. 매년 40장의 크리스마스카드에 우리 부부와 세 아이의 이름을 대신 쓰는 내 모습에 이렇게 분노하게 될 줄은 꿈에도 몰랐다. 열일곱 살에는 그 생각만 해도 마음이 풍선처럼 부풀었었다.

아마도 내가 그렇게 자랐기 때문에 이 상태까지 온 것 같다. 미국 문화, 한 술 더 떠 기독교 문화권에서 자란 여성인 나는 어린 시절부터 감정노동 수행을 낭만적으로 여겨야 한다고 배웠다. 모든 신실한 여인들은 남편을 "섬기면서" 더 깊은 신앙의 길로 나아간다. 나는 작은 기독교 대안학교를 다녔는데 유치원 때부터 남녀의 역할이 확실하게 구분되어 있었다. 여성으로서 우리의 힘은 봉사하고 희생하며 지역 사회를 위해 노력하고 가정 안에서의 신앙을 지키는 데서 나온다고 배웠다. 남자들을 격려하여 자신감을 불어넣고, 신앙이나 인생에서나 남편이 성공할 수 있게 조용히 내조하는 것이 우리의 역할이라고 배웠다. 물론 이후에는 어린 시절 받은 교육에 의문을 품고 멀리하게 되었지만 내가 흡수했던 메시지들이 완전히 사라지진 않았다. 나는 여전히 감정노동은 당연히 내 책임이라고 믿었는데 감정노동 수행을 "당연히" 더 잘하리라는 이유가 없는데도 그랬다. 대체로 그 영역에선 내가 더 빠르고 더 수월하게 일했다. 내가 체험한 좁은 세계를 넘어 다른 세계를 슬쩍 넘겨보아도 여전히 그건 확고부동한 사실로 느껴졌다. 신실한 기독교인인 할머니와 무신론자인 고모와 이웃 부잣집 여사님들도 모두 남편을 위해 감정노동을 수행했다. 다른 방식이 있을 수 있다는 의문을 품을 수 없었다. 미래를 상상할 때도 감정노동을 수행하고 있는 나를 상상했다. 착한 여자 친구이자 현명한 아내의 표식 같은 것이었다. 자라면서 보았던 모든 단단하고 한결같은 관계에서 감정노동은 그들을 유지해주는 질긴 끈이었다. 여성들은 감정노동을 하고 남자들은 여자들 곁에 머물며 그녀들을 사랑한다. 그 이데올로기를 얼마나 깊게 받아들였는지 중학교 때 첫사랑을 대상으로 연습하기도 했다. 농구 경기가 있는 날 넥타이를 매야 하는 남자 친구를 위해 (우리의 작은 기독교 학교의 팀 의식이었다) 타이를 매주고 고정해주었다. 남자 친구는 내가 평일에 뭘 하는지 몰랐지만 나는 남자 친구의 스케줄을 꿰고 있었다. 그 시절에도 감정노동은 내 일이었던 것이다.

열두 살이건 스무 살이건, 처음 누군가를 사귀기 시작할 때부터 감정노동에 대한 기대가 다르다는 걸 느낀다. 남자애들은 상대에게 매이지 않고 초연해야 한다. 감정적인 애착은 낯간지러우니 피해야 한다. 반면 소녀들은 완전히 다른 목표와 대면한다. 이 사람을 어떻게 행복하게 해줄까? 나 자신을 뒤에 두고 로맨스와 애정을 앞에 두는 것이 이상적이라고 생각하고 감정노동 수행 능력을 자신의 가치와 연결시켰다. 누군가와 짝을 맺기 시작할 때부터 우리에게는 이미 어떤 여자 친구가 좋은 여자 친구이고, 더 나아가 좋은 아내이자 엄마인지에 대한 강요된 관념들이 있다. 이 관념들은 이후에도 계속 우리의 젠더 역할을 강화한다. 여자들은 대화에 소질이 있고, 감정 지능이 뛰어나며, 유대감을 형성할 줄 안다. 사춘기 소년들에게는 그리 권장되지 않는 행동들이다.[4] 그래서 우리가 짝을 이루면 파트너에게 부족한 감정적인 기술과 능력을 채워주는 것이 "응당한" 일이 되고 한 발 더 나아가 문화 전반에서 우리가 "해야만 하는" 일들을 그러모은다. 여자 친구는 다정해야 하고 잘 챙겨주어야 하지만 선을 침범해서는 안 된다. 다른 사람들을 먼저 배려하고 자신의 욕구를 누를 줄도 알아야 한다. 성격이 무던하고 유연해야 한다. 이에 더해 가부장제가 권장하는 바람직한 외모, 성적 행동, 지적 수준, 유머 감각 등등을 갖추면 가부장제가 원하는 여성상이 완성된다. 연인 관계에서 여자가 남자를 편안하고 행복하게 해주어야 하는 필요는 때로는 극단적일 정도로 커진다. 세상이 원하는 외모로 꾸미기부터 시작해 느긋하면서도 꼼꼼히 챙기는 성격을 만들기 위해 노력하고 관계의 앞날을 계획하고 생각한다. 이 모든 일에는 노력이 요구되지만 겉으로는 표시를 내지 않아야 한다. 모든 것이 물 흐르듯 순조로워야 하고 힘이 들어가지 않아야 한다. 솔기가 절대 보이면 안 된다. 따지고 보면 파트너에게 감정노동을 요구하는 여성을 지칭하는 용어인 "관리비 많이 드는 여자high maintenance"보다 더 모욕적인 표현도 없다. 감정노동은 그 일 자체로 보면 전혀 매력적이지 않다. 남자들은 여자들의 감정노동을 원하면서 그것을 우리 성품이나 성격의 일부로 보고 싶어 한다. 우리를 지쳐 나가떨어지게 하는 피곤한 노동이 아니라 애쓸 필요 없고 즐겁고 수월하게 해내는 일이라고 생각한다.

낭만이 설거지를 해결해주지 않는다

남자들은 평소에는 감정노동을 해야 한다는 기대를 받지 않다가 목적을 위한 수단으로서, 여성에게 구애할 때만 잠시 감정노동을 시도한다. 잠시 잠깐 동안 여자를 "차지"하기 위해 역할을 바꿔 감정노동을 연기처럼 펼쳐야 한다는 부담을 갖는다. 나는 십 대 초반에 로맨스 영화 광팬이었다. 〈노트북〉을 보고 또 보면서 (그리고 읽고 또 읽으면서) 사용한 휴지만 해도 나무 하나가 희생되었을 것이다. 〈워크 투 리멤버〉도 마찬가지다. 최근에야 나의 니콜라스 스파크스 소설 컬렉션을 할머니에게 양도했다. 이 소설과 영화들은 나의 "대책 없이 로맨틱한" 작품들이었다. 내가 가장 아끼는 로맨틱 코미디의 전제는 항상 똑같다. 전형적으로 남자다운 캐릭터인 남자 주인공이 여자 주인공에게 자신의 사랑을 증명한다. 〈워크 투 리멤버〉의 랜든 카터는 친구들의 반대를 무릅쓰고 죽어가는 여자 친구의 버킷리스트를 하나씩 실현해주는 것을 자기 인생의 목표로 삼고, 여자 친구의 소망을 이루어주기 위해 매우 기발하고도 사려 깊은 해결책을 찾아낸다. 〈노트북〉에서 노아 칼흔은 앨리가 요청한 적이 없는데도 꿈의 집을 지어주면서 자신의 공을 인정받으려 하지도 않는다. 〈내가 널 사랑할 수 없는 열 가지 이유〉에서 패트릭 버로나는 캣 스트랫포드에게 구애하기 위해 스쿨밴드에 들어간다. 이제 고전이 된 〈해리가샐리를 만났을 때〉에서 해리는 샐리에게 그녀를 사랑하는 모든이유를 말해주기 위해 새해 전날 밤 달려간다.

니콜라스 스파크스의 소설이 거의 다 영화로 제작되어 수천만 달러의 로맨스 왕국을 세웠다는 사실이 그렇게 놀랍지는 않다. 내가 십대 때 그의 팬이었기에 하는 말이 아니라, 그는 감정노동을 극단까지 밀어붙이도록, 그것도 남자가 하도록 했다. 바로 이것을 젊은 이성애자 여성들이 로맨스라 부른다. 감정노동의 진수이며 일상에서 거의 찾아볼 수 없는 남자의 면모다. 남자들 중에 파트너의 욕구를 먼저 깊이 이해하고 예상하고 계획하여 위대한 제스처를 취하는 사람은 거의 없다고 할 수 있다. 우리 문화에서도 남자 친구 시절에는 데이트할 때 약간의 감정노

남자들은 항상 나를 잔소리하게 만든다

동을 수행해야 한다고 말하고 있지만 일반적으로 그 역할에 맞추지 않는 남자들에게 훨씬 더 관대하다. 아직까지도 데이트 시장에 있는 친구들의 이야기를 들어보면 이제 로맨틱 코미디에서 약속한 꿈의 남자를 찾아야 한다는 판타지에 빠져 있는 친구는 거의 멸종되었다고 할 수 있다. 이 세상에는 로맨틱 코미디보다 공포영화가 많다는 걸 경험상 알고 있다. 전 여자 친구 험담을 끊임없이 하면서 자신을 안아주고 위로해주길 바라는 남자가 있다. 몇 시간 동안 비디오게임을 하면서 여자 친구가 쿨하게 기다려주길 바라는 남자도 있다. 자기들이 좋아하는 레스토랑에 가서 (후터스!) 음식의 80퍼센트를 먹어치운 다음 "진보적으로" 식사비를 반씩 내자고 하는 남자들이 있다. "백마 탄 왕자님"과는 상당히 거리가 먼 이들이다.

사랑이 싹튼 초기에 감정노동을 수행하는 남자들의 경우에도 감정노동은 목적을 위한 수단이다. 남자들에게 감정노동 수행은 그 자체로 보람 있는 일이 절대 아니다(여자들에게는 그래야 할 것처럼 이야기하면서). 여자의 마음을 차지하거나 여자를 자기 소유로 만드는 방법이다. "상"을 받기 위해 사야 하는 "티켓"이다. 남자들이 우리의 욕구와 우리의 필요와 기분과 반응을 생각해야만 하는 건 문화적으로 굉장히 예외적인 행동으로 여겨진다. 기대를 넘어선, 평균을 웃도는 행동으로 영원하지는 않다. 관계 안에서 남성의 감정노동은 유효 기간이 있다. 반면 여성은 영속적으로 감정노동을 제공해야 한다.

〈해리가 샐리를 만났을 때〉에서 남녀 관계에서의 감정노동이 사라졌을 때 여성이 경험하는 환멸과 실망을 잘 드러내는 장면이 있다. 해리 번스라는 캐릭터가 설명한다. "애인을 공항으로 데려다주는 건 관계의 시작을 알리는 신호지. 그래서 나는 사귀기 시작할 때도 공항에 안 데려다줘." 샐리가 그 이유를 묻자 그는 대답한다. "왜냐면 결국 뜨거움이 식고 관계가 무료해지면 애인을 공항에 데려다주지 않을 텐데, 나에게 이렇게 따지는 게 싫어. '왜 요즘엔 공항에 데려다주지 않는 거야?'"

이 대화가 재미있는 이유는 우리는 공항에 데려다주는 일을 그렇게 대단한 로맨틱한 제스처로 보질 않기 때문이다. 일반적으로 우리가 로맨틱하다고 생각하는 건 남자가 여자에게 춤을 청한다거나 근사한 레스토랑에 데려간다거나 굉장히 사려 깊고 정성이 깃든 감정노동이고, 그런 모습이 사라졌을 때 위기를 느낀다. 대중문화에서 이런 규칙에 어긋나면 관계가 위험에 처했음을 의미하고 여자를 "다시 내 것으로 만들기 위해" 더 많은 감정노동을 수행해야만 할 것 같다. 현실에서 여성들은 경험을 통해 변화를 감수하고 사실 그럴 것이라 내심 기대하기도 한다. 남자들은 다정한 행동을 하지 않고 여성들에게 그것은 일상이 되어버린다. 어쩌면 그렇기 때문에 공항이 그렇게 의미심장한 예가 되었을지도 모른다. 이것은 우리가 기대해도 될 성실은, 돌봄과 계획과 예측이 필요한 제스처다. 우리가 항상 다른 사람들을 위해 해주는 행동이다.

해리는 처음부터 여자 친구를 공항에 데려다주지 않음으로써 감정노동의 기대치를 낮게 유지하는 방식을 취하는데 어쩌면 그 반대 상황보다는 나아 보이기도 한다. 처음에만 요란스럽게 간 쓸개 다 빼어줄 것처럼 굴다가 관계가 안정되면 태도가 변하는 것보다는 말이다. 처음에만 유난스럽게 챙겨주고 배려하고 곰살 맞게 굴다가 목적을 이루면 변하는 사람은 처음 데이트를 시작할 때부터 자신이 어떤 사람인지 보여주는 사람보다 더 실망스럽다.

케이틀린 개릿은 스물다섯 살 때 우리 모두 꿈꿔온 로맨스 소설 속 남자를 만났다고 생각했다. 처음 사귀기 시작할 때 그는 다른 남자들과는 다르게 배려하고 표현했으며 기회만 있으면 자신이 얼마나 다정다감한 사람인지를 보여주려 했다. 삼촌의 목공소에서 일할 때는 커다란 나무판에 '사랑해 자기'라는 문구를 새겨서 사진으로 찍어 보내주기도 했다. 비행기로 쓰는 공중문자의 오리건 농촌 사나이 버전이라 할 수 있는데 그의 노동과 구슬땀이 들어갔기 때문에 더 특별했다. 쉬는 시간에 블랙베리를 따서 일이 끝나면 그녀에게 가져다주기도 했는데, 그녀는 부동산 대행 회사에서 비서로 일하고 있어서 야외 생활을 즐길 여유와 시간이 없던 시기였다. "그 남자는 내가 너무 눈코 뜰 새 없이 바빠서 그런 일은 할 수 없다는 걸 알았죠. 정말 세심하고 사랑스러운 행동이었어요." 그녀는 그런 로맨틱한 행동들이 계속 이어지고 그가 그녀의 욕구와 필요에도 세심하게 응답해주는 사람일 거라 생각했다. 그러나 시간이 지나면서 달라졌다.

6개월 동안 데이트한 끝에 같이 살기로 했을 때 그는 두 사람이 생활비를 정확히 반씩 부담해야 한다고, 그녀와 상의하지도 않고 결정했다. "나는 그가 50달러를 벌 때 15달러를 벌고 있었죠. '내 몫'을 감당하기 위해 통장에서 초과 인출을 할 때마다 내가 얼마나 가난한지 느꼈고 너무 당혹스러웠어요." 경제적인 부담도 벅찼지만 남자 친구의 다른 기대를 맞추는 것은 더욱더 어려웠다. "내가 요리를 다 하고 아침 점심 저녁을 다 차리고 청소도 다 해야 했고요. 마사지계의 마더 테레사라도 되는 것처럼 그를 마사지해주고 위로해주고 달래줘야 했어요." 초반의 아주 짧은 시기에만 그럴싸한 행동을 기대할 수 있었고, 실제로 그들의 생활을 지탱해주는 감정노동 관련 행동은 전부 그녀의 어깨 위에 내려왔다. 그녀는 주는 사람이었다. 그는 받는 사람이었다. 슬픈 건 그렇게 거의 4년을 사귀었고 불평등이 일상으로 굳어져버렸다는 것이다. "이건 아니라는 생각이 자꾸 들었지만 세상이 뒤집어질 정도로 잘못되었다고 생각하진 않았어요." 앞으로는 나아지겠지, 달라지겠지 하고 희망을 걸어보는 수밖에 없었고 그렇지 않을 때마다 이유를 만들어냈다. 결국 지저분한 이별을 하고 2년 정도가 흐른 뒤에는 그 관계를 통해 중요한 교훈을 배웠다고 생각할 수 있었지만 그러기에는 너무나 많은 감정노동이라는 대가를 지불했고 실망과 절망으로 가슴이 무너져야 했다.[5]

어쩌면 결국 이렇게 변질되기 때문에 여성들이 더 이상 동화 같은 로맨스에 빠지지 않고 실용주의 노선을 택하게 되었는지도 모른다. 우리는 위대한 사랑 이야기의 기대치를 한껏 낮추고 우리의 "왕자님"이 우리를 공항에도 데려다주기 싫어하는 남자로 돌변했을 때 실망할 가능성마저 낮춘다. 플로리다주 포트마이어스에 사는 서른두 살의 프리랜서 작가이자 편집자인 이리나 곤잘레스는 남편과 데이트하던 시기부터 로맨틱한 제스처는 포기했다. 그녀가 원한 조건은 계속 받고 또 받으려고만 하지 않는 남자였다. "가볍게 데이트한 사람들도, 오래 사귀었던 두 명의 남자 친구도 그랬고 항상 나에게 조언을 구하고 무언가를 원하지만 나에게는 돌려주려고 하지 않았어요. 평등한 관계를 유지한다는 개념조차 이해하지 못하는 경우가 많았죠." 지금의 남편과 첫 데이트가 끝나갈 즈음에 그녀는 다른 장점을 가진 사람을 찾았다는 것을 알았고, 그건 많은 여성들이 찾아야 한다고 배운 동화 속 로맨스보다 훨씬 귀중한 기질이었다. 네 시간의 데이트는 그녀가 대부분의 남자 친구에게서 느꼈던 것 같은 심리 상담 시간이 아니었다. 서로 주고받기, 진정한 관심과 진정한 평등함이 관계 내내 같은 톤으로 유지되었다. 그녀는 신혼생활에 대해 이렇게 말한다. "수많은 대화와 시도를 하면서 가사를 되도록 공평하게, 구체적으로 분담했어요. 각자 더 잘하는 것이 뭔지도 보고, 좋아하고 좋아하지 않는 것도 잘 살펴보면서요."[6] 남편에게 청소기를 돌려달라거나 설거지를 하라거나 쓰레기를 버려달라고 일일이 말하지 않아도 되는 것이 너무 좋다고 했다. 그가 맡은 임무이기 때문이다. 그런 면에서는 감정노동의 심리적 부담을 지지 않는다. 그녀는 예산 관리를 전담하고 있고 여행 계획을 짜고 일정을 관리하고 있으며, 만약 아이가 생기면 이 문제가 갈등의 씨앗이 될 수 있다고 생각한다. 하지만 지금 현재로서는 가사 분담만으로도 충분하고 만족스럽다. 그녀는 그녀만의 해피엔딩을 갖게 된 것이다. 진공청소기를 잘 돌리는 남자로 근사한 영화 한 편을 찍을 수 없을진 몰라도 길게 보면 매우 소중한 특징임은 분명하다.

나의 관계를 돌아볼 때도 이것이 사실이라는 걸 안다. 일상적으로 매일 감정노동을 대신 해주는 것이 거창한 제스처보다 훨씬 더 중요하다. 어느 날 예상치 못한 낭만적인 행동을 하고 멋진 이벤트를 열어주는 건 물론 좋지만, 이것은 어떤 관계를 하루하루, 한 달과 1년 동안 흥겹고 평온하게 유지해주는 종류의 행동은 아니다. 우리 모두 낭만적인 사랑 이야기를 애타게 쫓다가 더 크게 실망했던 경험들이 있다. 낭만적인 행동도 흔치는 않지만 우리는 남자에게서 그릇된 종류의 감정노동을 기대하라고 배웠다. 우리가 가끔 받을 수 있었던 구애의 몸짓에도 감동을 주는 다정함이 수반되겠지만 그것은 결코 관계를 튼튼하게 지탱해주는 일상 속 감정노동이 아니다. 구애가 당신을 공항까지 데려다주지 않고 어머니의 생일을 기억하거나 싱크대에 쌓인 설거지를 알아채주지 않는다. 그 상황은 언제나 여자가 먼저 살펴야 하는 영역이다. 우리는 처음부터 완전히 엉뚱하고 허망한 판타지를 쫓고 있었고 그것을 알아채기까지 멀고도 험한 길을 걸어야 할 수도 있다.

친구가 자랑할 만한 감동의 프러포즈 같은 건 없었고 그저 둘이 담담하게 결혼하기로 했었다는 이야기를 내게 해주었을 때 굉장히 안심했던 기억이 있다. 그때까지 나는 있지도 않았던 약혼 이야기를 지어내 사람들에게 하고 있던 참이었다. 없던 반지가 등장했고 누구도 하지 않았던 낭만적인 속삭임이 있었다. 그렇다고 해서 내가 현실과 완전히 동떨어진 이야기를 지어낸 건 아니었다. 친구와 동료들이 결혼 소식을 듣고 프러포즈에 대해 궁금해하면, 나의 소박한 이야기는 로맨틱하고 감탄을 자아낼 만한 이야기로 변모했다. 윤색이 가미된 나의 약혼 스토리 속 우리는 침대에 나란히 누워 있고 남편은 나의 어떤 면을 지극히 사랑하는지에 대해 길게 묘사한다(그 부분에서 나는 사실 웃으며 농담으로 넘겼는데 그는 나와 섹스하고 싶어 했으나 나는 피곤했기에 그의 품에서 멀어졌다). 그는 내 몸 위로 몸을 숙여서 내 앞에 반지 상자를 놓고 막 잠에 들려고 하는 나의 귀에 속삭인다. "나와 결혼해줄래?" 현실은 이렇다. 우리는 그저 같이 누워서 결혼하는 게 어떤지 이야기하고 있었다. 전에도 여러 번 했던 대화였고, 결혼하는 것이 좋겠다고 결론을 내렸다. 그가 그렇게 물은 건 사실이고 나는 예스라고 대답했다. 우리는 나중에 같이 반지를 고르러 갔다. 하지만 그것은 결코 낭만적인 장면이 아니었고 나의 넉넉한 상상력과 뻔뻔한 거짓말이 더해진 후에야 그렇게 될 수 있었다.

내가 거짓말을 해야 한다고 느꼈다는 사실은 몇 년 동안이나 날 부끄럽게 했다. 남들이 결혼 스토리를 들려달라고 할 때마다 어디론가 숨어버리고 싶었다. 나의 피앙세가 이렇게 중대한 순간에 이 사회가 기대하는 감정노동을 시도하지 않았다는 사실을, 개인적으로는 개의치 않는다고 해도 인정하고 싶지 않았다. 하지만 나처럼 소박한 결혼을 한 친구에게 솔직히 말했다. 사랑과 신뢰를 바탕으로 한 결정이었기에 확신이 있었고 다른 사람들은 상관없었다고. 왜 우리 인생에서 가장 중요한 결정을 타인의 구경거리로 만들어야 하냐고. 하지만 내 안의 로맨틱 코미디 광팬 십대 소녀는 내가 받지 못한 근사한 로맨스를 여전히 갈망했다. 지금은 내가 왜 그랬는지 안다. 현실 세계에서 어쩌면 그 프러포즈는 남자의 거의 마지막 감정노동이고, 이후로는 권력관계가 점진적으로 전환된다는 것을 알았기 때문이다.

영화는 언제나 극적인 프러포즈와 동화 같은 결혼식에 집중하지만 영화가 보여주지 않는 것은 "그 후로도 오랫동안 행복하게 살았습니다"의 실제 모습이다. 영화에서는 그저 남녀의 초반 모습만 다루고 미래에 감정노동을 해줄지도 모른다는 약속만 보여준다. 영화는 사랑이 시작될 때 남자 쪽에서 적지 않은 감정노동을 투자해야 한다고 말한다. 가끔은 현실 세계에서 그보다는 작은 스케일이지만 비슷한 감정노동을 선물받기도 하고 그렇지 못할 때도 많다.

그러나 내가 목격한 바로는 우리 모두는 결국 비슷한 장소에 도달하게 된다. 뜨거운 로맨스는 시들고 조금 더 편안하고 안정적인 관계로 변하며, 감정노동에 대한 기대 또한 변하기 시작한다. 신혼 때 가사에 적극적이고 파트너의 감정에 주의를 기울였던 남성들도 어느 순간부터 손을 놓는다. 그저 여자들이 "그런 것들을 더 잘한다"라는 핑계로 모든 감정노동은 여성에게만 인계된다. 성인이 될 무렵이면 여자들은 이미 감정노동에 익숙해져 있고, 경험의 차이로 인해 벌어진 이 간극을 본 남자들은 전권을 여자들에게 넘겨주기로 한다. 의식적이건 아니건 남성들은 목적을 위한 수단으로서 감정노동을 수행하는 반면, 여성들은 존재의 한 방식으로서 감정노동을 수행한다. 바로 이렇기 때문에 우리는 평등한 관계에서 행복하게 시작했다가 몇 년 후 서로를 향해 부글부글 끓어오르는 분노를 품게 되는 것이다.

로맨스 영화의 해피엔딩, 그 이후

결혼생활에서 내가 하루아침에 감정노동을 도맡은 건 아니다. 의식하지도 못했다. 이는 아주 느리고 점진적인 과정이었는데, 특히 롭과 나는 매우 이른 시기에 만났기 때문에 더욱 그랬다. 우리가 처음 만났을 때 그의 빨래를 해주고 식사를 준비해주고 명절 카드에 그의 이름을 써주는 다른 여자가 있었다. 그의 어머니다. 하지만 혼자 독립적으로 살아본 경험이 있는 남성들도 여자 친구나 아내가 생기면 짐을 덜기 위해 독립성의 많은 부분을 포기하는 경향이 있다. 천천히 그렇게 되기도 하고, 갑작스러운 생활의 변화 앞에서 한순간에 변하기도 한다. 예컨대 이사를 할 때면 남자들은 감정노동의 책임을 파트너에게 모두 넘겨버린다. 가족이나 친구와의 약속과 사교 행사는 어느 날부터 개인이 아닌 "커플"의 영역이 되는데 이것 또한 상당히 문제가 있다. 하지만 여성들이 감정, 가족, 친지, 집안일과 관련된 일이나 책임에 더 관심을 갖도록 훈련되어 있기에 가족이나 친구 관계를 유지하고 챙기는 임무의 책임자가 된다.[7] 그래서 내가 어쩌다 보니 언제나 달력을 보고 남편 가족의 생일을 알려주는 사람, 그는 이름 하나 적는 것도 귀찮아하는 카드를 쓰는 사람이 되었다.

남자들은 가족이나 친구 관계를 유지하는 데 필요한 사항을 깜빡하는 것은 물론이고 효율적이고 능동적인 집안 관리 영역에서도 서서히 발을 빼기 시작한다. 남자들은 집안일에 관해서는 그다지 시간을 할애하지 않거나 우선순위에 두지 않기 때문에 여자가 결국 그 일을 모두 도맡기로 하고 정말로 필요할 때에만 남자의 손을 빌리는 데 만족한다. 또 한 가지 이유는 여성들이 깔끔하고 쾌적한 집을 본인의 성공이나 능력과 연결시키는 데 반해, 남자의 성공은 집 바깥에서 이루어지는 직업에만 연결시키기 때문이다.[8] 우리가 깨닫건 그렇지 못하건 우리의 가치는

남자들은 항상 나를 잔소리하게 만든다

가사노동과 깊이 연결되어 있다. 집을 정리하고 깨끗하게 유지하는 사람은 여성이라는 사회적 기대가 여전히 남아 있기 때문이기도 하다. 만약 누군가 우리 집에 왔을 때 집이 엉망이면 죄책감을 느끼는 사람은 롭이 아니라 나다. 하나부터 열까지 챙겨야 하는 사람은 나다. 언제나 내가 해온 일이기 때문이다.

　이 일이 어느 날 갑자기 나에게 직격탄처럼 날아온 것도 아니고 항상 감당하기 벅찬 것도 아니다. 하지만 벅차다는 느낌은 언제나 표면 아래에서 조용히 끓고 있다. 그러다가 결국에는 폭발할 수밖에 없는 상태에 도달해 왜 한 사람이 이 모든 일을 해야 하는지, 어쩌다 이 지경까지 왔는지 분통을 터트린다. 한 사람이 모든 감정노동을 감당하면서 관계의 변화도 일어난다. 두 사람 모두에게 깊이 각인된 문화적 관습이기에 대화나 논의 없이 자연스럽게 변한다. 그러나 결국 피해는 여성에게 고스란히 돌아간다. 우리는 시간을 포기하고, 감정적 에너지를 포기하고 뇌의 용량을 포기해가며 감정노동의 문제들을 해결하거나 모든 일을 떠맡는다. 여성들은 해결책을 찾아내고 남성에게 책임을 알려준다. 그러다 보면 이 일이 "천성적으로" 우리의 일이라는 사고가 강화된다. 감정노동에 대한 불만과 욕구를 말하지 않게 되고, 남자들이 그 역할을 맡을 거란 기대는 점점 사라진다. 우리가 얼마나 많은 감정노동을 떠안고 있는지 인식하고 진력이 나고 화가 솟구칠 무렵에는 우리 스스로 떠맡아서 이 상태까지 온 것이고 상대방이 학습된 무력감을 전시하는 것도 "우리 책임"이 된다. 해결책을 모색하고 수정해나가는 것도 "우리 일"이다. 아무도 대신 해주지 않는다.

현명한 아내, 자상한 엄마가 되어야 한다는 문화적 압박과 함께 나의 역사, 어린 시절부터 감정노동을 받아들이고 수행해온 관습이 결합하면서 너무 쉽게 감정노동을 다 맡게 되었다. 나는 롭이 일부러 모든 집안일, 모든 정신적 부담, 모든 가족 관련 행사, 모든 집안 관리를 내 코트에 보내버렸다고 생각지는 않는다. 나도 일부러 이렇게 하지는 않았다. 지극히 자연스러워 보였다. 사실 너무나 오랜 기간 동안 다른 여성들과 마찬가지로 나도 눈치채지 못했다. 일 떠넘기기는 서서히 반복 누적되고 있었으나 우리는 깨닫지 못했다. 모든 일을 내가 다 할 순 없었기 때문이다. 그러나 한 번에 하나씩 내 일이 되었다.

당신이 두 사람을 대신해 파티 초대에 답을 했다. 그때부터 기대라는 것이 탄생한다. 남편이 자신의 부모님에게 어떤 선물을 사야 할지 모르겠다고 말하는 바람에 당신이 대신 선물을 산다. 또 다른 기대가 탄생한다. 그는 바닥 청소를 지저분하게 했다. 한 번이 아니라 두 번 그렇게 했다. 당신은 그 일도 하기로 한다. 싱크대에 더러운 접시들이 쌓여 있고 당신은 그 상황을 참을 수 없기 때문에 내버려두지 않기로 하는 순간 설거지는 당신 담당이 된다. 남편이 옷가지를 빨래통 바깥에 던져놓았으나 그가 퇴근해 집에 왔을 때는 그 옷가지들을 누군가 집어서 빨고 개어놓았다. "누가 먼저 이 상황을 눈치채는가"라는 버티기 게임에서 여자들은 거의 모든 상황에서 남자들보다 앞선다. 당신이 매번 손과 몸을 사용해 일하지 않는다고 해도 결국 시키는 사람은 당신이다. 바닥에 굴러다니는 양말을 보는 사람도, 이번 달 생일을 기억하는 사람도, 크리스마스에 양가 부모님에게 카드를 보내야 할지 고민하는 사람도 당신이다. 마지막으로 최근에 처리했기 때문에 이 모든 복잡한 일처리는 당신 업무가 된다.

우리가 어쩌다 이 지경까지 왔는가? 대답은 보통 이렇다. 한 번에 하나씩. 우리는 어린 시절부터 주변 세상을 보면서 자랐고 감정노동은 여성의 일이라는 미묘하거나 그리 미묘하지 않은 메시지들을 받아들였다. 우리의 권리이고 타고난 강점이고 우리의 낭만적인 운명이라고 했다. "내 사람"을 찾기 위해 데이트의 세계를 헤쳐 나가면서 부족하지 않을 만큼 연습도 했다. 운이 좋다면 어떤 시점에서 괜찮은 남자, 진보적인 남자, 우리가 도와달라고 부탁하면 도와주는 남자를 만난다. 낭만적인 로맨스 영화는 이렇게 전개된다. 우리만의 해피엔딩을 맞은 후에는 감정노동을 한 조각 한 조각 줍는 길고 긴 여정을 시작한다. 여기에 걱정할 일이 하나 있고, 저기에 확인해야 할 일이 하나 있다. 사소하다. 눈에 띄는 것도 아니다. 크게 불평할 일도 아니다. 작은 단계들을 하나씩 밟아 나가다 거대한 불균형으로 나아간다. 너무 작아서 아무도 제대로 보지 않은 채로 그쪽 방향으로 서서히 나아가다가 임신 테스트기의 연한 푸른색 줄을 보는 날, 커다란 파도가 밀려온다.

2.
임신과 육아가
내게 떠맡긴 것들

임신 테스트기에서 선명한 두 줄을 확인하는 순간부터 나의 세계는 천지개벽했다. 엄마로서 경험한 바다 같은 사랑 때문만이 아니라 임신하는 순간부터 내가 뛰어들어야 했던 바다 같이 깊고 넓은 감정노동 때문이었다. 나는 기쁨의 비명을 질렀고 감격의 눈물도 흘렸고 눈을 깜박이며 테스트기를 바라보고 또 바라보았다. 한 시간 만에 산부인과 예약을 잡았고 유명한 임신 백과인《출산 전에 알아야 할 것들What to Expect When You're Expecting》을 주문하고 각 단계마다 알아야 할 정보들을 알려주는 임신 주수 달력을 산 다음 인터넷에서 아기방 사진을 검색했다. 이제 본격적인 전쟁이 시작된 것이다. 감정노동 2.0이다.

첫아이의 출산일이 가까워질 무렵 가능한 모든 방식으로 지나치게 많이 준비하고 지나치게 많은 조사를 했다. 앞으로 닥칠

일이 무엇이건 완전 무장해 있고 싶었는데 이건 보통 일이 아니었다. 크고 작은 결정들이 새로 태어난 인간에게 영향을 미칠 수 있다. 이 일을 "제대로 해내야 한다"라는 압박감은 이전의 어떤 경험과도 달랐고 강도도 높았다. 아기를 만든 건 우리 두 사람이지만 앞으로 어떻게 해야 하는지 다 알고 있어야 하는 사람은 오직 나였기 때문이다.

아기에게 필요한 물건들을 살펴보기 위해 롭과 타깃에 가면서 이 새롭고 막중한 정신적 부담을 예민하게 느낀 적이 있다. 내 손에는 추천받은 아이템들이 적힌 기나긴 목록이 있었고, 내 머릿속에는 친구와 가족들이 해준, 때로 필요하고 때로 불필요한 온갖 조언들이 들어 있었다. 조언들은 제각각이었다. 우리는 분유와 이유식 코너에 서 있었다. 전자레인지로 소독할 수 있는 젖병 소독기를 살까? 아니면 누가 일러준 대로 젖병은 큰 냄비에 넣어 삶아야 할까? 혹시 모르니 두 가지 다 고려하기로 한다. 젖병 건조대 앞으로 갔다. 삐죽삐죽 하늘로 솟아 있어 고무로 된 밀 싹들처럼 보였다. 이유는 모르겠지만 그 물건 앞에서 나는 쩔쩔맸다. 갑자기 눈앞이 캄캄했다. 나의 정신적 용량이 한계에 도달한 것 같았다. 나는 롭에게 결정해달라고 했고 그는 단박에 거절했다. "나야 모르지. 당신 공부 많이 했잖아. 우리에게 뭐가 더 맞는지는 나보다 당신이 잘 알겠지." 아니? 꼭 그렇지 않다. 내가 많이 아는 이유는 오랜 시간 관심을 갖고 검색해왔기 때문이지 임신과 함께 기적처럼 육아 박사가 된 건 아니다. 엄마는 자연히 다음 단계를 아는 사람이 아니다. 아기 물품 구입, 신생아가 자주 앓는 병, 의사에게 해야 할 질문을 엄마라고 해서 저절로 알게 되지 않는다. 우리는 공부한다. 때로는 이런 일들이 매력적이거나 흥미롭지 않다는 걸 알면서도 수많은 시간을 들여 눈이 빠지게 검색한다. 우리가 안 하면 누가 하겠는가?

임신을 하면 신체적으로도 피로하지만 정신적·감정적 스트레스 또한 만만치 않다. 그는 내가 도움을 요청할 때 그 자리에 있었지만 모든 세세한 사항들, 즉 아직 태어나지도 않은 아이에게 뭐가 필요할지 고민하는 건 모두 내 일이었다. 나는 새로운 정보들로 가득한 백과사전을 이고 다니면서 나의 임신한 뇌가 그 정보를 절대 잊지 않도록 해야 했다. 롭이 임신과 출산에 관한 책을 읽을 수도 있었다. 그도 신생아 준비를 도와주는 잡지 기사를 읽을 수도 있고 홈메이드 이유식 요리법과 저장법을 배울 수도 있고 내가 산후조리를 할 때 필요한 패드시클Padsicles*(회음부 콜드팩) 만드는 법을 배울 수도 있다. 하지만 그럴 수도 있다는 생각은 그의 머리를 스친 적도 없었다. 공부의 필요성을 느끼지 못했다. 우리 두 사람을 대신해 나 혼자 공부해야 했다. 그 과정에서 아무리 스트레스를 받고 피곤했어도 롭에게 화 한 번 내지 않았다. 이 노동의 분담은 우리의 정신에 너무 깊이 새겨져 있어서 둘 다 다른 방식을 떠올리지도 못한 것이다. 나도 그에게 임신 출산 책을 읽어보라고 부탁한 적도 없는데 부분적으로는 그때그때 필요한 정보는 전달하면 된다고 생각했기 때문이고 부분적으로는 그가 읽지 않으리라는 걸 알았기 때문이다.

예비 아빠는 예비 엄마와 동일한 수준으로 감정노동을 책임지지 않고, 우리는 이 현상을 지극히 정상으로 받아들인다. 그와 나 사이에 그어진 선을 받아들인다. 한쪽은 돕는 사람이고, 한쪽은 책임지는 사람이다. 아이가 태어나기 전부터 이미 정해져 있다. 우리는 출산과 육아 정보도 책임지고 걱정도 책임지고 작은 인간의 성장도 책임진다. 엄마가 아이의 탄생을 준비하는 데 쏟는 이 모든 감정노동은 지극히 자연스럽다는 문화적 신화에 갇혀 있기에 이것을 일로 보지 않는다. 용품 준비, 조사와 검색, 방 꾸미기 같은 모든 일이 설렐 뿐이라고만 말한다. 물론 그런 부분도 없지 않지만 대부분 그저 평범하고 단순한 일일 뿐이다. 준비해야 할 건 너무 많아서 분만실에 들어가기도 전에 이미 굴려야 할 공은 늘어나 있었다. 많은 사람들이 임신 기간이 천국이고 아이가 태어나면 진짜 세상이 펼쳐진다고 말했지만 나의 임신 기간을 돌아보면 감정노동은 이미 시작되고 있었다.

그럼에도 불구하고 나는 계속 희망했다. 평등한 부부관계에 대한 나의 이상은 아기가 우리 품으로 들어올 때는 효력을 발휘할 것이다. 아들이 이 세상에 나오는 순간부터 남편과 나는 환상의 팀이 되어 공동 육아를 할 것이라 확신했으나 나의 순진무구한 생각은 신속히 아무 절차 없이 착각임이 판명되었다.

나도 애 낳는 건 처음이거든요

스물두 시간 동안 이어진 아들의 분만은 트라우마가 될 만한 사건이었고, 내가 원하지 않은 수많은 의료적 개입이 있었다. 몇 달 동안 아름답고 무통주사 없는 자연분만을 준비해왔건만 나의 상상과는 반대의 일이 펼쳐졌다. 멍이 들었고 덜덜 떨었고 회복실로 이동할 때는 엄청난 양의 피를 흘리고 있었다. 마음 깊은 곳에서 정말 이대로 죽을지도 모른다는 생각도 했다. 통증은 극심했다. 정신도 오락가락했다. 병원에 있던 내내 침대에서 열 발자국 떨어진 화장실에 갈 때마다 부축을 받아야 했다. 10분에 한 번씩 시계를 보면서 실상은 별 도움이 안 되는 진통제를 맞을 시간만 기다렸다. 남편이 나를 부축해주고 등을 닦아주지 않아도 되고 혼자 샤워실에 설 수 있으려면 몇 주가 걸릴 것만 같았다. 이대로 집에 가서 또 다른 작은 인간을 돌봐야 한다는 건 상상조차 하기 싫었다. 출산하자마자 육아에 돌입해야 한다는 건 한 인간이 감당하기엔 너무나 잔인한 일이었다.

물론 이것은 남편이 출산 휴가를 받지 못하면서 더욱 악화되었다. 그는 당시 일하던 소매 매장에서 채 일주일이 안 되는 휴가를 받았고 대학교도 다니고 있었다. 사실 그는 기말 시험을 보러 가기 위해 회복실을 두 번이나 비워야 했다(딸아이가 태어났을 때도 같은 일이 반복되었다. 우리 아이들은 타이밍의 천재들이다). 나 또한 출산 당일 저녁까지 매장에서 일하다 왔고 다시 출근할 수는 없었다. 아이를 보육시설에 보낼 수 있도록 일과를 조정할 수 있는 가능성은, 아무리 머리를 짜내도 없었다. 만약 조정이 가능했다 해도 우리 둘의 수입으로는 맡겨도 될지 미심쩍은, 값싼 보육 서비스도 받을 수 없었다. 나는 받은 지 얼마 안 된 영문학 학위를 활용하는 방법을 고민했다. 잔돈푼이라도 벌면서 세상에 막 태어난 인간을 살아 있게 하기 위해 최선을 다해야 할 것이었다.

육아를 혼자 담당하게 되리라는 전망은 막막하고 두려웠지만 사실 어느 정도 예상하고 있었다. 남의 손에 아이를 맡길 돈은 없고 더 적게 버는 내가 일을 그만두어야 한다는 사실은 임신 전부터 서로 동의했던 바다. 거기에 대해선 준비되어 있었다. 내가 준비되어 있지 않았던 건 부부에서 부모가 되면서 갑작스럽게 달라진 역할의 변화였다. 병원 문을 나서기 전에 이미 세상이 바라보는 우리의 역할은 명확히 구분되었다. 엄마가 된다는 건 이미 조금씩 발견되고 있던 감정노동의 불균형을 가속화하리라는 불길한 전조이기도 했다.

내가 산후 회복실 침대에 누웠을 때는 거의 이틀 동안 잠 한숨 못 자고 깨어 있던 상태였다. 솔직히 말하면 기절 직전이라는 사실이 고맙기도 했는데 당장은 눈 붙이는 것이 급해서 아픔을 잊을 수 있었기 때문이다. 막 잠이 들려는 찰나, 누군가 방문을 노크하고 내 옆에 아기 침대를 놓더니 아이를 눕혔다. 병실 침대 탁자에 여러 장의 서류들이 놓여 있었다. 간호사는 맨 위의 장을 손으로 가리키더니 내가 아이의 배변 시간과 수유 시간과 수유

간격을 체크해야 한다고 했다. 아기가 언제 젖을 먹었나? 발진은 없나? 초유가 나왔나? 태변이 배출되었나? 변 상태는 정상인가? 저기요. 저기요, 내가 그걸 어떻게 알아요? 내 앞에 걸린 화이트보드에는 진통제 복용 시간이 적혀 있었다. 나는 화장실에 가고 싶을 때마다 버튼을 눌러서 도와줄 사람을 찾아야 했다. 잠도 못 자고 약 기운 때문에 혼미한 상태였고 회음부 통증으로 제대로 앉을 수도 없는데 내 앞에 산더미 같은 정보가 쏟아졌다. 나는 방금 아기를 낳았다고요. 이걸 지금 내가 해야만 하나요? 내 남편이, 신체 건강하고 정신도 말짱한 남편이 옆에 멀뚱하니 앉아 있는데 말입니다. 모유를 먹이거나 기저귀를 갈 때마다 남편이 시간을 기록하고 서류도 읽어보고 체크도 하면 되지 않나? 지금 내 상태를 고려한다면 그게 상식적이고 유일한 해답으로 보였다. 하지만 병원에 있을 때 간호사는 오직 나에게만 지시 사항을 전달했다. 쏟아지는 정보를 기억하고 챙겨야 하는 건 오직 나였다. 몽롱한 상태를 벗어날 때까지만이라도 남편이 나의 대변인이 되어주길 바랐지만 그 시간 내내 병실에 들락날락하던 의사와 간호사에게 남편은 보이지 않는 존재라도 되는 듯했다.

직접 말을 전달해야 하는 사람은 나였다. 그럼에도 내가 병원에 입원한 3일 동안 간호사 중 누구도 내 이름을 기억하지 않았다. 그저 나를 "엄마"라고 불렀다. 나에게도 이름이 있다고, 내가 맡은 새 역할이 나라는 개인을 지우지 않으면 좋겠다고 말하고 싶은 욕망이 불쑥불쑥 올라왔지만 바쁜 사람들에게 불편을 끼치고 싶지 않았다. 그래서 내버려두었다. 그들은 끝까지 나를 "엄마"라고 불렀다. 나를 만날 때마다 마치 다음과 같은 의미를 전달하려는 의도 같았다. 당신은 이제 엄마예요. 엄마가 당신 직업이에요.

극심한 수면 부족으로 비몽사몽 속에서 보낸 엄마로서의 첫 며칠은 기억이 희미하지만 뚜렷이 기억하는 목소리와 장면은 있다. 남편이 항상 나에게 물었었다. "나 뭐 해야 돼?" 나를 도와주고 싶어서 하는 질문이었다. 남편이 뭘 해야 하는지 몰랐던 이유는 그가 병원에서 준 팸플릿을 억지로라도 읽지 않아서이고 육아책과 육아 블로그를 읽지 않아서이고 나처럼 준비하지 않아서였다. 그는 내 지시를 바랐다. 그건 내 일이니까. 하지만 내가 하고 싶은 말은 이뿐이었다. 나도 몰라! 육아책을 읽는 것과 작은 생명체를 집으로 데려와 먹이고 키우는 건 하늘과 땅 차이다. 나는 아기를 안고 우리 집 현관문을 넘자마자 내가 뭘 해야 하는지 아무것도 모른다는 사실을 직감했다. 벌써 우리를 퇴원시키다니 병원은 큰 실수를 저지른 것이다. 나에겐 이 일을 할 능력이 없다. 무방비 상태로 집에 와버렸다. 답을 몰랐지만 어떻게든 빠르게 정답을 알아내야 하는 건 나였다. 우리 둘을 대신해서 내가 알아야 했고, 그때부터 우리 가정 안에서의 역할 분리가 이루어지기 시작했다. 나는 무엇을 어떻게 해야 하는지 아는 사람이 되었다. 롭은 내가 가르쳐줘야 하는 사람이 되었다. 그가 육아에 전혀 관여하지 않았다는 말이 아니다. 그도 애썼다. 내가 시키면 기

남자들은 항상 나를 잔소리하게 만든다

저귀를 갈았다. 아기띠 매는 법을 보여주면 따라 했다. 내 친구의 남편들보다는, 그러니까 계속 좋은 말로 부탁하고 회유하고 칭찬을 쏟아주어야만 자기 애를 봐주는 그들보다는 훨씬 많이 도와주었다. 시간이 흐르면서 나는 아이를 맡기고 외출할 수도 있었고 남편에게 정말 기본적인 육아 정보를 묻는 긴급 전화나 문자를 받지 않아도 되었다. 현재는 큰 걱정 없이 요가 수업을 가거나 친구들과 저녁 약속을 한다. 남편이 "육아"를 하다가 대실수를 하거나 큰 칭찬을 바라지 않고 주 양육자로서의 역할을 할거라 믿기 때문이다. 이 정도의 호사를 누리지 못하는 여성들이 아주 많다는 걸 안다.

자기 애를 보는데 왜 고마워해야 돼?

아기를 낳은 지 얼마 안 되어 남편이 출장 중인 친구에게 저녁을 가져다준 적이 있었다. 쉬어야 할 친구에게 방해가 될까 봐내 아이들은 집에 두고 혼자 갔다. 그녀는 현관문을 열고 내 팔에 안겨 있는 게 꼬마가 아니라 라자냐뿐이라는 걸 알고선 깜짝놀랐다.

"애들은 어딨어?" 마치 내가 애들을 치마 속에 숨기기라도 한것처럼 눈을 크게 뜨고 물었다.

"어디 있긴. 롭이랑 집에 있지."

"너희 남편 너무 착하다."

이렇게 말했다. 다른 친구들도 그렇게 말했었다. 그녀의 말투에는 조금의 빈정거림도 들어 있지 않았다. 내가 아는 많은 여성들은 내가 남편에게 아이를 맡기고 외출하는 걸 보면서 남편이 나에게 은혜를 베풀어주고 있고 언젠가 내가 그에게 보답을 해주어야 한다고 생각한다. 그들의 경험으로 볼 때 전적으로 육아를 담당하는 아빠는 희귀종이다. 자기 핏줄을 돌보는 건 그들의 일이 아니다. 너무 어머어마한 부탁이라 대가가 주어져야 한다. 흔치 않은 신뢰의 표시다. 그날 저녁 친구 집을 나오는데 친구는 롭에게 고맙다고 전해달라고 했다. 나는 친구의 어깨를 붙잡고 흔들고 싶었다.

"자기 애를 자기가 보는데 내가 왜 고마워해야 해?" 나는 말했다.

"그래도 고맙다고 전해줘."

그녀의 남편, 아니 나의 남편이라 할지라도 남자들끼리 이런 대화를 나눌 일이 있을까. 아빠가 저녁에 밖에 나와 있으면 아무도 아이는 어디 있냐고 묻지 않는다. 남편이 개인 시간을 보낼 동안 내가 집에서 세 아이를 본다고 해서 어느 누구도 놀라면서 내 넓은 마음씀씀이를 칭찬하지 않는다. 엄마가 주 양육자가 되는 건 당연한 일이다. 남편에게는 크게 점수 딸 일이다.

싱글 엄마에게는 높은 기준을 갖다 대고 싱글 아빠에게는 언제나 따뜻한 동정과 응원을 보내는 것도 같은 맥락이다. 스테파

남자들은 항상 나를 잔소리하게 만든다

니 랜드Stephanie Land는 〈가난한 엄마가 짊어져야 할 심리적 부담〉이라는 에세이에서 적은 수입으로 홀로 양육하기가 얼마나 어려운지 묘사한다. "아무도 도움을 준다는 사람이 없다. (…) 나의 엄마와 형제나 시부모는 내 딸과 시간을 보내주지 않는다. 집에서 재워주겠다거나 저녁을 먹이고 보내겠다고 하는 사람도 하나 없다. 아이 아빠는 최소한의 양육비만 지급한다. 남편에게 일을 해야 하니 아이를 하루만 더 맡아달라고 부탁하면 남편은 마지막 순간에 안 된다고 통보하고 나는 미친 듯이 아이 봐줄 사람을 찾아 헤매거나 그렇지 못하면 일자리를 잃는다."[1] 그녀가 지는 정신적 부담은 그저 가사 분담 싸움 정도가 아니다. 그녀는 자신의 처지가 에마 리트Emma Lit의 유명한 만화 〈해달라고 하지 그랬어You Should've Asked〉 속 중산층 이성애 커플의 가사 분담 논쟁과는 차원이 다르다고 말한다.[2] 스테파니가 갈등하면서 결정해야 하는 모든 사항은 과연 이번 달에 밥을 먹을 수 있을지 없을지의 문제로 귀결된다. 그녀가 짊어지는 감정노동은 무척 무겁지만 가차 없이 비판받기도 한다. 그녀가 빈곤한 싱글맘으로 살아가기에 대한 글을 올릴 때마다 확인한다. 몸이 부서져라 모든 일을 다 해내지만 조금만 부족하면 실패자라는 악플이 달린다.

싱글맘에 대한 기대치는 도달 불가능할 정도로 높고 싱글맘들의 감정노동을 덜어줄 제도나 자원은 어디에도 찾아볼 수 없다. 우리의 문화는 엄마 됨을 찬양하고 "여성이 할 수 있는 가장 위대한 직업"이라고 칭송하면서 우리를 지원하기 위해서는 아무

것도 하지 않고(들으면 기절초풍할 이 나라의 육아비를 보라) 우리가 기대한 만큼 해내지 못했을 때 우리를 비난할 준비만 되어 있다. 모든 일을 혼자 해내고 있을 때도 그렇다. 흑인 엄마들과 유색인 엄마들은 중첩되는 정체성 때문에 비난과 징계의 정도가 더 높다. "내가 만약 아프리카계 미국인 사회의 문제의 원인으로 싱글맘을 지목할 때마다 2달러씩 받았다면 부자가 되었을 것이다. 집안에 남자가 있다면 싱글맘의 문제가 해결될 것이라는 말을 들을 때마다 2달러씩 받았다면 거부가 되었을 것이다." 라시나 파운틴Rasheena Fountain이 《허핑턴 포스트》에 기고한 〈흑인 싱글맘들은 희생양 그 이상이다〉의 일부다.[3] 그녀는 흑인 사회를 위협하는 요인들 중 하나로 흑인 엄마들을 비난하는 담론에 지쳤다고 설명한다. 그 사회적 질병의 뿌리 깊은 원인은 백인 우월주의 사회이지 복지에 의존하는 흑인 싱글 엄마들이 낳고 키운 아이들이 아니다. 매우 유해하고 터무니없는 편견이다. 그녀는 흑인과 히스패닉 사회에서 싱글맘의 비율이 점점 낮아지고 있으며 고등교육을 받는 싱글맘들이 증가하는 현상도 지적하면서 흑인 싱글맘들이 배출한 훌륭하고 모범적인 시민들도 예로 든다. 싱글맘들이 넘어야 하는 허들은 높고 높지만 아무리 발버둥 쳐도 충분하지 않다고 말한다.

싱글대디들에게는 절대로 같은 기준을 적용하지 않는다. 구글 검색만 해봐도 싱글대디들을 열광적으로 응원하고 지원하는 커뮤니티 투성이다. 세 아들의 인슐린 비용을 감당하는 것이 어렵

남자들은 항상 나를 잔소리하게 만든다

다고 호소한 어느 아빠의 글에 사람들의 기부가 이어진다.[4] 엄마가 곁에 없는 딸의 머리를 땋아주거나 드레스 입혀주기 놀이를 하는 아빠에 대한 "가슴 찡한" 이야기들 또한 얼마나 많은지 모른다. 같은 일을 하는 엄마들은 절대 들을 수 없는 칭찬과 격려가 줄을 잇는다. 아빠에 대한 기준은 한없이 낮아서 때로는 아빠들이 먼저 엄마와 같은 일을 하는 사람으로 봐주길 원한다.

최근에 너무 바빴던 날 롭이 아이 셋을 데리고 외출해주어 혼자 집에서 일에 집중할 수 있었다. 남편은 아이들을 데리고 코스트코에 갔고(아이 셋을 몽땅 태울 수 있는 대형 카트 덕분에 우리에게는 가장 편안한 쇼핑 장소다) 아이스크림을 사 먹였다. 물론 쉽지 않은 외출이기는 하지만 나는 수도 없이 하는 일이다. 나 또한 "엄마 손이 바쁘겠다"라는 말을 듣지 못한 것은 아니지만 그 정도가 내가 혼자 아이 셋을 데리고 외출했을 때 받을 수 있는 최고의 칭찬이다. 반면 남편은 그의 영웅 정신에 칭찬과 존경을 아끼지 않는 사람들에게 둘러싸인다. 사람들이 길을 가다가 멈춰서 대단한 아빠라며 엄지손가락을 치켜 올린다. 아이스크림 가게에서는 나이 많은 남자들이 오늘이 "아빠의 날"이라 아이들을 보고 아내에게 휴식을 주었냐고 물었다. 그가 마주치는 거의 모든 사람들이 자기가 낳은 애들을 데리고 세상 밖으로 나온 그의 행동이 비범하고 고귀한 업적이라고 생각한다.

나에게 천만다행인 점은 남편은 그처럼 생각하지 않는다는 것이다. 솔직히 그는 집으로 오면서 기분이 상했다고 한다. "아빠의 날"이라는 말이 계속 신경에 거슬렸는데 그가 매일 하는 일을 무시하는 말이다. 그는 따로 아빠의 날을 갖지 않는다. 매일 아빠이기 때문이다.

남편은 나만큼이나 우리 아이들에 대해 속속들이 잘 안다. 나만큼이나 자주 애들을 마트에 데리고 간다. 나와 거의 비슷하게 자주 아이들을 재운다. 나와 거의 비슷하게 아이들에게 요리를 해준다(사실 나보다 더 자주 해줄지도 모른다). 물론 나보다 덜 하는 것이 있다. 낮잠 재우기, 등교시키기, 가끔씩 해야 하는 나만의 일은 내가 집에 있는 양육자이기 때문에 하는 일이다. 나는 아이들과 더 많은 시간을 보낸다. 그는 내가 엄마로서 노력을 들이는 것과 마찬가지로 아빠로서 노력하기 때문에 아빠에 대한 터무니없이 낮은 기준에 황당해한다. 그는 더 높은 기준을 바란다. 더 잘하고 싶고 잘하고 있기 때문이다.

이런 순간에 나는 왜 우리 남편 같은 남자도 가정 안에서 감정노동이라는 배의 키를 잡는 것이 그다지도 어려운지 묻게 된다. 표준이 아니기 때문이다. 기대되지 않기 때문이다. 그가 자라면서 받은 사회적 압박은 감정노동이라는 면에서는 나와 자석의 양극처럼 정반대다. 누구도 그에게 돌봄을 요구하지 않았다. 사실 남자답지 않은 행동이기에 얼굴을 찌푸려야 했다. 그가 살면서 본 남자들은 할머니에게 편지를 쓰지 않았고 가족을 위해 식사를 준비하지 않았고 동등한 부모나 파트너로서의 책임을 지지 않았다. 남자가 주로 받는 사회적 압박은 가장이 되는 것이다. 가정보다는, 돌보기보다는, 감정노동보다는 바깥일을 중시해야 한다. 항상 그래야 한다. 남자들이 집에서 완전한 평등을 원할 수도 있지만 그것을 배울 기회도 없었고 지원해줄 제도도 없었다. 티퍼니 두푸는 《공을 떨어뜨리다》에서 이렇게 썼다. "여성의 직업 기여도가 여성의 가정 기여도만큼이나 가치 있게 여겨지지 않는 한 남성의 가정 기여도는 절대로 직업 기여도만큼 평가받지 못할 것이다. 여성이 두 위치에서 확고하게 인정받아야 남성도 그럴 수 있다."[5] 그 정도로 지지받고 인정받기는 여간해서는 어렵다. 남성들의 노력은 칭찬받긴 하지만 지나치게 과장되기 때문에 가치가 떨어지는 면도 있다. 남자들에게 아버지 노릇을 했다고 등을 두드려주는 것은 마치 침대 정리를 엉망으로 하거나 짝짝이 양말에 샌들을 신은 아이들에게 장하다고 호들갑스럽게 칭찬해주는 것과 비슷하다. 노력이 가상하다고 말하며 부족한 면은 보지 않기로 한다. 하지만 남자는 아이들과 다르게 시간이 지나면서 이런 일들을 스스로 습득하지 않는다. 최선의 노력을 하지 않고 상대방에게 일을 넘겨버린다. 우리와는 달리 그건 자기 일이 아니라고 믿을 권리가 있기 때문이다.

애는 엄마가 봐야 한다고 누가 그래요?

하나부터 열까지 신경 쓰는 건 원래 엄마의 일이다. 육아에 관해서는 하나부터 열까지는 하나부터 스무 가지가 된다. 자미 잉글두Jami Ingledue는《허핑턴 포스트》에 기고한 〈엄마의 정신적 부담〉이라는 글에서 엄마가 계속 신경 쓰고 있어야 하는 일 몇 가지만 나열한다. 집에 있는 물건들(장난감, 옷, 말 그대로 모든 것), 선물 사기, 가족 생일, 학교에 관련된 모든 것, 일정, 식사 계획, 가족의 감정적 욕구. 아직 시작의 시작도 하지 않았다. "이 목록은 끝이 없고 책 한 권은 족히 채울 수 있다." 그녀는 쓴다. "그래서 나의 뇌에는 글을 쓸 공간이 남아 있지 않다."[6]

모든 엄마에게는 머릿속에 "할 일 목록"이 있고 이 목록은 하루하루 더 늘어나고 변화한다. 소풍 동의서를 작성해서 서명하고, 수표를 써서 보낸다. 딸의 옷장 문이 덜컹거리면 남편에게 고쳐달라고 말해야 한다. 목욕 스케줄도 내 머릿속에서 돌아가고 있다. 첫째는 오늘 해야 하고, 둘째와 셋째는 내일 시켜야 한다. 딸은 이제 상추는 먹는다고 한다. 아들은 포도를 안 먹는다고 한다. 내가 항상 머릿속에 새겨야 하는 정보 우물의 몇 방울일 뿐이다. 남편의 할 일 목록 또한 상당히 광범위하겠지만 감히 나의 수준을 따라오지는 못할 것이다. 그럴 필요가 없다. 부모가 다 알아야 할 정말 중요한 일이 있다면 그 중요한 정보를 기억하고 전달해야 하는 건 엄마니까.

당신이 모든 일을 챙기는 유일한 사람일 때 일을 분배하는 것만이 짐을 더는 유일한 방법이 된다. 도와달라고 부탁하지 않고서는 짐을 덜어내기가 점점 더 어려워지는데, 공을 떨어뜨리는

남자들은 항상 나를 잔소리하게 만든다

일은 선택권에 없기 때문이다. 반드시 해내야만 하고, 그것도 아주 요령 있고 능숙하게 해내야 한다.

엄마 노릇 하며 가정의 관리자가 되려면 언제나 준비 태세인 맹수가 되어야 한다. 감정노동은 이제 필수 의무다. 아이가 없이 파트너와만 사는 것이 언제나 쉽지는 않지만 비교적 수월할 수 있다. "각자 일은 각자 알아서" 방식을 도입해도 갈등은 있을지언정 누구 하나가 죽지는 않는다. 아기가 생기면 그렇지 않다. 아이는 강도 높은 신체적·감정적 노동을 필요로 하고, 해도 되고 안 해도 되는 건 없다.

누군가 울고 있는 아기를 안아주고, 그럴 때마다 반복하게 된다면 자연스럽게 주 양육자가 된다. 보통은 아기와 집에 있는 사람이고 이 나라의 안쓰러운 아빠 육아 휴직을 고려해본다면 커플이 원하건 그렇지 않건 그 사람은 엄마가 된다. 아이의 필요를 가장 잘 알고 관심을 갖는 사람이 된다. 가장 먼저 반응하는 사람이 된다. 문자 그대로 스스로 아무것도 할 줄 모르는 아기 인간을 돌본다는 것은 굉장히 벅찬 일이 틀림없다. 여성은 그 벅참을 감수하며 산다. 다들 우리가 해야 한다고 말하기 때문이다. 전업맘이건 워킹맘이건 풀타임으로 일하건 상관없이 모두에게 그렇다.

《타임푸어: 항상 시간에 쫓기는 현대인을 위한 일·가사·휴식 균형 잡기》의 저자 브리짓 슐트는 이렇게 말한다. "직장에서 장시간 일하는 엄마들이 많은 이 시대에도 '새로운 가정생활New

Domesticity' 운동이 일어나며 이상적인 엄마는 닭을 키우고 유기농 텃밭을 가꾸고 뜨개질을 하고 채소절임을 만들고 아이 홈스쿨링까지 해야 한다."[7] 우리가 엄마 역할을 하느라 쓰는 시간은 어마어마하게 길다. 우리의 육체와 정신 건강을 해쳐가면서까지 "모든 것을 다 해내야 한다는" 불가능한 임무를 맡는다. 우리가 감당하기 힘들 정도의 감정노동을 짊어지지만 파트너에게 큰 도움을 받지 못한다. 아이들은 정신노동과 감정노동을 필요로 하고 이 노동의 대부분은 언제나 한결같이 우리에게 떨어진다. 우리는 힘들고 단조로운 일을 맡고 걱정하는 일을 맡고 그 밖의 모든 일을 맡는 반면, 남자들은 훨씬 덜 힘든 일만 맡는다. 맡아주기만 하면 다행이지만 말이다.

요즘 아빠들은 과거의 아버지들보다 아이와 많은 시간을 보내는 건 사실이지만 그들이 시간을 보내는 방식은 엄마와 다르다. 2006년 호주의 사회학자 린 크레이그는 시간 활용 일기를 분석해 여성들이 여전히(과거의 여성들이 그랬듯이) 주 양육자로서 많은 시간을 보내는지, 그 돌봄의 질에서 엄마와 아빠가 차이가 나는지(과거에는 그랬다) 조사했다. 엄마들은 여전히 "기본" 부모이고 육아에 필요한 정신적·육체적 노동을 거의 다 하는 사람이다. 아빠들은 "재미있는" 부모의 역할을 하는 경우가 많았다. 아빠들이 아이와 보내는 시간은 대부분 대화하기, 놀아주기, 취미 활동 등으로 다른 종류의 육아보다 훨씬 쉬운 종류다. "여성의 육아 시간은 남성의 육아 시간보다 더 고되고 힘들다." 크레이그

남자들은 항상 나를 잔소리하게 만든다

는 쓴다. "따라서 아버지들이 과거의 아버지들보다 자녀와 많은 시간을 보낸다 해도 전보다 훨씬 많고 다양해진 엄마의 일을 덜어주지 못한다. (…) 만약 남성과 여성이 담당하는 일의 종류나 시간이나 책임감의 정도가 다르다면 아빠가 자녀와 보내는 시간이 늘었다고 해도 여전히 엄마들은 보조를 받지 못하고 홀로 일과 가정의 조화라는 도전을 감당한다는 뜻이다."[8]

하지만 남성들은 감정노동이 불공평하다고 생각하지 못한다. 수치로 나타나고 있음에도 불구하고 남성들은 파트너와 자신이 가사노동과 육아를 동등하게 분담한다고 믿거나 적어도 공평함에 가까운 편이라고 믿는다. 미국인의 시간 사용 조사American Time Use Survey 결과도 기존의 조사 결과와 크게 다르지 않다. 엄마와 아빠가 모두 풀타임으로 일하는 맞벌이 이성애 부부 가정에서 엄마의 육아 시간이 일주일에 평균 열 시간이면 남성은 6.7시간이다. 가사노동 시간은 여성이 일주일에 열두 시간이고 남성은 8.4시간이다.[9] 남성과 여성의 육아와 가사노동 시간은 하루에 30분 정도밖에 차이가 나지 않는다. 그러나 이 정보가 설명하지 못한 것은 그 일이 기본적으로 누구의 책임이냐 하는 것이다. 여성들은 이 분야에서 더 많은 시간을 사용할 뿐 아니라 그 일을 하면서 확인해야 하는 모든 감정노동과 관리의 일을 맡는다.

아버지에 대한 기대치가 낮기 때문에 남성들은 자기 자식을 돌보는 일과 관련된 모든 사항들을 알건 모르건 합격점을 받는다. 파트너가 그들을 위해서 모든 것을 기억해주길 바라는데 언제나 그래왔기 때문이다. 그 밖의 일이 생겨도 책임지지 않기에 그들에게 일일이 설명해주어야 하는 감정노동이 우리 접시에 또 추가된다. 그들은 보지도 못할 때가 많다. 그들은 자기들의 "도움"이면 충분하다고 보는데, 엄마 역할은 우리 일로 여겨지는 반면 아빠 역할은 그들의 의무로 여겨지지 않기 때문이다.

부분적으로는 부모 노릇이란 우리 엄마들의 영역이라는 선입견을 버리지 못하고 아빠들이 원하건 원하지 않건 도와주는 역할만 부여하기 때문이기도 하다. 이제 우리도 허둥지둥하는 아빠라는 한물간 고정관념에 동의하지는 않지만 책임자로서의 아빠는 신뢰하지 않는다. 우리가 아이를 가질 무렵에는 감정노동이라는 영역에서 남녀 간에 현격한 기량 차이를 목격하게 되기도 한다. 임신 기간에 남자들은 할 생각도 하지 않는 준비를 하고 검색을 한다. 아이가 태어나면서 그 차이는 더욱 심해진다. 어느 정도까지 이 불신은 보증된 일이다. 아버지의 책임을 중시하지 않는 문화 때문에 신뢰 부족은 더욱 굳어진다. 이 사회는 남자의 아빠 역할에 여자의 엄마 역할만큼의 큰 가치를 부여하지 않는다. 여성들은 언제나 압도된 기분으로 감정노동의 바다에서 허우적거리게 되고, 남성들로부터는 부모의 역할을 하면서 그 안에서 성장할 기회를 빼앗는다. 남성들은 알아야 할 일과 수행해야 하는 임무를 파트너에게 지시받아야 한다. 물론 덜 힘들 수는 있겠지만 감정노동의 젠더 불균형은 아빠가 부모 노릇을 하며 느낄 수 있는 보람조차도 빼앗아 갈 수 있다.

남자들은 항상 나를 잔소리하게 만든다

우리는 남자들이 감정노동을 나눠 가지도록 허가하고 격려해야 한다. 엄마들에게 숨 쉴 틈을 주기도 하지만 아빠들에게도 부모로서 더 값진 경험을 할 수 있는 기회를 주는 것이기도 하다. 《성난 백인 남자Angry White Men》와 《남자를 위한 페미니즘 가이드The Guy's Guide to Feminism》를 쓴 마이클 키멜은 젠더 평등을 강조하면서 남성들도 가정에서 감정노동을 맡을 때 그들이 갈망하는 삶을 살 수 있다고 말한다. "관계가 더 평등할수록 두 파트너 모두 더 행복해진다." 키멜은 '왜 양성 평등이 모두에게 유익한가―남자를 포함해서'라는 제목의 테드 강연에서 말한다. "남자들이 집안일과 육아를 함께 하는 가정의 자녀들이 더 행복하고 더 건강하고 아내도 더 행복하고 건강하다. 남성도 더 건강하고 행복하다."[10] 그는 열쇠는 나눔이라고 말한다. "보통 우리(남자)가 하는 일을 묘사할 때 다음 두 문장을 주로 사용한다. 우리는 협력한다. 우리는 도와준다." 키멜은 말한다. 이 말에는 평등한 책임이 들어 있지 않다. 진정한 균형을 반영하지도 않는다. 그것으로 충분하지 않다. 우리는 이 짐을 나눠 가져야 한다. 현재 가정 안에서의 불평등이 표면적으로는 아빠들에게 유리한 거래로 보일지 몰라도, 실제로는 두 파트너 모두 감정노동의 불균형으로 인해 상처받는다. 엄마 됨뿐만 아니라 아빠 됨에 대한 기대를 근본적으로 바꾸지 않는 한 남성과 여성 모두 자신의 최고의 모습을 발견하며 사는, 아름답고 완전한 삶을 누리지 못한다.

3.
내려놓으라고?
그럼 누가 하는데?

"저리 비켜. 그냥 내가 할게." 남편이 건조기에서 꺼낸 딸의 침대 시트를 접느라 끙끙대는 모습을 보고 내가 말했다. 남편에게 수백 번은 한 말이다. 때론 입 밖에 내진 않아도 남편에게 보내는 못마땅한 눈빛에 그 말이 함축되어 있기도 하다. 나 또한 우리 집에서 감정노동의 불평등을 형성하는 데 큰 몫을 했다는 사실을 인정할 수밖에 없겠다. 나만의 일하는 방식이 있고 그 방식에서 벗어났을 때 결국 내가 그 일을 다시 하는 경우가 많다. 식기세척기에 그릇을 잘못 넣으면 남편에게 어떻게 넣는지 보여주는 대신 내가 다시 해버린다. 빨래가 이상하게 개어져 있으면 그냥 내가 다시 하기로 한다. 여자 친구들과 모여 남자들이 집안일을 어떻게든 안 하려는 속셈으로 일부러 일을 못하는 척하는 건 아니냐고 하소연하기도 한다.

내가 볼 때 우리 집은 그 정도까진 아니지만 어떤 가정에서는 현실이다. 2011년 영국의 한 설문조사에 따르면 30퍼센트의 남성들이 가사노동을 고의적으로 부실하게 하는데 그러면 나중에 파트너가 그 일을 시키지 않을 것 같아서라고 한다.[1] 파트너는 남자에게 시키느니 처음부터 자신이 하는 편이 낫겠다고 생각할 것이 아닌가. 그들의 예상이 맞았다. 25퍼센트의 남성들은 이후로 같은 일을 해달라는 부탁을 받지 않았으며, 64퍼센트는 아주 가끔씩 어쩔 수 없을 경우에만 부탁을 받았다고 한다.

남자들이 집안일을 어떻게든 회피하려는 심산으로 일부러 일을 건성으로 하지는 않는다 해도 그들의 영혼 없는 "도움"은 여성들의 화를 북돋운다. 영국의 세인즈버리사에서 실시한 비슷한 설문조사에 따르면 여성들은 파트너에게 맡긴 집안일을 다시 하느라 일주일에 평균 세 시간을 소비한다.[2] 남자들의 능력이 떨어진다고 알려진 분야가 딱히 정해져 있진 않다. 설거지, 침대 정리, 빨래하기, 청소기 밀기, 소파 쿠션 정리, 싱크대 닦기 등 다양한 분야에서 아내들의 불만이 터진다. 설문조사에 참여한 여성의 3분의 2는 파트너가 최선을 다했다고 믿는다고 하니, 50퍼센트 이상이 남자들에게 다음부터 제대로 하라며 "바가지를 긁지" 않는 것도 놀랍진 않다. 그들은 그저 파트너를 따라다니면서 뒤치다꺼리를 하고 만다.

사회학자들은 여성들이 엄격한 기준을 세워놓는 현상을 "엄마의 문지기 역할maternal gatekeeping"이라는 용어로 설명하지만 우리는 단순하게 "완벽주의"라고 부른다.[3] 우리는 남자들이 나와 동등하게 가사 분담을 할 수 없다고 먼저 무시하기도 하는데, 우리가 일을 더 빨리 효율적으로 잘한다고 진심으로 믿기 때문이다. 우리가 가족, 특히 아이들을 위해 모든 일을 책임지고 관리해왔기 때문에 우리 방식이 유일한 방식이라고 확신하게 된다. 시간과 노력을 투자해 가정 안의 체계를 구축해왔기에 기대치를 조정하고 싶지 않은 마음도 있다. 나는 우리 가족이 행복하고 편안하게 살 수 있도록 오래 고민해왔고 가족 모두가 가장 효율적인 방식을 따라야 한다고 생각한다. 내 방식 말이다.

이러한 사고는 여성이라면 높은 기준을 세우고 그에 맞춰야 한다고 말하는 문화에 의해 강화되기도 한다. 완벽주의를 지향하지 않으면 여성으로서 실패한 것이다. 감정노동을 최고 수준까지 끌어올리지 않으면 우리는 가족을 실망시킬 거라고, 여자 망신을 시킨다고, 스스로도 부족하다고 느낀다. 그러나 완벽주의는 우리를 지치게 하고 우리를 도와주려는 남자들의 시도까지 막는 결과를 낳는다. 우리가 마을을 떠나 있을 때는 남자들에게 요새를 전적으로 맡겨야 한다. 그런데 우리는 남편들에게 아기 보는 법이 적힌 긴 메모장을 굳이 남기고 떠나야 마음을 놓는다. 두푸는 책에서 아들과 여행하려는 남편에게 "코피와 여행할 때 반드시 기억할 것 열 가지"라는 제목의 메모를 적어준 적이 있다고 했다. 그 안에는 아이에게 잊지 말고 밥을 먹이라는 내용도 들어 있었다. 나 또한 출장 갈 때 냉장고에 냉동 음식을 넣어두고 남편에게 요리법을 일러주고 간 적이 있는데, 남편이 혼자 마트를 어슬렁거리면서 이틀치 먹을거리에 200달러를 쓰지 않도록 하기 위해서였다. 남편 스스로 식사 계획을 짜고 먹고 싶은 것을 만들어 먹게 놔두지 않았다. 그저 사회만 강요하는 것이 아니라 나 스스로 자청한 엄마의 문지기 역할 또한 내가 지고 있는 이 정신적 부담에 큰 몫을 했다. 나는 실수의 여지를 남겨두지 않는다. 그 때문에 남편이 발전할 여지도 남기지 않는다. 그래서 남편에게 다시 그 여지를 주면 나는 또 실망한다.

죄책감은 언제나 여자의 몫

치과 의사는 나에게 사랑니 발치 수술 이후 며칠은 침대에서 쉬라고 당부했다. 몇 달 전이라면 미리 청소하고 장을 보는 등 완벽하게 준비해놓았겠지만 그렇게 하지 않았다. 내가 할 수 없으면 남편이 대신할 수 있을 것이라 생각했다. 나의 글이 《하퍼스 바자》에 실린 지도 3개월이 되어가고 있었고, 남편은 느리지만 확실히 자기 몫의 가사노동을 해내고 있었다. 사실 실직 전에도 내가 하루 동안 하는 일을 대신할 준비가 되어 있는 것처럼 보였다. 수술이 끝났고 생각보다 컨디션이 괜찮았다. 진통제를 먹었지만 돌아다닐 수 있었고 부기도 별로 없었으며 저녁엔 롭과 다음 날 계획을 세우기도 했다. 아들 숙제를 도와주었지만 남은 한 페이지는 아침에 하기로 했다. 다음 날은 아들의 반에서 "전자 기기의 날"을 갖기로 해서 게임기를 가져가야 했다. 8시 30분까지 유치원에 가야 하는 딸을 준비시키는 것은 쉬웠다. 옷 입히고 머리 빗기고 물통에 물만 채워주면 된다. 아들은 학교에서 점심을 사 먹을 수 있으니 도시락을 싸주지 못해도 너무 걱정하지 말고 간식을 꼭 넣어주라고 했다. 남편은 실직 후에 아침마다 나와 함께 아이들을 챙기고 등교시켰다. 이번에는 남편이 혼자 할 수 있을 거라 생각했다. 사실 나도 같이 준비해줄 수 있을 것이다. 별로 아프지도 않은걸.

그것은 나의 착각이었음이 밤 11시 45분에 밝혀졌다. 한밤중에 통증 때문에 울면서 일어나 황급히 진통제 몇 알을 털어 넣었다. 얼굴 왼쪽은 야구공만큼 부었고 극심한 치통 때문에 새벽 내내 잠을 이루지 못했다. 아침이 되자 더 악화되어 아무것도 할 수 없는 상태가 되었다. 롭은 8시 30분에 나를 깨워서 딸과 막내를 유치원에 데려다주겠다고 했다. 첫째 아들은 30분 후에 학교에 걸어가야 할 것 같다고 했다. 나는 혹시라도 다시 잠이 들까봐 휴대전화 알람을 맞춰두었고 아들이 방으로 들어와 나에게 말을 걸었다. 나는 아들에게 도시락, 옷, 숙제 등을 다 챙겼냐고 물었다. 아들은 그렇다고 했다. 나는 안심하고 다시 잠시 눈을 붙이고 등을 기댔다. 도저히 침대에서 빠져나올 수 있는 상태가 아니었기에 남편이 회사에 다닐 때 내가 그랬던 것처럼 세 명 모두 차에 태워 큰애를 먼저 내려줄 생각을 하지 못한 남편에게 화가 났다. 쿡쿡 쑤시는 볼을 감싸쥐고 신발을 신고 재킷을 입은 후에 아들에게도 옷을 입고 신발을 신으라고 했다. 나갈 시간이 되어 거실을 지나가는 순간 아들의 등교 준비가 전혀 안 되어 있다는 걸 알았다. 숙제는 마저 끝내지 않았다. 점심 도시락도 없었다. 간식도 없고 물도 없었다. 게임기도 챙기지 않았다.

나는 아이의 등교 준비를 제대로 해주지 못했다는 죄책감으로 괴로웠고, 아이는 아이대로 엄마의 불찰의 결과를 감당해야 할 것이었다. 아이는 쉬는 시간에 교실에 앉아 숙제를 해야 할 것이다. 친구들이 게임기를 갖고 노는 30분 동안 아무것도 하지 못할 것이다. 가까스로 오렌지 하나를 꺼내 아이의 가방에 넣어주었지만 나머지를 해주기에는 너무 늦었다. 그날 아침 준비 담당은 남편이었건만 결국 준비가 덜 된 아들을 학교에 데려다주면서 죄책감을 느끼는 건 나였다. 남편을 더 철저하게 준비시키지 못한 내가 미웠다. 나의 시스템을 더 확실하게 주입시켰어야 했다. 롭에게 전적으로 맡기는 것이 곧 우리 애들이 제대로 준비가 안 되는 것인 줄 알았다면 그렇게 하지 않았다. 나에게는 더 나은 선택권이 필요했고, 그 나은 선택권이란 내 방식대로 하는 것이다.

나중에 롭에게 그날 아침에 대해서 말하니 그도 잠시 미안해하긴 했지만 나처럼은 아니었다. 그는 문제가 무엇인지 인식했고 미안하다고 말하고 넘어갔다. 조금만 더 부지런을 떨었다면 이런 일이 생기지 않았을 거라 나를 탓하는 식으로 자신을 몰아

붙이진 않았다. 부모로서의 실수는 그에게 도덕적 실패가 아니었으나 나에게는 그랬다. 사람들은 남편이 실수를 해도 애썼다고 말하며 등을 두드려준다. 엄마들에겐 소리 높여 비난한다. 그날 아침 일어난 모든 일은 여전히 "내 잘못"이었다. 엄마로서 내가 세워놓아야만 할 것 같은 높은 기준에 내가 도달하지 못했기 때문이다. 완벽함이라는 기준 말이다.

내 몸을 가눌 수 없을 때조차도 가정의 총책임자는 나여야 하는가? 엄마란 원래 그래야만 하는 존재라서? 남편은 아침 일정을 완벽하게 소화해야 한다는 기대를 받지 않는다. 아빠이기 때문에. 아빠이기 때문에 면책권을 받는다. 비록 당분간이라 할지라도 하루 종일 집에 있지만 여전히 주부나 엄마의 일은 그의 주요 역할도 책임도 아니다. 언제나 그래왔듯이 내 일이다. 나는 남편을 동등한 파트너로 대하려고 노력했다. 그에게 통솔권을 위임하려 했고 내 기대치를 조정하고 내 기준을 낮추려고도 했다. 그럼에도 여전히 우리 둘의 기준은 일치하지 않는다. 우리는 균형을 찾으려 하지만 균형은 늘 우리 손을 빠져나가고, 그때마다 죄책감을 느끼는 사람은 언제나 나 혼자다. 신경 쓰는 사람이 나라서 그렇다.

내가 뭘 하는지 알아주면 좋겠어

감정노동에 관한 나의 《하퍼스 바자》 기사가 인터넷에 올라간 날 나는 친구와 만나 와인을 마시면서 감정노동에 대한 대화로 곧장 들어갔다. 개념을 설명할 필요도, 내 관점을 명확히 전달할 필요도 없었다. 친구는 이후 몇 주간 이야기해본 다른 모든 여성들과 마찬가지로 이름 붙일 수 없었던 이 문제를 본능적으로 알아차렸다. 롭에게 감정노동의 문제를 기분 나쁘지 않게 이해시키기 위해 갖은 노력을 했기에 길게 설명하지 않아도 대번에 알아듣는 사람이 있다는 사실에 감격했다. 친구가 나와 똑같은 방식으로 신경을 쓰는 사람이라 그렇다.

내 친구는 계단 밑에 침대 시트 몇 장과 치워야 할 물건들을 놓아두었다고 한다. 옷방 한가운데 있던 나의 파란색 러버메이드 수납함처럼 친구가 치우긴 힘들지만 친구 남편에게는 쉬운 물건들이었다. 안 보려야 안 볼 수가 없었다. 계단을 오르고 내릴 때마다 두 칸씩 뛰어넘거나 옆으로 밀어두어야 했다. 남편은 계속 그렇게 했는데 일부러 그랬다기보다는 단순히 이것을 문제로 보지 않았기 때문에 눈앞에서 보고도 무시했던 것이다. 아내가 남편에게 올려달라고 부탁하면 끝나는 일이 아닌가? 그 물건을 보면서 제자리에 두어야 한다고 생각하는 건 남편의 일이 아니다. 집 안에서 어떤 일을 할지 안 할지 결정하는 건 그녀다. 친구는 결국 수동 공격적 방식으로 일부러 남편 앞에서 그것들을 이

남자들은 항상 나를 잔소리하게 만든다

고 2층까지 낑낑대며 올라갔다(확실히 우리는 같은 부류다). 남편에게 사과를 받긴 했지만 이해받진 못했다. 그녀는 나와 와인 데이트를 하면서 누군가 알아듣는 사람에게 이 이야기를 하고 싶어 했다.

내가 감정노동을 주제로 글을 쓰기 전에도 친구들과 셀 수 없을 만큼 자주 길고 긴 대화를 나눈 바 있다. 여자들끼리는 하나를 말하면 열을 알아듣기 때문에 우리가 수행하는 감정노동에 대해 자주 이야기하는 편이다. 우리는 모두 비슷한 방식으로 신경을 쓴다. 모두 얼마나 힘든지도 안다. 감정노동의 양상은 우리 관계 속에 견고하게 새겨져 있어서 때로는 폭발하는 시점이 다가올 때까지도 변할 기미가 보이지 않는다. 한 여성은 남편에게 감정노동의 무게에 질식할 것 같아 상담이라도 받지 않으면 같이 살지 못할 것 같다고 말했다. 그러자 남편은 상담사를 찾아보고 시간 약속을 잡은 뒤 알려달라고 말했다. "그 사람은 딱 거기까지야. 절대 이해 못할 거라고." 그녀는 말한다.

그러니 여성들이 부부간의 문제를 당사자에게 속 시원히 털어놓지 못하고 여자들끼리 모여 한풀이하고 있는 건지도 모른다. 우리가 해야 하는 모든 일, 즉 감정노동, 가족 챙기기, 가사노동, 기타 잡무들에 대해 이야기하는데 다른 여성은 이 모든 일을 노동으로 인식할 뿐만 아니라 그 가치 또한 인정해주는 반면 남성들과 이 문화는 그렇게 하지 못한다. 우리가 허구한 날 하고 있는 노동은 커튼 뒤에 가려져 있어 아무도 감사해하지도 않고 봐주지도 않는다. 따라서 이런 이야기들은 파트너에게 하기보다는 여자 친구와 단둘이 하고 여자들 모임에서도 한다. 공감해주기 때문이다. 누군가 알아주는 기분, 보이지 않던 것들에 드디어 빛을 비추는 기분이 든다. 그 대화들이 나와 파트너의 관계를 바꾸어주지는 않지만 친구들과 헤어져 집에 갈 때는 적어도 혼자가 아니라고 느낀다.

　여성들의 인정과 공감이 도움이 되긴 하지만 집에 왔을 때 여전히 아무런 일이 되어 있지 않고 아무도 고마워하지 않는다면, 우리의 분노는 해결되지 못한다. 머릿속은 할 일에 대한 부담으로 꽉 차 있다. 여전히 파트너는 시켜야 일을 하고 시킬 때도 짜증이 겉으로 드러나지 않도록 조심해야 한다. 여자들끼리 뒤에서 험담하지 말고 파트너에게 직접 허심탄회하게 말하면 안 될까? 말은 쉽지만 하기는 어렵다. 여성들이 어떤 시점에서든 상대와 감정노동에 대한 이야기를 설마 안 해봤을까? 그 대화는 싸움으로 이어지기 일쑤였다. 벽에다 대고 이야기하는 듯한 느낌을 받았다. 감정노동에 대한 대화는 감정노동을 수반한다.

　남편에게 감정노동에 대해 설명하려 하지만 내 말은 그의 귀에 이렇게 들린다. "당신은 전혀 신경을 안 써." 남편은 내가 자신의 노력을 알아주지 않는다고 생각한다. 그는 내가 내 삶을 살아갈 때 해야만 하는 어마어마한 양의 감정노동을 무시한다. 우리는 문제의 핵심까지는 들어가지 못한다. 우리의 감정노동 대화는 언제나 제자리를 빙빙 돈다. 나는 롭에게 이야기를 하려고 노력하지만 우리의 의견과 관점은 틀어진다. 이 대화에 들어가는 감정노동은 내가 감당하기에는 너무 벅차다는 생각이 들고, 나는 내 말을 이해해주는 다른 여성을 찾아보기로 한다. 우리는 하소연하고 속마음을 털어놓고 지지해주지만, 또다시 한계점에 도달한다. 아무리 친구에게 털어놓아도 마음속 전쟁은 계속된다. 겉으로는 멀쩡해 보이기도 한다. 약간 스트레스를 받는 듯하지만 문제없이 잘 지내는 것 같다. 그렇기 때문에 남편에게 참고 참았던 속마음을 털어놓아도 이해하지 못한다.

"남성들은 우리가 나누는 종류의 대화에 접근할 수가 없기 때문에 우리의 내적 갈등이 보이지 않고 잘 지낸다고 생각하죠."《교전 규칙: 유대감을 지속하기Rules of Engagement: Making Connections Last》의 저자 프로스워 부커-드루Froswa Booker-Drew 박사는 나와 처음 만났을 때 이렇게 말했다.[4] 우리는 지혜로운 여성이란 무엇이고 여자들 간의 유대가 감정노동의 짐을 더는 데 얼마나 도움이 되는지 이야기했다. 그러나 이때 나는 여성들끼리만 이야기하는 것이 어쩌면 우리에게 해로울 수도 있다는 생각을 처음으로 하게 되었다. 우리 이야기를 할 수 있는 공간을 갖고 보이지 않았던 노동에 빛을 비춰주는 일은 분명 중요하지만 남자들이 보지도, 듣지도 못하고, 서로에게 이야기를 하지 못한다면 실질적으로는 아무런 변화가 없다.

박사는 자신의 개인적인 이야기도 했다. 남편이 그녀를 보는 관점과 그녀의 심정 사이에 큰 괴리가 있다. 남편은 그녀를 타고 나길 강인한 사람, 모든 일을 쉽게 처리하는 사람으로 보지만 그녀는 간절히 도움받길 바란다. 남편은 아내에겐 문제 해결 능력이 있다고 본다. 아내가 도움을 원한다면 자신에게 말하면 되고 정 힘들 때는 사람을 고용하면 된다. 남자들은 모든 일을 돌보고 챙기는 여자의 행동을 여자가 선천적으로 타고난 능력으로 본다. 하지만 그리 간단하지 않다. 남자는 여자가 "다 잘 해내야 한다"라는 압박을 받는다는 사실을 모르고 이해하지도 못한다. 여자들의 정신적 부담과 죄책감을 이해하지 못한다. 여성들의 정신적 부담은 현 상태를 변화시키기 위해서 꼭 고려되어야 하는 요소다.

"그 사람이 나와 똑같은 렌즈를 가질 필요는 없죠. 나쁜 사람이 아니니까. 다만 이해하지 못할 뿐이죠."

부커-드루 박사가 말한 렌즈란 여성들의 살아 있는 경험이다. 그녀는 그래도 자신이 운이 좋은 편이라고 말하는데, 남편이 여자 형제들 틈에서 자라 짐을 나누는 법을 일찍부터 익혔다. 그럼에도 불구하고 가정이라는 전쟁터에 접근하는 방식에는 필연적인 차이가 있다. 남편은 요리하고 청소하고 돕긴 하지만 남자이기 때문에 특별하고 예외적인 사람이 된다. 부커-드루 박사는 자신이 항상 요리나 청소를 하지 않으면 최선을 다하지 않는 사람처럼 느낀다. 나는 그 말이 너무 황당하게 들렸는데 그녀는 감기와 알레르기로 고생하면서도 하루 종일 지역 사회 발전에 대한 강의를 한 날에 짬을 내어 나와 이 인터뷰를 하고 있었다. 지역 사회 발전이라는 중요한 일에 집중해야 하니 가사나 주부의 의무는 뒷전에 두어도 괜찮지 않은가. 부커-드루 박사는 아내, 엄마, 흑인 여성, 남부 여성, 독실한 크리스천으로서의 역할을 자신과 분리할 수 없었고, 이들이 서로 영향을 주고받지 않도록 할 수 없다. 세상에 나갈 때 이 모든 모습을 안고 나가며 모든 걸 완벽하게 해내야 한다는 문화적 압박에도 시달린다. 어린 시절에 흑인 여성이기 때문에 남들보다 백 배는 더 열심히 해야 한다는 말을 들었고, 언제나 남들보다 더 높은 기준을 세우고 그에 부합해야 했다. "그저 여성만 대표하는 게 아니라 내 인종도 대표하는 거라고 했어요. 부담이 너무 컸죠." 그녀는 말한다. 여성, 특히 유색인 여성은 이 모든 다른 역할들, 결국 우리 주변의 모든 사람을 편안하고 행복하게 해주는 역할을 수행해야 한다는 문화적 압박에 종속되어 있다.

가장 큰 문제는 이 중에 단 하나에만 집중할 수 없다는 점이다. 우리는 어디에서 무엇을 하고 있건 우리 인생 전체를 저글링하고 있다. 시부모님 생일을 맞아 식사를 하기로 한 레스토랑까지 가는 차 시간을 계산하고, 오늘 안에 해야 할 집안일을 떠올리면서 내 업무 관련 메일을 확인한다. 다이어리에 할 일 목록만 쓰면 내 복잡한 머릿속이 잠잠해질 거라 나를 달래기도 한다. 목록을 작성해봤자 하나의 일이 끝나면 또 다른 일, 또 다른 일들이 줄줄이 사탕처럼 이어질 뿐이라는 사실을 다시 한번 떠올릴 뿐이다.

남자에게 이런 문제가 없는 것처럼 보인다면 실제로 그렇기 때문이리라. 남자들의 뇌는 다른 방식으로 설정되어 있어 여러 가지 일이 서로 영향을 주지 않도록 구분하는 데 능하다. 2013년 미국국립과학원의 연구에 따르면 남녀의 뇌 연결성 패턴에는 큰 차이가 존재한다. 평균적으로 남성들은 좌뇌와 우뇌를 확실하게 구별하여 사용하는 반면, 여성들은 좌뇌와 우뇌 간의 연결성이 뛰어나다.[5] 각 영역이 서로 연결되어 있는 뇌는 환경에 따라서 축복이 될 수도, 저주가 될 수도 있다. 다섯 식구들의 스케줄을 일일이 기억하고 챙길 때 이런 성향은 큰 도움이 된다. 집에서의 나와 직장에서의 나를 분리하고 지금 닥친 일에 집중해야 할 때는 정신적·감정적 짐이 우리의 일을 지체시키거나 후퇴시키기도 한다. 또한 이런 차이는 우리가 심리적 부담과 감정노동에 대해 파트너와 소통하려 할 때도 큰 장벽이 된다. 남자와 여자는 사회적 조건도, 사고방식도 다르고 그로 인해 서로 다른 세상을 산다. 그러다 보니 서로를 이해하기가 쉽지 않다. 그래서 우리는 여자 친구들에게 전화를 건다. 생전 처음 만난 여성은 내 말에 고개를 끄덕거려주지만 나와 13년을 함께 산 파트너는 그렇지 못하다. 따라서 오랜 고민 끝에 어렵게 정답을 찾았다고 느끼는 여성들과 이야기할 때 나오는 대답이 바로 이것이다. 그냥 내려놔요. 깨끗한 집, 완벽한 엄마, 빨래, 머릿속 목록들, 걱정들, 다 내려놔요.

남자들은 항상 나를 잔소리하게 만든다

내려놓지 못하는 공

《공을 떨어뜨리다》의 저자 티퍼니 두푸는 심한 통제광(그녀는 자신이 '집 관리감독 병'에서 회복되고 있다고 했다)이었던 자신이 어떤 과정을 통해 남편과 진정 동등한 관계를 구축했는지 말한다. 나는 서문을 반도 채 읽기 전에 그녀의 상황을 완벽하게 이해했다. 그녀는 남편과 비교하여 자신이 얼마나 말도 안 되게 많은 짐을 지고 있는지 깨닫고 분노를 느끼고 있었다.

"나는 남편이 모든 것을 가질 수 있게 하는 마법의 해결책이었다. 그렇다면 내 해결책은 어디 있는가?"[6] 그녀는 묻는다.

그녀는 변화를 주기로 결심하고 일부 책임을 (그리고 정신적 부담을) 파트너에게 넘겨준다. 나는 그 이야기에 정신없이 빠져들면서도, 공을 떨어뜨린다는 말이 어떤 의미인지 알기에 두려웠다. 지배권을 남편에게 넘겨준다는 것은 그들의 부족함도 못 본 척해야 한다는 의미다. 우편물 관리 임무를 남편에게 맡겼더니 무려 3개월이나 편지 한 통도 뜯지 않고 그대로 내버려두었다고 한다. 산처럼 쌓인 우편물, 내지 않은 주차 위반 딱지, 답하지 못한 생일 초대 카드 모두 눈엣가시였다. 새 회사에 들어가면서 남편이 식사 준비를 책임지기로 했는데 한 달 내내 한 가지 스튜만 먹었다고 한다. 그녀라면 절대 하지 않았을 방식이지만 그래도 효율적이었고 나쁘지 않았다. 그녀는 우선순위가 명백해지니 그전에 놓지 못하던 빡빡한 기준을 놓을 수 있었다고 한다.

"기준이 방해가 된다면 재고해야 한다. 나는 여성의 기준이 언제나 최선이거나 가장 효율적이라는 생각에 반대하게 되었다."[7] 내가 삼키기엔 쓴 약이라는 것을 인정해야만 하겠다. 그녀는 스튜에 대해서만큼은 약간의 타협을 보았다고 했지만(남편은 더 다양한 재료의 스튜를 끓이거나 다른 식사를 준비한다고 한다) 남편이 역할을 완벽하게 해내도록 싸우거나 밀고 당기기를 하진 않았다. 절대 그러지 않았다고 한다. 일일이 간섭하거나 모든 집안일을 '자기' 방식대로 하는 것보다 자신의 직업이 우선순위였기 때문이다.

가사와 감정노동에서 완전히 손을 떼버린 것이 그녀에게는 도움이 되었다. 그녀는 우선순위를 조정하고 덜 중요한 공을 떨어뜨리면서 그에 따른 죄책감도 덜었다. 한번은 깜박하고 딸이 친구의 생일 파티에 가지 못했다(이제 딸의 스케줄은 남편의 영역이다). 부모들은 아빠에게 초대장을 보내지 않기 때문에 그런 일은 당연히 엄마가 챙겨야 한다. 딸은 눈물을 펑펑 흘리며 울었다. 자기만 빼고 반 친구 모두가 그 친구 파티에 갔고, 초등학교 2학년에게 그 일은 세상이 무너지는 일일 수 있다. 두푸는 자신이 조금 더 신경 썼으면 이 일을 비롯해 비슷한 사고를 막을 수 있었다는 걸 안다. 하지만 신경 쓰지 않기로 했다. 그녀는 이미 떨어뜨리기로 한 그 공과 그것과 함께 따라오는 죄책감을 다시 줍지 않기로 했다. 대신 딸을 데리고 나가 핑크색 스프링클이 뿌려진 도넛을 사주면서 생일 파티는 또 있을 거라고 말했다. 엄마로서

남자들은 항상 나를 잔소리하게 만든다

의 가치가 딱 한 번 놓친 생일 파티에 달려 있지 않다는 것을 알고 자신이 해내야 할 더 중요한 목적을 위해 내려놓기로 한 일과도 상관이 없다. "내가 하지 않는 일이 많고 그 일은 내가 하지 않아도 괜찮다고 생각하기로 했다." 나는 그녀의 자유가 부러웠지만 그것을 성취하기 위해 사용한 방법이 전부 부럽진 않았다.

"나라면 괴로워서 죽을걸?" 나는 그 이야기를 해주며 롭에게 말했다.

"나를 죽이겠지." 남편이 정정했다.

하지만 그녀는 앞으로 나아가고 있었다. 그 책을 읽고 강연을 들으면서 확실히 느낄 수 있었다. 집안일이 자기 방식대로 되지 않았을 때도 전혀 화난 목소리가 아니었다는 점이 놀라웠다. 즐겁고 만족스러워 보였다. 정신적 짐의 일부를 내려놓기로 하면서 한때 갈망하던, 그림처럼 완벽한 삶보다 더 중요한 무언가를 얻었다. 더 많은 정신적 공간이 생기고 집중력이 생겼으며 이제 그녀에게 더 중요한 방식으로 가족과 시간을 보낸다. 자신의 삶을 오래 똑바로 들여다보고 자신이 정말 중요하게 생각하는 바를 재평가했다. 남편에게 감정노동의 일부를 넘기고 통제권도 포기하고 넘긴 일이 완벽하게 수행되어야 한다는 집착도 버렸다. 매일 저녁 새로운 메뉴로 균형 잡힌 식사를 하는 건 아니지만 더 흥미롭고 균형 잡힌 삶을 살고 있다. 어떤 것이 더 가치 있는지 알기 위해서 복잡한 과학이 필요한 건 아니다.

나는 《용기 내어 휴식하기Daring to Rest》의 저자 캐런 브로디와도 만나 대화를 나누었다. 그녀도 비슷한 방식으로 몇 년에 걸쳐 가정 관리자라는 직책에서 손을 뗐다고 말한다.[8] 모든 감정노동을 내려놓았다. 크리스마스카드를 보내지도 않고 훌쩍 커버리는 아들의 옷을 매번 사주지도 않고 가족들 일정을 신경 쓰지 않고 자기 시간만 관리한다. 아들들은 겨울에 할머니 집에 가면서 반바지만 챙긴다. 매일 저녁 9시나 되어야 저녁을 먹는데 그때가 남편이 저녁을 해줄 수 있는 시간이기 때문이다. 이 책을 쓰면서 자신이 가정의 "선장"이 되는 스트레스를 덜어냈으며 그녀의 관점에서 볼 때 가치가 충분했다고 한다. 목소리에서 열정이 느껴졌다. 그럼에도 불구하고 나는 모든 감정노동을 내려놓고 일이 잘못되었을 때도 마음의 평화를 유지할 자신이 없었다. 두푸와 브로디가 초점을 바꾸고 필요한 것을 대담하게 좇기로 한 점은 존경스러웠지만 나는 불안했다. 나는 고지서를 미루는 것도 견디지 못하고 건조기에 빨래가 그대로 들어 있는 걸 참지 못한다. 포기가 되지 않는다. 한 사람이 자신의 역할을 다 하지 않고 반쯤만 한다면 어떻게 균형이 잡힐 수 있겠는가? 그것을 "다른 방식"이라고 말할 수는 있겠지만 더 적절한 기준을 유지하고 일을 분담하는 방식은 정녕 없을까?

내려놓기는 분명 효과가 있어 보이지만 결국 타협을 하고 일이 제대로 되어 있지 않을 때 불편함을 감수해야만 하는 건 이 여성들의 몫이라는 생각을 안 할 수 없다. 왜 우리 파트너들이 더 신경 쓰고 더 노력해서 우리가 우리의 관심사를 정말 중요한 일에 마음 편히 쓰게 할 순 없는 걸까? 왜 파트너들에게 우리의 욕구를 만족시킬 수 있도록 더 노력해보라고, 우리에게 평화를 주고, 우리를 편안하고 행복하게 유지시켜달라고 요청할 수 없는 걸까?

두푸와 브로디의 현자와 같은 조언을 들은 후에도 내 앞에는 여전히 이상적이지 않은 세 가지 선택이 놓여 있었다. 혼자 하던가, 잔소리꾼이 되던가, 내려놓는다. 마지막 옵션이 나의 황금 티켓이 될 것으로 보이긴 했지만 다른 종류의 분노를 유발할 것 같기도 했다. 우리 집 상황에서는 비현실적인 길이기도 했다. 나는 두 살, 네 살, 여섯 살 아이를 키우고 있다. 어떤 분야에선 자기 일은 자기가 알아서 하기 방식을 적용할 수 있겠지만 어떤 분야에선 절대 내려놓지 못하는 공이 있다.

완벽주의자라고? 천만에!

"당신에게 누가 통제광이라고 한 적 없어요?"《하퍼스 바자》 기고 이후에 출연한 CBS 라디오 〈더 커런트〉에서 피야 차토파디아이가 나에게 한 첫 질문이다.

"네. 그런 적도 있죠." 나는 가볍게 웃으면서 대답했지만 마음이 불편해져 엉덩이를 들썩였다. 그녀가 던진 결정구였고 내가 어떤 사람인지를 노출할 수 있는 질문이기도 했다. 나는 감정노동의 불균형의 근본 원인을 파헤치는 데 관심 있는 저널리스트가 아니라 모든 것이 자기만의 방식대로 되지 않으면 견디지 못하는 눈 높은 여성이라는 것일까.

그녀는 내가 지겨울 정도로 들은 케케묵은 이야기를 하기 시작했다. 여자들은 원하는 게 너무 많다. 우리는 충분히 좋은 걸 가져도 만족하지 못한다. 우리에겐 통제 성향이 있다. 어떤 방식으로 말해도 결국 하고자 하는 말의 골자는 이렇다. 우리가 비난할 사람은 우리 자신뿐이다. 우리가 남편을 닦달하는 이유는 기준이 너무 높기 때문이고, 남자들에게 우리의 불합리한 기준을 맞추라고 요구하는 건 부당하다. 마음만 편하게 먹으면 감정노동은 그렇게 무겁게 우리를 짓누르지 않을 것이다. 나의 모든 감정노동은 결국 남편에게 너무 많은 걸 요구하는 나에게서 비롯되었나? 나의 가장 큰 적은 나 아닌 어느 누구도 맞출 수 없는 기준을 만든 나 자신인가?

《타임푸어》의 저자 브리짓 슐트는 그녀를 가르치려 들었던 사회학자 존 로빈슨과의 점심식사에 대해 말한다. 여성이 만약 가사노동 때문에 숨 막힌다면, 요리, 빨래, 육아를 어떤 특정한 방식으로만 해야 한다고 느낀다면, 그건 어느 누구도 아닌 본인 탓이라고 했다. "여자가 여자에게 최악의 적이죠." 그는 심장 수술을 해도 될 것처럼 부엌 바닥을 청결하게 유지하던 여성을 꾸짖었던 이야기를 하기도 했다. "그는 우리 집의 끈적끈적한 부엌 바닥을 본 적이 없었다." 슐트는 독자들에게 말한다. "또한 그는 모든 일이 전부 어긋나고 있다고 느낄 때 적어도 집이라도 청결해야 숨 쉴 수 있는 여성들의 심리를 이해하지 못했다."[9]

감정노동이 통제를 원하거나 필요로 하는 문제라고 주장하는 사람은 요점을 놓치고 있다. 그들은 우리가 정당하게 비판하는 가부장제에 기인한 여성들의 고충을 비난하기 위해 성차별적 서사를 이용하고 있다. 여자들끼리 손가락질하게 만들어 문제의 본질을 파헤치지 못하게 하는 것이다. 이 문제는 통제에 관한 문제가 아니라 감정노동을 어떻게 평가하느냐의 문제다. 여자들은 "기대하는 게 너무 많아서" 지쳐버린 것이 아니다. 우리는 아무것도 기대하지 말라는 소리를 들었기 때문에 지쳐버린 것이다. 우리는 모든 일의 해답인 것처럼 "내려놓으라"는 말을 듣는다. 우리의 일이 쉽게 내려놓을 수 있는 일회용 물건인 것처럼 말이다. 통제의 문제라는 주장이 자꾸 따라붙은 이유는 완벽주의는 대체로 내면화되기 때문이다. 통제하고자 하는 욕구와 완벽하고자 하는 압박은 함께 작동하기 때문에 그 사이 선이 흐려질 수 있다. 우리는 불가능할 정도로 높은 기준에 맞추어야 할 것 같은 문화적 압력을 느끼고 있고, 통제를 유지하는 것만이 완벽함을 위한 싸움에서 버틸 수 있는 유일한 방법이었다. 하지만 완벽주의에서 한 발 벗어난다 해도 감정노동의 불균형은 여전히 존재한다. 통제광 주장은 진짜 문제를 무시하는 것이다. 진짜 문제는 이 사회는 여성의 노동을 중시하지 않는다는 것이다. 이 사회는 우리의 감정노동이 중요하다고 생각하지 않는다.

여성은 파리가 미끄러질 정도로 반들반들한 부엌 바닥이 여성을 구원해주기 때문에 집을 적정 수준 이상으로 깨끗하게 유지하는 것이 아니다(하지만 여전히 문화적 압박은 그것을 구원으로 본다. 이에 관해서는 나중에 더 자세히 이야기할 것이다). 우리는 우리에게 효율적인, 모든 사람을 행복하고 편하게 만들어줄 가정 내 시스템을 기술적으로 완성해왔고 이 시스템이 효과적으로 이행되는지 확인한다. 어떤 여성들에게는 살림 방식이 자부심의 일부일 수도 있으나 어떤 이들에게는 그저 살아남기 위해 미니멀리스트의 방식을 적용했을 뿐이다. 어떤 경우건 우리 자신뿐만 아니라 우리 주변의 모든 사람을 위해 그 일을 한다.

우리에게 기준을 낮추라고 주장하는 이들은 그저 신경을 덜쓰면 해결되는 문제라고 말한다. 그들은 감정노동의 재분배가 현재 이 짐을 지고 있지 않은 파트너들에게 부정적인 영향을 줄까 봐, 다시 말해서 더 많은 일을 하게 할까 봐 걱정하고 있다. 왜 남편들이 아내의 기준에 굳이 맞추어야 하나? 왜 그들이 신경 써야 하나? 그 일의 감정적인 면을 고려하면 그렇다. 당신이 왜 신경 써야 할까? 당신이 사랑하는 사람이 신경 쓰기 때문에 그렇다. 당신은 파트너에게 맞출 의향이 있어야 한다. 왜냐하면 그일이 가족을 행복하게 해주기 때문이다. 물론 타협의 공간은 있어야 하지만 어떤 사람이 욕실에 핀 곰팡이를 참을 수 있다고 해서 가족을 위해 욕실을 청결하게 유지할 책임을 면제해주어선 안 된다.

남편에게 나의 정리와 청결함의 기준에 따라달라고 부탁하는 것이 통제의 문제인지 아닌지 고민한다. 이 기준을 포기하고 싶지 않은 나 자신도 돌아본다. 그러나 생각하면 생각할수록 이는 그리 단순한 문제가 아니다. 내가 얼마나 자주 바닥을 청소기로 밀어야 하는지의 문제가 아니다. 우리 생활에 들어가는 노력의 문제다. 감정노동의 통제에 관한 문제가 아니라 배려와 보살핌의 문제다. 정말 물어야 할 질문은 남편과 내가 처음 만났을 때부터 내가 개발해온 이 시스템—내가 모든 사람을 행복하고 편안하게 하기 위해서 정성들여 가꾸어온 시스템—을 완전히 다시 배치할 수 있는지, 혹은 폐기할 수 있을지 여부다. 우리 가정에서 감정노동의 균형을 맞추는 일이 남편에게 너무 과한 부담이 될 수도 있기 때문이다. 나에게는 부담이 될 것이다. 나는 다시 한번 가정의 평화를 지키기 위해서 내려놓거나 포기하거나 마음을 달리 먹을 용의가 있는가? 무엇이 더 중요할까? 그의 안정일까, 나의 안정일까?

가끔씩 빨래에 대해서만큼은 공을 떨어뜨린다. 다른 일이 너무 많아서 밀린 빨래를 한 다음 건조기에 며칠씩 넣어두기도 한다. 그럴 때 남편은 알아서 옷을 꺼내 입고 나머지는 내버려두지만 그가 출근할 때 입을 옷이 없거나 아들이 아끼는 바지가 세탁되어 있지 않을 때는 작은 실랑이도 벌어진다. 그렇기 때문에 우리 가정의 체계 안에서는 빨래를 하다가 마는 일이 있어서는 안된다. 적어도 하루 이상은 안 된다. 빨래를 꺼내서 개어놓은 다음 각자 옷장에 넣는 것이 나와 우리 가족 모두에게 더 편하다. 아침에 당황하지 않고 옷을 챙겨 입고 외출하기에 가장 편한 시스템이다. 매일 혹은 이틀에 한 번씩 빨래하는 것이 과하게 보일 수도 있다. 집안의 보스가 되고자 하는 욕망으로 보일 수도 있다. 그런데 이 문제가 왜 중요할까? 나는 왜 마음을 편히 먹지 못할까? 나 몰라라 내버려두었을 때 나뿐만 아니라 다른 사람에게 불편을 초래하기 때문이다. 되도록 마찰 없이 우리 가족을 챙기고 싶기 때문이다. 내가 통제나 청결의 즐거움을 위해 강박적으로 하는 일은 거의 없다고 봐야 한다. 그저 기능 마비와 갈등을 피하기 위해서 하는 일이 대부분이다.

여성들이 마음만 편하게 먹으면 가사 분담의 갈등을 피할 수 있다는 생각은 우리가 돌봄노동을 할 때의 의도를 무시하는 것이다. 우리는 타협할 수 있지만 결국 따져보면 우리는 충분히 고민했기에 지금의 체계를 만들었다. 우리에게 감정노동과 가사노동을 내려놓으라고 하는 건 호의가 아니다. 애초에 왜 감정노동을 맡았는지를 이해하지 못해서 하는 말이다.

우리는 잔소리꾼이 되고 싶지 않다. 그저 모든 일이 되어 있기를 바라고 그 일은 혼자 하기 어렵다. 잔소리꾼으로 보이는 이유는 여성들이 일을 분배할지 말지, 흔한 말로 "부탁할지 아닐지"를 결정하면서 너무 많은 정신적 에너지를 쓰기 때문인데, 대부분의 여성들은 부탁하고 싶지 않다. 일부 여성들이 분배라는 정신적 노동을 내려놓고 모든 일을 다 하는 순교자가 되기도 한다.

나 또한 내 삶에서 한 번 이상 이 고약한 옵션 사이를 오갔다. 일을 시키고 부탁하는 데 정신적 에너지를 쓰지 않기로 하고 순교자가 되기로 하면 전체 일이 늘어난다. 잔소리꾼이 되기로 하면 모든 사람들이 합의해줄 때까지 엄청난 정신노동을 해야 한다. 어떤 여성들은 다른 대안을 택해 감정노동에서 해방된 것처럼 보이지만 나에게 그 방법은 오래 지속될 해결책으로 보이진 않는다. 나는 돌봄노동을 포기하고 싶지 않다. 그저 다른 사람도 나만큼 신경 쓰길 바란다.

4.
집안일을 많이 도와주면
고마워해야 할까

"나는 남편을 사랑한다. 그는 나에게 완벽한 남자이고, 나는 그에게 첫눈에 반했다. 하지만 나는 다시는 자발적으로 결혼이라는 노예 상태로 들어갈 생각은 없다."[1] 루피 소프Rufi Thorpe는 〈엄마, 작가, 괴물, 하녀〉라는 에세이에서 이렇게 쓰고 있다. 이글을 처음 읽을 때는 웃고 말았는데, 나는 친구들에게 농담으로 롭이 아닌 다른 남자와 사느니 분신을 하겠다고 말해왔기 때문이다. 남편을 사랑하지 않는 것은 아니다. 나는 결혼도 하고 싶다. 내가 선택한 길을 계속 걷고 싶다. 그러나 무언가 큰 사고나 비극이 생긴다면 다시는 결혼하고 싶지 않으리라고 확신을 갖고 말할 수 있다.

나는 왜 그런 걸까? 남편과의 사이가 특별히 나쁘진 않다. 사실 우리 남편은 페미니스트 동지가 되려고 노력하고 나를 언제나 동등하게 대해주고 착하고 웃기고 똑똑하고 매일 저녁 하루도 빠짐없이 설거지를 하는 사람이다. 이런 사람과 짝이 되다니 난 굉장히 운이 좋은 사람이라고 느끼고 있다. 나의 짜증은 나의 현실에 부합하지 않는 것만 같다. 나는 왜 이렇게 쉽게 사랑할 수 있는 사람들 옆에 있는데도 자꾸 짜증이 날까?

롭이 내게 수도 없이 한 말은 그가 뭔가 작은 실수를 할 때마다 내가 짜증 섞인 얼굴 아니면 혐오스러운 표정으로 반응한다는 것이다. 나는 내가 그런 줄 몰랐다. 아니 알았을 수도 있지만 남편이 받아들이는 것과는 다른 의미를 갖고 있다고 말할 수 있다. 나는 남편이 아이들에게 줄 그릴드치즈를 태우거나 마트에서 사야 할 물건을 사오지 않았거나 세탁기에 넣은 스웨터가 줄어들면 눈을 굴리고 한숨을 쉰다. 그렇다. 과잉 반응일 수도 있지만 나는 이것이 내가 겪고 있는 모든 감정노동에 대처하는 방식이라고밖에 말하지 못하겠다. 이런 순간을 기회로 삼아 그날 하루 쌓였던 스트레스를 조금이라도 내뱉는 것이다. 사실은 그가 보지 못하는 일이 너무나 많다. 그는 내가 집 안 여기저기에 아무렇게나 놓여 있는 신발을 주워 제자리에 놓고 있다는 것을 모른다. 그는 내가 아이 학급 크리스마스 파티에 관련된 열 개의 메일에 일일이 답하고 있는 줄도, 꼭 필요하다고 생각하지는 않은 교사들의 선물을 고민하고 있는 줄도 모른다. 그가 물에 불려 놓지 않고 싱크대에 그대로 던져둔 프라이팬에서 굳어버린 스파게티를 긁어내고 있는 줄 모른다. 그가 누리는 이 생활을 유지하기 위해 내가 하고 있는 수만 가지 일을 보지 못한다. 그래서 그가 무심코 내 인생을 더 힘들게 하는 순간에 나는 혀를 찬다. 그는 억울할 것이다. 나도 이렇게 하고 싶지 않다. 하지만 내가 투명인간처럼 취급받으면 계속 날이 서 있을 수밖에 없다.

사소한 실수에도 그다지 사랑스럽지 않게 반응하는 나를 보며 혹시 내가 주부나 엄마로서 자격이 없는 사람이 아닐까 생각하기도 한다. 이렇게 좋은 사람들을 두고 나는 왜 이럴까. 마치 철없는 나르시시스트가 "나는 뭐냐고. 나는?" 하고 복에 겨운 소리를 하는 것만 같다. 남편은 좋은 사람이다. 집에서도 도움이 되고, 자기 일도 잘하고 육아에도 열심이며 내가 원하는 파트너가 되기 위해 끊임없이 노력한다. 그 모든 것을 나를 위해 해주고 있다. 그런데도 나는 더 원한다. 다른 남자들과 비교하면 월등하게 잘하는데도 더 원하는 것이 과연 정당한가? 왜 나는 이 남자에게 만족하고 행복해하지 못할까?

왜 당신은 만족을 못해?

우리 할머니는 저녁을 차리고 치운 후에 설거지를 한다. 나는 옆에서 접시의 물기를 닦는다. 대체로 거의 모든 가정에서 식사가 끝나면 여자들이 이 일을 하고 남자들은 앉아 있거나 이야기를 나눈다. 내가 아이를 갖기 전까지는 언제나 그래왔다. 이제 남편은 식사가 끝나고 우리 집 남자들과 느긋하게 앉아 있지 않다. 우리 조부모님 댁의 정원에서 세 아이들을 쫓아다니고 있다. 할머니는 롭 같은 남자, 남편, 아빠를 만난 나를 대신해 감사 기도를 올리기도 한다. 할머니는 내가 얼마나 복 받은 사람인지 늘어놓기 시작한다. 그러면 나는 다시 이기적이고 고마워할 줄 모르는 사람이 된다. 젊은 부부 기준으로도 남편은 훌륭한 편이고, 할머니가 보는 건 남편이 하는 가사나 육아의 극히 일부일 뿐이다.

"애들하고 저렇게 잘 놀아주잖니." 할머니는 부엌 창문으로 애들과 남편을 보며 말한다. 당연히 그래야지. 그러면서 나는 다른 현실은 상상도 하기 싫다고 생각한다. 그러니까 할머니가 아빠와 삼촌들을 키울 때 맞닥뜨렸던 그 현실 말이다. 나는 할아버지를 사랑하지만 절대 할아버지 같은 사람과 결혼하고 싶지는 않다. 할아버지가 설거지를 하거나 요리하는 모습을 한 번도 보지 못했고 아마도 높은 확률로 아빠의 기저귀 한 번 갈아주지 않았을 것이다.

물론 세상은 좋은 쪽으로 많이 변했고 변하고 있다. 나의 어린 시절을 떠올려봐도 그전 세대와는 확연히 달랐다. 우리 아빠는 움트고 있던 진보주의라는 마차에 올라타 가정적인 1980년대 아버지들의 대열에 합류했다. 나를 태권도장에 데려다주고 나와 롤러블레이드를 타고 골목을 돌아다녔다. 내 생일에는 내 친구 두 명과 나를 데리고 그랜드캐니언 여행을 가주고 십대 초반의 장난과 남자애들 이야기를 돌부처처럼 참아주기도 했다. 주말에

남자들은 항상 나를 잔소리하게 만든다

는 청소를 했고 가끔 요리도 했다. 아빠는 엄마의 직장생활, 친구들과의 저녁 약속, 엄마의 인생을 지원해주었다. 우리 남편이 나에게 해주고 있는 것처럼 말이다.

내가 아기를 낳고 전업주부로 집에 있으면서 돈벌이 비슷한 일을 전혀 못할 때도 육아의 짐을 오로지 나 혼자 진 적은 없다. 내 옆에는 언제나 자기 몫의 요리, 청소, 기저귀 갈기를 해주는 남편이 있었다. 그런데도 여기서 더 원하는 것이 과연 필요하거나 가치가 있을까? 남편의 감정노동에 대한 나의 기대를 낮추고 그저 이 정도에도 감사해야 할지도 모른다. 50~60여 년 전에 우리 할머니들이 아이를 어떻게 키웠는지를 떠올리면 내 버전의 엄마 노릇은 우아한 놀이처럼 보일지도 모른다. 이 사회 안에서 그 모든 일이 사실이기는 하나 우리가 얼마나 먼 길을 왔는지에 감사하라는 메시지는 우리가 입 닥쳐야 하고, 투정을 그쳐야 하고, 더 바라지 말아야 한다는 메시지와 혼동되어 쓰인다. 그렇다. 우리는 더 나아졌다. 하지만 그렇다고 해서 더 개선될 공간이 전혀 없는 건 아니다. 우리는 감사해하면서도 더 평등한 관계를 위해 노력해야 한다. 이 두 가지 태도는 양립이 가능하다.

비록 이 사회는 우리에게 그러지 말라고 말하더라도 우리는 파트너들에게 더 원해도 괜찮다. 진보는 항상 더 원하는 사람들에 의해 이루어진다. 내 삶에서도 균형을 찾을 의지가 없으면서 우리 자녀들은 더 조화롭고 평등한 삶을 살길 바란다고 말할 수는 없다. 불평등에 대한 대화가 껄끄럽다고 피하면서도 평등을 원한다고 말만 할 수는 없다. 나의 감정노동이 가치 있다고 굳게 믿고 남들에게 그렇게 말하면서 남편에게 "너무 많이 바라는 건 아닌가" 하면서 자기검열을 해서는 안 된다. 롭에게 감정노동을 더 잘 이해해달라고 요구하는 건 그에게 벌을 주는 것이 아니다. 나에게 중요한 것이 무엇이고 우리 관계를 유지해주는 것이 무엇인지 알려주고 우리 둘 다 앞으로 어떤 방식으로 나아가고 더 잘할 수 있는지 더 잘 이해할 수 있는 초대다. 물론 어려운 일이지만 우리 둘 모두에게 가치를 발할 것이다. 노력 없이는 변화도 없다.

롭에게 감정노동의 기본 중의 기본만 설명하는 일도 여전히 어렵고 벅차고 조심스럽다. 그가 네안데르탈인이라 이 개념을 이해하지 못하는 것이 아니다. 그는 명석하고 진보적인 파트너지만 진실을 말하자면, 그는 살면서 이런 일을 한 번도 해본 적이 없었다. 감정노동은 그가 받았던 교육과정에 들어 있지 않았다. 그의 지인들 중 가장 진보적인 남자들도 별로 해본 적이 없는 일이다. 실상 그는 언제나 주변을 둘러보면서 자신이 자상한 남편, 아니 일등 남편에 속한다는 것도 알고 있다. 그건 내 주장의 핵심이 아니다. 그는 육아에 깊이 관여하는 아빠이고 협조적인 파트너이고 집 안팎에서 내가 부탁하는 일은 최선을 다해 완수하는 사람이다. 그는 평등한 부부 관계를 위해 매일 노력한다. 내 일과 내가 일하는 시간을 존중하며 자기 몸은 자기가 챙겨야 한다고 말하고 저녁엔 내가 시키지 않아도 먼저 아이들의 이를

남자들은 항상 나를 잔소리하게 만든다

닦이고 재운다. 어쩌면 나와 우리 가족을 위한 남편의 노력과 헌신을 알기 때문에 내가 감정노동의 문제를 꺼낼 수 없었는지도 모른다. 충분히 좋은 남자에게 더 많은 것을 원하는 여자는 탐욕스럽다고 말하는 이 문화적 메시지에 어쩔 수 없이 굴복했던 것이다. 나는 감사할 줄 모르는 사람이 되고 싶지 않다.

더 균형 잡힌 삶을 원하는 것, 발전을 원하는 것이 나를 배은 망덕한 사람으로 만들지는 않지만 가끔 그렇게 느껴지는 것도 사실이다. 더 정확하게 말하면 죄책감이 느껴지기도 한다. 남편에 대해 쓰고 그에게 칭찬을 퍼붓고 내가 우리 둘 다 발전하고 우리 둘 다 행복하게 하는 일을 하는 중에도 죄책감은 남아 있다. 어떻게 이렇게 잘하는 남편을 두고도 넘치는 사랑과 감사 외에 더 바라는 게 있을 수 있는가? 나는 남편이 최고 중에 최고라는 말을 얼른 덧붙이곤 한다. 그의 노력을 몰라보는 사람이 되고 싶지 않다. 그가 하는 일들을 항상 나열하고 내가 볼 때는 과할 정도로 칭찬한다. 그러면서도 그에게 점수를 너무 짜게 주는 건 아닌지 걱정한다. 적어도 아이스크림 가게에서 남편에게 "아빠의 날"이라 아이를 보냐고 말했던 사람이 내게 기대하는 정도로는 남편에게 고마워하지 않는 것 같다.

그러나 내가 우리 관계 안에서 감정노동의 불균형에 대해 생각할 때면 이 일의 대부분이 여전히 내게 직접적으로 떨어진다는 사실을 무시할 수 없다. 그는 보통의 남자들보다는 많이 한다. 물론 그렇다. 하지만 그가 자신의 역할을 온전히 다 했다는 뜻은 아니다. 그것이 우리 문제의 가장 큰 부분이다. 내가 아는 대부분의 남자들에 비하면 남편은 단번에 신의 위치에 등극한다. 그는 잘생기고 재치 있고 지적이고 흥미로운 신간을 읽고 나와 의미 있는 대화를 나누고 함께 드라마 몰아보기도 한다. 이 남자보다 더 육아에 헌신적인 남자를 본 적이 없다. 인내심 있게 아이들과 카드 게임을 하고 꼬마아이와 매니큐어 바르기 놀이를 하고 컬러링북을 색칠한다. 요리에 관해서라면 나는 그의 완벽한 레어 스테이크와 피시앤칩스의 발끝도 못 따라간다. 남편이 마음먹고 집 안 청소를 하면 굉장히 꼼꼼하게 한다(그러니까 청소 서비스를 부르지 않을 정도로는 깨끗하게 한다). 그는 나의 욕구를 고려하고 내 최악의 모습도 참을 줄 알고 내가 화가 나서 이성을 잃을 때도, 상상할 수 있는 한 최고의 평정심을 유지한다. 재혼한다는 상상만 해도 내 몸에 불을 붙이고 싶을 정도는 아니라 해도 롭이 세워준 기준에 맞춰줄 사람을 찾을 수 있다는 생각조차 하지 않는다. 아마 근처에 가는 사람도 없을 것이다.

하지만 여성이 이런 식의 칭찬 퍼레이드를 받는다면 얼마나 이상하게 들릴지를 생각하지 않을 수 없다. 내가 이 목록의 주어 자리에 있는 '롭'을 지우고 그 자리에 '제마'를 써놓는다면 바로 아무 감흥이 없는 문장이 될 것이다. 내가 매력적이고 친절하고 책을 가까이하는가? 그렇다. 내가 남편과 재미있고 속 깊은 대화를 할 줄 알고 남편과 드라마를 몰아보고 집안일도 척척 잘 해내는가? 그렇다. 내가 아는 대부분의 여성들이 그렇다. 나는 꼬마

아이 손가락에 매니큐어를 발라준다. 보드 게임을 하고 카드 게임을 하고 요새 짓기 게임을 하고 아플 때는 바닥에 누워 아이들에게 내 몸 위에 핫휠 자동차를 굴리며 놀게 한다. 아들과 공통의 관심사를 갖기 위해 스케치 입문 책을 끝까지 읽는다. 베이킹을 독학해 4단짜리 웨딩케이크를 굽는다. 밀가루를 반죽해 크루아상을 구워 홈메이드 토마토비스크를 곁들여 먹는다. 욕실 청소를 하고 집안일을 다 끝낸 다음에도 그날 할 일들을 다 해낸다. 남편과 언쟁을 하거나 남편의 실직 기간에 그의 불안과 스트레스라는 지뢰밭을 건드리지 않으려고 조심조심 걸을 때도 난그저 잔잔한 미소만 유지하는 정도가 아니다. 나는 그를 따뜻하게 감싸주고 친구와 가족과 상의하고 인터넷에서 나의 글을 읽고 나와 비슷한 이야기를 공유하려는 사람들에게도 시간을 낸다. 나의 이 모든 행동은 특이하거나 특별하지가 않다. 게다가 이렇게 한다고 해서 그날 밤 내가 모자를 벽에 걸고 '오늘 하루참 잘했어요'라고 스스로 뿌듯해하지도 않는다. 사실 그날 밤 나는 너무 갈색으로 변한 크루아상 바닥을 떠올리고 아카드 게임을 세 번 연속한 다음 내 일을 하려는데 한 번만 더 하자는 아이의 청을 거절했던 장면을 떠올릴 가능성이 높다. 내가 더 인자하게 웃으면서 대답했어야 했다고. 내가 더 잘했어야 했다고.

　"우리는 충분히 날씬하지 않고 우리는 충분히 똑똑하지 않고 우리는 충분히 예쁘지 않고 우리는 충분히 건강하지도, 공부하지도, 성공하지도, 부유하지도 못하다. 언제까지나."《돈 걱정 없이 행복하게 꿈을 이루는 법》의 저자 린 트위스트는 쓴다. "아침에 침대에서 일어나 앉기 전에도, 우리 발이 바닥에 닿기 전에도 우리는 이미 불충분하고 이미 뒤처져 있고 이미 지고 있고 이미 무언가 부족하다. 우리가 밤에 침대에 들어갈 때 즈음이면 우리 머릿속은 그날 얻지 못한 것, 하지 못한 일로 요동친다."[2]

여성이 그저 열심히 노력만 하는 건 충분하지 않다고 한다. 항상 완벽해야 한다는 메시지의 폭격을 받고 있어서다. 눈을 돌릴 때마다 광고와 언론은 우리가 여기서 약간만 더 노력하면, 약간만 더 손을 뻗으면 완벽함에 가닿을 수 있을지도 모른다고 말한다. 우리 집은 지금보다 더 잘 정리될 수 있으니 집 정리 잘하는 법에 대한 기사를 보자. 그래도 안 된다고? 다른 방법이 있으니 시도해보자. 더 나은 부모가 되는 법을 알려주는 정보는 망망대해처럼 많다. 더 편한 카풀 스케줄을 위한 앱도 있다. 편식하는 아이의 밥그릇에 채소를 몰래 심어놓는 요리법도 천지다. 젠 스타일 육아, 핸즈 프리 육아*(전화와 할 일을 내버려두고 아이에게 집중하는 육아), 엄격한 육아. 애착 육아가 있다. '울게 내버려두기' 육아도 있단다. 대체 무엇이 우리 아이와 우리 가정에 최상인지 판단하고 이상에 도달해야 하니 점점 늪에 빠지는 기분이다. 하지만 또다시 기운을 차리고 우리의 '더 나은' 버전이 어떤 일을 해야 하는지 알아보고 완벽함이라는 다음 비행기를 타기 위해 더 열심히 달린다. 다음 버전의 나는 아마 설탕을 줄이고 채소를 더 많이 먹고 한 달에 한 번씩 가족 외식을 계획하고 매일 요가를 하고 정기적으로 자원봉사를 하는 내가 될 것이다. 더 나은 버전의 나는 지금보다 더 많은 돈을 벌고 살림 메모장을 만들어 하나라도 놓치지 않는 사람일 것이다. 결승선이라고는 없는 경주다. 우리는 언제나 지금보다 더 잘할 수 있고 언제나 그래야만 한다는 잘못된 서사에 갇혀 있다.

내가 꽤 잘 해낸 일에 대한 나의 반사적 반응은 항상 이 정도로는 충분하지 않다는 생각이다. 잘한 일에 대한 남편의 반응은 만족이다. 감정노동에 관해 그는 지금보다 더 잘해야 한다는 내면의 목소리와 함께 살아가지 않는다. 모든 사람을 편안하고 행복하게 해주어야 하는 건 그의 임무가 아니다. 나는 모든 관심과 신경을 쏟아 부으며 하는 일이지만 그에게는 이 일이 나처럼 중요하지 않다. 그에게 생활의 질서 만들기는 형식적인 과제다. 나에게 생활의 질서는 나의 사랑을 측정하는 도구, 더 나아가 내 가치를 증명하는 기준이다.

내가 감정노동을 수행하는 방식을 과민하게 의식하기 때문에 내가 수행하는 노동이 롭이 수행하는 노동과 동일하지 않다는 사실을 아프게 인식하기도 한다. 특히 우리가 가사노동을 분담하기 위해 새로운 접근법을 도입하려 할 때 이 차이를 통렬하게 느꼈다. 나는 우리 가족의 생활 유지를 위해 필요한 모든 것을 표로 정리해보았다. 하지만 그저 가사노동 목록이 아니다. 나는 누가 화장실 휴지가 떨어지는지 생각하고, 아이들 옷이 작아지는지 생각하고, 학교 알림장에 사인할지를 생각하는지 알고 싶다. 남편이 어쩌면 내 눈에는 보이지 않는 정신적 노동을 하도록 하고 싶다. 그가 자동차 관리, 마당 관리, 수리 등 내가 신경 쓰지 않아도 되는 일을 하고 있다는 걸 알지만 "제마가 생각해야 할 일들" 목록과 "롭이 생각해야 할 일들 목록"을 따져보면 그 차이는 우리 생각보다 훨씬 더 크다. 그의 영역으로 떨어지는 일은 매일 매일의 생활 유지와 직접적으로 연결되어 있지 않다. 그가 정신적 부담을 갖는 일은 2년에 한 번씩 하는 일, 일주일에 한 번씩 하는 정원 일, 내가 잔소리해야 겨우 하는 몇 년에 한 번 하는 일 등이다(그에게 잔소리하기도 목록에 넣어야 할 것 같다). 그가 매일 해야 하는 일이 하나 있긴 한데 고양이 모래 갈아주기다. 그것이 차고에 있기 때문인데 솔직히 말하면 그 일은 하루 걸렀다고 큰일 나는 일은 아니다. 나머지 모든 매일의 일은 내 몫이다. 아이들 보기, 청소, 약속 잡기, 여행 계획, 명절 초대, 일정 관리에 관련된 모든 일 등등 끝이 없다. 어떤 일이 우리 집안에 떨어지고, 그 일이 에어컨이나 히터 관리와 관련이 없다면 그건 내가 걱정해야 할 일이다.

그가 자신만의 목록을 가지고 있다는 사실에 감사한다. 나는 자동차 관리 지침을 알아야 할 필요도 없고 추운 날 낙엽을 쓸지 않아도 된다(아직도 종종 남편에게 시키긴 하지만). 이 과제들 또한 우리 생활에 꼭 필요하지만 남편의 일은 저녁에 무엇을 먹고 냉장고에 무슨 요리 재료가 있고 마트에 갔을 때 뭘 사야 하고 어떤 아이를 데려다주어야 하는 것처럼 매일 반드시 해야 하는 일은 아니다.

남편이 손재주가 있고 자동차 관리를 잘하고 정원 관리를 하는 편이라 해도 전통적으로 남자들의 영역에 있는 집안일은 가장 쉽게 아웃소싱할 수 있는 일이기도 하다. 2015년 〈일하는 엄마Working Mother〉가 실시한 조사에 따르면 맞벌이 커플의 가사노동 성별 격차는 여전히 과거 세대에 머물러 있다. 대다수의 엄마가 여전히 아이들의 병원 예약을 하고 병원에 데려가기 위해 휴가를 낸다. 엄마는 요리하고 청소하고 빨래하고 쇼핑하고 학교 신청서에 사인하고 장을 보고 정리한다. 반면 아빠들은 쓰레기를 버리고 잔디를 깎고 나무를 심고 세금을 관리하고 세차를 하고 자동차 관리를 한다. 이 일들은 가장 자주 아웃소싱하는 일이 아니던가? 쓰레기 버리기만 제외하고 남성의 영역에 있는 모든 일이 그렇다.[3]

물론 요리, 청소, 빨래도 아웃소싱을 할 수 있지만 모든 여성들이 선택권을 갖고 있지는 않다. 어쩌면 아웃소싱을 할 수 있는 능력과 여유가 있는 여성도 그렇게 하지 않으려 하는데 "모든 일을 다 해내야 한다"는 의무감을 갖고 있기 때문이다. 가정, 자녀, 직업 중 어떤 것도 내려놓고 싶지 않다. 우리의 감정노동에 대한 기대에 부합하지 못했을 때 우리는 부끄럽고 죄스럽다. 나 스스로의 가치에 의문을 품게 된다. 두푸가 책에서 말한 "집 관리 감독 병"은 실제로 존재하는 것이고 깊이 내면화되어 있다. 이 모든 것을 다 하지 않으면 충분히 잘하고 있지 않다고 생각한다. 내가 남편을 만나고 12년이나 흘러서야 우리 관계에서 조화를 찾기로 했던 이유 중 하나는 행복한 타협에 도달하는 일이 불가능할 정도로 어려워 보였기 때문이다. 또 다른 이유는 애초에 변화가 필요하다는 생각조차 하지 못해서다. 마음 깊숙한 곳에서 나는 여전히 우리 관계에서 필요한 감정노동을 모두 수행하는 것이 내 일이라고 느꼈다. 그 일은 내가 느끼는 나 스스로의 가치와도 깊은 관련을 맺고 있었다. 나는 착한 여자 친구, 현명한 아내, 자상한 엄마의 역할을 모두 수행하고 싶었다. 특히 롭이 좋은 남편과 좋은 아빠라는 역할을 전혀 어렵지 않게 수행하고 있기 때문이었다. 그는 내가 바라는 것 이상으로 자기 역할에 충실하고 뛰어나기까지 한데 그 이유는 "좋은 남편"과 "좋은 아빠"가 남성에게 그리 많은 것을 요구하지 않기 때문이다.

우리 관계에 필요한 감정노동과 정신적 노동의 대부분을 감당하고 있는 건 나이기에 지쳐버릴 때가 있고, 그럴 때 나는 남편에게서 더 많은 것을 원하는 나쁜 사람이 되는 것만 같은 기분이다. 내 머릿속의 목소리는 내가 누리는 것에 감사할 줄 모른다고 말한다. 남편에게 너무 많은 것을 요구한다고 말한다. 인터넷의 남성 권리 옹호자들에 따르면 나는 여성들의 나쁜 점은 다 갖춘 사람이다. 하지만 내가 이미 도움을 받고 있지만 더 도움을 원한다는 이유로 나는 끔찍하고 신경질적인 페미니스트, 더 나아가 남성 혐오자가 되는가? 지금보다 더 발전할 여지가 많다는 점이 보일 뿐인데도?

힘을 쓰지 말고 신경을 써줬으면

조카의 세례식이 있던 날 아침 나는 가볍게 힌트를 주었지만 남편이 카드를 사거나 선물을 준비하지 않았다는 걸 알았다. 나는 롭에게 감정노동 수행을 가르쳐주면서도 스스로 알아낼 공간을 주기 위해 노력하고 있었다. 그가 길을 제대로 찾게 하기 위해서 약간의 감정노동을 하기로 했다.

"우리가 선물 준비했어야 하는 거 아냐?" 남편에게 물었다.

"잘 모르겠는데."

"어머니에게 물어봐." 그 대답을 알면서도 일부러 물었다.

물론 어머니는 선물이 필요하다고 말했고 선물 추천을 해주기도 했다. 기념품, 귀여운 담요, 액자처럼 뭔가 기념할 만한 것을 사라고 했다. 나는 우리 아들이 세례식에서 어떤 선물을 받았었는지 말해주었다. 기독교 관련 동화책도 괜찮을 것 같다고 하자 남편은 근처 기독교 전문 서점의 위치와 문 여는 시간을 검색했다. 그는 자신이 가서 사올 테니 나는 집에서 아이들을 준비시키고 있으라고 했다. 괜찮은 제안이었다. 그전에는 자기 형의 아이에게 줄 선물과 카드가 마법처럼 준비되어 있는 것을 보기만 했는데 얼마나 장족의 발전인가.

하지만 남편이 사온 책을 몇 장 넘겨보자 그가 세례식에 어울리는 종교책이 아니라 형 역할을 가르쳐주는 동화책을 사왔음을 알았다. 나는 살짝 짜증이 나서 왜 책 내용을 보지도 않고 샀냐고 말했다. 그건 선물 사기의 기본 아닌가. 남편은 나의 짜증을 눈치챘고 우리 사이에 긴장이 흘렀다. 내 말 뒤에 숨어 있는 메시지는 이것이었다. 이게 맞는 선물인지 아닌지 왜 확인할 생각을 못 했어? 왜 그렇게 무신경해?

물론 그는 바로 방어적으로 나왔다. 내가 너무 따진다고 했다. 내 기준이 너무 높아서 맞출 수가 없다고 했다. 그는 화살을 나에게로 돌렸고 결국 우리 둘 다 서로의 말에 귀를 막는 위험한 단계까지 돌입했다. 미안하다고 말하고 다음부터 선물은 그냥 내가 사겠다고 하고 싶었지만 그렇게 하지 않았다. 남편을 다시 서점으로 보내 책을 교환해오도록 했다. 이런 종류의 선물 사기는 처음이니 실수할 수도 있다고 생각했다. 형이나 남동생이나 아버지의 선물은 남편이 직접 샀고, 그때는 세심하게 고를 필요까지는 없었다. 조카들이나 시어머니 선물은 언제나 내 담당이었다. 그는 이전에는 조카의 선물을 고심해본 적이 없었던 것이다. 이런 일들을 어떻게 신경 써야 하는지 몰랐다. 하지만 앞으로는 그래야 한다.

감정노동의 불평등에서 야기된 갈등을 헤쳐 나가는 것은 쉽지 않은 일이다. 나의 짐을 더는 일일 뿐만 아니라 더 나은 부부 관계로 가는 발전이며 굉장히 세심한 노력이 필요하다. 내가 화나거나 신경이 예민해졌을 때는 함부로 꺼내기 어려운 주제이기도 하다. 나는 남편이 조카 선물을 사려고 한 노력을 무시하고 남편을 서점으로 돌려보냈고, 남편은 여기서 아무것도 배우지 못했

남자들은 항상 나를 잔소리하게 만든다

다. 나중에 내가 더 차분해졌을 때 선물 준비가 왜 신경 쓰고 보살피는 행동인지 설명했다. 나는 그 일을 언제나 진지하게 받아들였고 이제는 그에게 그 일을 위임하기로 했다. 그 대화 후에 우리는 앞으로 나아갈 수 있었다. 그저 남편이 적절한 선물을 사오기만을 바란 것이 아니다. 남편에게 선물이 왜 중요하고, 왜 제대로 준비하는 것이 중요한지를 이해시키고 싶었다. 남편이 이런 일에 더 능숙해지기를 바랐다. 남편이 더 신경 쓰기를 바랐다. 나를 위해서뿐만 아니라 남편을 위해서도 그래야 했다.

감정노동은 필수불가결한 일이다. 우리의 유대를 강하게 하고 생활에 질서를 부여하고 서로에 대한 관심과 사랑을 유지하게 한다.《무슨 일이 일어났나What Happened》에서 힐러리 클린턴은 감정노동이 "가정과 직장을 활기 넘치게" 해준다고 말한다.[4] 감정노동을 버리면 이 세상은 지금과 같은 효율성, 예의, 정성으로 유지되지 않는다. 감정노동이 아예 없는 세상은 내가 살고 싶지 않은 세상이다. 감정노동이 지킬 가치가 없다면 그저 내려놓으면 될 것이다. 나는 그렇게 믿지 않는다. 그렇기 때문에 나는 남편도 자신의 기술을 더 잘 활용하는 법을 배우게 하고 싶다.

감정노동을 수행해야 한다는 기대를 받지 않는 남자들에게 삶이 더 편할 수는 있겠지만 삶이 더 나아지는 것은 아니다. 감정노동을 무시할 때 남성들은 자기 삶의 수동적인 구경꾼이 된다. 더 협조적이고 더 깊이 관여하는 파트너, 아들, 친구가 되지 못한다. 루피 소프와 이야기하면서 그녀가 〈엄마, 작가, 괴물, 하녀〉

를 쓴 이후 그녀 가정에서도 많은 변화가 있음을 알았지만(이제 그녀의 남편은 수건을 아무렇게나 바닥에 던져두진 않는다) 아직도 여전히 익숙한 불균형이 자리하고 있었다. "그 남자는 내가 질서 있게 조직한 삶에 그저 나타나죠." 그녀가 말한다.[5] 남편이 보지 못하는 것들이 너무나 많다. 인지하지도 못한다. 그녀는 자녀들이 아빠보다 엄마와 유대감이 깊다는 사실을 그가 깨닫기나 하는지, 그 점이 속상하진 않은지 궁금하다.

우리 아이들에게 아빠보다 엄마가 언제나 더 중요한 사람이라고 느끼게 하고 싶지 않다. 우리 집이 그의 집이라기보다 내 집이라고 느끼게 하고 싶지 않다. 그가 우리 인생을 유지하고 즐기는 데 더 많이 참여했으면 좋겠다. 적극적으로 참여하거나 준비하지 않고 그저 그 자리에 나타나기만 하면 많은 것을 놓친다고 믿는다. 감정노동을 멀리하려는 행동은 자주성의 결핍을 의미한다. 자기가 자기 인생의 한가운데로 들어가지 못하게 한다. 감정노동을 계속 기피한 남성들이 노년에 더 타격을 받는다는 연구 결과들도 있다. 감정노동의 대부분을 소화한 배우자가 사망하면 남겨진 사람은 삶을 풍요롭게 사는 법을 모른 채로 남겨진다. 친구들과 연락이 끊긴다. 화목한 가정을 유지하는 법도 모른다. 가족이 좋아하는 요리를 해줄 수도 없고 빨래를 해주지도 못한다. 언제나 누군가 대신 해주었기 때문에 자기 자신을 돌보는 법도 모른다. 인생을 살면서 더 정성을 들이고 보살피는 것, 인간의 경험에 더 깊이 들어가는 것은 짐이 아니다. 기회다.

나 또한 감정노동을 모두 다 내려놓고 싶지 않다. 이 일을 나처럼 공유하고 이해하는 파트너와 함께 하고 싶다. 남편도 나처럼 배려와 정성이 담긴 행동의 장점을 알고 고마워하기를 바란다. 우리 두 사람 모두 우리 아이들과 우리 스스로와 서로의 안정과 행복을 살피는 사람이 되기를 바란다. 우리의 정체성과 너무나 강력하게 얽혀 있는 문화적 기대를 해체하는 게 쉬운 작업은 아닐 테지만 궁극적으로는 우리 둘 모두에게 더 나은 삶을 창조해주리라 믿는다. 감정노동에 내재된 힘을 이해하고 감정노동의 균형 안에서 우리 둘 다 지금보다 더 활짝 피어나야 한다. 그것이 나의 최종 목표다. 하지만 이 가치를 발견하고 연마하고 싶다면 이런 종류의 일에는 종종 후퇴가 있다는 사실도 이해해야 할 것이다.

5.
왜 이런 일은
내 눈에만 보이는지

2015년 《글래머》 선정 올해의 여성으로 뽑힌 리즈 위더스푼의 수상 소감이 크게 화제가 된 적이 있다. 그녀가 영화 대본을 받을 때 가장 두려워하는 대사가 있다고 한다. 수없이 많은 영화에서 여성 캐릭터가 남성 캐릭터를 돌아보며 다섯 단어로 된 민망한 대사를 읊어야 하는 순간이다.

"이제 우리 뭘 해야 돼?"

그녀는 고개를 저으며 혼란에 빠진 듯 커다란 눈을 깜빡이며 과장된 고음의 목소리로 그 대사를 반복한다. "위기 상황에서 무엇을 해야 할지 모르는 여자를 단 한 명이라도 아세요?" 그녀는 웃는 관객들에게 말한다. "여자가 뭘 해야 할지 모른다니 말이 안 되잖아요."

"이제 우리 뭘 해야 돼?" 이것은 우리가 남자들에게 하는 질문이 아니다. 대부분, 아주 자주, 우리가 우리에게 하는 질문이다. 무언가 중요한 일을 앞두고 우리는 내적 문제 해결 모드로 들어간다. 감정노동이 우리에게 가르쳐준 것을 한다. 신중하게 문제의 세부사항들을 짚어보고, 큰 그림을 그려보고, 부차적 사항까지 생각한 다음 앞으로 나아갈 방법을 자문한다. 그저 해결책을 모색하는 데 그치지 않는다. 최고의 답을 목표로 한다. 어떤 문제도 소홀히 하지 않는다. 호미로 막을 것을 가래로 막지 않아야 하기 때문에 당장의 실수는 용납할 수 없다. 우리는 포괄적으로 조심스럽게 문제 해결에 접근한다. 감정노동이 모든 사람들에게 너무나 자주 간과되는 기술이며 삶의 짐만은 아니라고 인식하는 시간이기도 하다. 이것은 능력이기도 하다. 우리 인생에 더 깊이 관여하고 있다는 느낌을 준다. 나라는 사람과 더 깊이 연대하고 사랑하게 만들어준다. 이 세상은 감정노동이 제공하는 예의, 능률, 세세한 관심 덕분에 활기차게 돌아간다. 그렇기 때문에 이제부터 우리가 할 일은 이 일의 문제점이 무엇인지 알아내고 감정노동을 활용하는 방법을 찾는 것이다. 함께 말이다.

나는 이런 질문을 종종 받는다. "그러면 우리 이제 어떻게 해요?" "어떻게 하면 나아질 수 있어요?" "어떻게 균형을 맞출 수 있을까요?" 감정노동을 수행하면서 오는 스트레스와 불만의 정체를 드러낸 후에는 필연적으로 따라오는 질문이다. 감정노동이 우리를 질질 끌고 다니지 않는 곳으로 이동하기 위해선 감정노동이 어려우면서도 가치가 있다는 걸 인정해야만 한다. 이 두 가지 특징은 서로를 부정하지 않고 공존한다. 감정노동은 시간을 잡아먹고 정신적으로 지치게 하고 거듭 훈련을 해야 발전하는 기술이며 배려, 문제 해결, 감정 조절이라는 이점을 갖고 있다. 두 가지가 동시에 작동한다. 우리는 집에서, 일터에서, 세상에서 이 일을 수행한다. 우리가 감정노동을 깊숙이 들여다보았고 자세히 따져보았으며 우리 생활과 연결 지어봤으니 우리에게 무엇이 최선인지 알 거라 확신한다. 우리처럼 감정노동에 능한 사람들은 오만 군데로 뻗어가는 문제들을 머릿속에 넣고 맞춤 해결책을 조합할 줄 안다. 우리뿐만 아니라 우리 주변의 모든 사람에게 이익을 가져다줄 "이제 우리 뭘 해야 돼요?"라는 질문에 대한 답을 최선을 다해 찾아보려 한다.

그렇게 하기 위해선 먼저 감정노동의 뿌리를 삶과 연결 지어서 찾아내야만 한다. 혹실드는 직업적인 감정노동에 대해서만 논했지만 감정노동은 한두 가지 경험에만 국한되지 않는다. 그보다는 우리의 삶, 우리의 존재 방식이 되어버렸다. 감정노동은 좋은 면에서건 나쁜 면에서건 우리 삶에 씨줄과 날줄처럼 엮여 있다. 이것이 우리를 지치게 하지 않는다면 우리는 이에 대해 이야기하지 않을 것이다. 하지만 우리 삶에 가치가 없다면 그만큼 논하지도 않을 것이다. 감정노동을 가치와 장점을 지키는 동시에 우리를 지치게 하는 부분을 다듬으면서 감정노동의 힘을 활용해야 한다.

감정노동에서 오는 불만들은 조금씩 다를 수도 있지만 나는 수백 명의 여성들과 이야기하면서 대략 세 가지 공통점을 발견했다. 자질구레한 일들에 너무 붙잡혀 있어서 자신의 문제를 해결할 정신적 에너지가 없다고 느낀다. 주변 사람들의 요구에 맞춰주는 역할에서 잠시도 벗어날 수 없다. 아무리 열심히 감정노동을 해도 누가 봐주지도, 인정해주지도, 칭찬해주지도 않는다. 그들이 설명하는 그 일은 정신적이고 끝이 없으며 눈에 보이지 않는다. 바로 이 세 가지 요소 때문에 이렇게 소중한 일이 무거운 짐이 되어버리는 것이다.

정신적 에너지를 갉아먹는 일

주변 사람들의 안정과 행복을 우선하는 생활을 만들어가는 것은, 많은 여성들이 수월하게 해내는 듯 보여도 절대 그렇지 않다. 이는 가정을 건사하기 위해 필요한 육체노동, 가사노동만을 의미하지 않는다. 굉장히 많은 정신적 품이 드는 일이며 다른 사람들을 위한 선택을 할 때 더욱 그렇다. 현대인들은 수많은 선택권을 안고 인생을 꾸려가고 있으며 완벽을 지향할 수 있다는 점에서는 긍정적으로 보이기도 하지만 우리 앞에 놓인 너무 많은 대안에 질려버리는 것도 사실이다.

배리 슈워츠는 《점심메뉴 고르기도 어려운 사람들》이라는 책에서 현대인들이 겪는 압박감을 설명한다. 우리에게 너무나 많은 선택권이 주어졌기 때문에 선택 과정은 자유를 주는 것이 아니라 오히려 마비시킨다. 나뿐만 아니라 내 주변 사람들을 위해 대신 선택해야 할 때는 더욱 앞이 캄캄해진다. 슈워츠는 말한다. "더 많은 선택이 언제나 더 많은 통제를 의미하지는 않는다. 기회가 너무 많아 무엇을 해야 할지 모르는 상태가 될 때가 있다. (…) 어떤 선택을 해야 할지 결정하는 것이 가장 큰 부담이 된다."[1] 슈워츠는 소비자의 관점에서 접근하지만 여성에게 우리 일은 그저 가장 예쁜 바지나 맛있는 샐러드드레싱을 고르는 일만이 아니다. 우리는 우리 가족 전체를 위해 무언가를 선택해야 한다. 장단점과 선호도를 비교하면서 가정을 만족과 평화로 이끌 최상의 옵션을 찾아야 한다. 식구들 모두를 위해 좋은 병원을 찾아 예약해야 한다(슈워츠는 건강과 의료에 관해서 선택하는 사람은 여성이 압도적으로 많다고 말한다. 여성은 대체로 자신의 건강뿐 아니라 파트너와 자녀들 건강의 총책임자이기 때문이다). 가족 구성원들에게 어떤 스포츠가 적합한지 결정하고 거기에 맞춰 스케줄을 조정한다. 언제 숙제를 해야 하는지도 결정한다. 어떤 집안일은 내가 하고 어떤 일을 누구에게 시킬지 결정한다. 끊임없이 무언가를 선택하고 있고 그 선택을 할 때 자신의 안녕은 고려하지 않을 경우가 많다. 언제나 내가 아닌 외부에 초점을 맞추기 때문이다.

그렇기 때문에 누군가가 우리가 만들어놓은 선택에서 벗어나면 작은 스트레스를 받는다. 남편에게 특정 종류의 치즈를 사오라고 했는데 다른 치즈를 사오면 이제 그것에 맞춰 저녁식사 메뉴를 바꿀지 아니면 내가 가서 바꿔 와야 하는지를 결정해야 하는데 어떻게든 문제를 최소화할 결정이어야만 한다. 아이들은 여전히 라자냐를 먹고 싶어 할까? 그렇다. 체다치즈를 넣어도 같은 맛이 날까? 아니다. 롭에게 가서 바꿔 오라고 하면 너무한 건가? 그럴 수도 있다. 남편에게 내가 하고 있던 저녁식사를 준비하라고 하는 게 나을까, 아니면 아무래도 마트에 다시 다녀오라고 해야 할까?

우리 머릿속에서 끊임없이 들려오는, 모두가 흡족하려면 무엇을 해야 할까라는 문장은 우리의 정신적 에너지를 갉아먹어 그 에너지를 생산적이거나 창의적으로 사용되지 못하게 한다. 대학을 졸업하고 첫아이를 낳은 후 몇 년 동안 내가 왜 이렇게 변했을까라는 질문을 반복했다. 왜 나는 시간이 있을 때도 쓰고 싶다고 생각한 소설을 한 줄도 쓰지 못할까? 왜 하루 일과가 끝나면 영혼을 양질의 책으로 채우지 않고 소파에 멍하니 누워 〈오피스〉를 보고 있을까? 그날 특별히 한 것도 없는데. 친구들이 요즘에 어떻게 지내냐고 물으면 딱히 대답할 말도 없었다. 하루 종일 집에서 아이를 보고 있었다. 어떤 옷을 입히고 어떤 밥을 주고 어떤 놀이를 할까, 머릿속으로 궁리했다. 아이 몸무게가 늘고 있는지 걱정하고 낮잠을 재울 때마다 유아 돌연사 증후군으로 죽는건 아닌지 염려했다. 마트에 가야 하는데 아기를 데리고 갈까, 아니면 남편이 퇴근해서 오면 같이 갈까? 아이를 데리고 나갔다가

울거나 떼쓰면 어쩌지? (아기가 옷에 똥을 묻힐까? 당연하겠지.) 퇴근해서 혼자 쉴 수 있는 얼마 안 되는 소중한 시간에 마트에 가자고 하면 남편을 배려하지 않는 걸까? 지금 젖을 먹일까, 아니면 유축기로 짜놓을까? 아이에게 귀여운 옷을 입힐까, 그냥 내복만 입혀놓고 있을까? 별일 없이 무사히 지나간 하루에도 머릿속으로 내 생각을 할 수가 없었다. 내 인생을 더 의미 있게 해주었던 진지한 생각을 할 수 없었다. 나의 정신적 에너지를 가장 많이 앗아가는 일은 극히 적은 감정적 보상만 주었다. 항상 영혼이 빠져나간 기분이었다. 그제야 왜 여성들이 엄마가 되면서 자신을 잃어버리는지 이해했다. 나의 내면, 나의 창조적 생활, 나에게 의미를 주는 삶을 허락할 정신적·감정적 여유가 남아 있지 않았다. 하루가 끝나면 내 머릿속에는 나에게 줄 수 있는 어떤 것도 남아 있지 않았다.

서서히 육아와 일을 병행할 수 있는 리듬을 찾긴 했지만 직관적으로 이루어지진 않았다. 나는 작가로 일할 수 있는 내 정신적 공간을 남겨놓기 위해 안간힘을 썼고 그것은 지금까지도 내가 투쟁하듯이 지켜야 하는 부분이다. 내 머릿속은 항상 꽉 차 있다. 나는 여전히 내 주변 사람들을 위해 선택한다. 더 나아가 아이들이 성장하면서 아이들의 자립과 자유를 위해 아이가 선택할 상황을 내가 만들어주기도 한다. 딸이 내가 골라준 옷을 입지 않으려고 하면 적당하고 예쁘기도 한 두 가지 버전을 골라서 아이에게 내민다(딸에게 직접 고르라고 하면 눈이 오는 날 튀튀를 입고 간다고 할 테니까). 아침을 차려놓기만 하면 아이들이 군말 없이 먹는 시기는 지났고 그럴 때를 대비해 몇 가지 대안을 마련한다(바로 대령할 수 있도록 준비도 해놓는다). 프렌치토스트 먹을래? 아니면 오트밀? 스크램블에그에 베이컨? 남편과 단둘이 외출하는 날에 식당을 고르고 싶어 하지 않는 나를 보고 남편은 놀리지만, 사실 식당은 상관이 없다. 그 순간만이라도 선택하는 입장에서 벗어나고 싶다. 남편도 정하지 못하고 채근하면 보통 이런 식으로 대답한다. "메뉴가 길고 복잡하지 않은 데 없나?" "한 번 먹어본 데로 가는 게 어때?"

물론 선택의 역설이 여성의 영역만은 아니다. 끝도 없는 옵션의 시대에 우리는 매일 선택의 공격을 받는 것만 같다. 우리는 평균적으로 하루에 3만 5000개의 의식적인 선택을 내리고 그중 200가지는 음식과 관련이 있다고 한다.[2] 선택은 우리의 정신적 에너지를 고갈시킨다. 오바마 대통령이 매일 같은 양복을 입고, 마크 저커버그가 청바지와 티셔츠만 고수하는 것도 그 이유다. 우리 생활의 일부를 자동화함으로써 정신의 용량을 지킬 수 있다. 슈워츠는 쓴다. "선택에서 이점을 취하고 짐을 덜기 위해 우리는 선택하는 영역을 선별해야 한다. 각자 본인이 적극적인 선택이 필요한 영역을 판단하고 그곳에만 에너지를 써야 한다."[3] 여성에게는 무리한 요구다. 우리는 나의 모든 선택이 중요하다는 가정 아래 움직이고 선별할 수 있다거나 덜 중요한 디테일을 생략할 수 있다고 생각하지 못한다. 감정노동이 우리를 갉아먹지 않고 우리에게 도움이 될 수 있도록 정신의 공간을 되찾고 싶다면 이런 종류의 우선순위 정하기가 필요하다.

나도 퇴근이란 걸 해보고 싶다

감정노동에 관한 일은 집 밖으로 나간다고 끝나지 않는다. 감정노동은 세상으로, 일터로 나가는 우리를 졸졸 따라오고 집에서도 여전히 우리를 놓지 않는다. 혹실드가 설명한 감정노동은 근무 시간이라는 선이 있었지만 지금 우리가 이야기하는 감정노동에는 어디에도 확실한 선이 그어져 있지 않다. 친구들과 만나 저녁을 먹고 있을 때도 계속 휴대전화를 확인하면서 아이에게 저녁을 뭘 먹이는지, 그 인형은 어디 있는지, 카세롤은 어떻게 데우는지 묻는 문자를 기다린다. 문자가 한 통도 오지 않는다 해도(그럴 일은 거의 없지만), 외출 중에도 집안의 매니저 역할을 할 준비는 항상 되어 있다. 내 번호는 누군가의 휴대전화에 첫 번째로 입력되어 있다. 내 전화기는 언제나 켜져 있다. 내가 감당하는 감정노동을 완전히 내려놓는 시간은 없기 때문에 완전히 일 모드이거나 휴가 모드인 경우는 없다. 가끔은 어디부터가 내 성격이고 어디부터가 감정노동인지 구분하기 어렵다. 나는 원래 체계적인 인간인가? 아니면 필요에 의해 체계적인 사람이 된 걸까? 나는 가정을 통솔하는 데서 기쁨을 느끼는 통제광인가, 아니면 그저 책임감이 강한 사람인가? 우리가 하고 싶어서 하는 감정 노동 또한 굉장히 많다. 예를 들어 나는 휴가 계획 세우기는 좋아한다. 정말 좋아한다. 휴가 계획의 모든 세세한 부분, 내가 결정해야 할 모든 것이 좋다. 검색하기도 좋아하고 예산 짜기와 여행 경비 저축까지 좋아한다. 내 머릿속에서 굴러다니는 모든 생각들을 즐긴다. 비행기 티켓 가격을 확인하고, 해변을 찾아보고, 예약하는 것 모두 좋아한다. 절대로 지루하거나 부담스럽다고 느끼지 않는다. 설령 내가 휴가 계획 짜기를 좋아하지 않았다 해도, 나의 정신적 에너지와 정서적 건강에 방해만 되었다고 해도 나는 자동으로 그 일을 했을 것이다. 그 일은 내가 하는 다른 모든 일처럼 내가 기피할 수 없었을 것이다.

나도 다른 사람들을 돌보고 싶다. 나는 잘 굴러가는 집을 원한다. 내 주변 사람들이 편안했으면 좋겠다. 이 일에 가치가 있다는 것을 알고 있으며, 내가 아는 대부분의 여성도 그렇다. 하지만 우리가 번아웃되거나 억울하거나 착취당하는 기분까지 들 때도 우리는 여전히 다른 사람들을 챙기고, 가정을 꾸려나가고, 우리 주변 사람들의 편안함만을 우선하고 있다. 원하건 원하지 않건 이 역할을 할 의무가 있다고 느껴서다. 이 모든 감정노동을 혼자 이고 가기에는 너무 많다고 생각될 때도 잠시 쉬거나 차례를 바꾸는 건 꿈도 꾸지 못한다. 가끔 무너질 수도 있어야 하고 파트너에게 내 것을 가져가달라고 말할 수 있어야 하지만 언제나 정신적인 노동은 여전히 우리 영역에 굳건히 자리하고 있기에 다시 자동적으로 그 위치에 돌아와 있다. 우리는 전화기를 꺼놓지 못한다. 부탁하고 시키고 갈등을 최소화하는 방식으로 일처리를 하는 사람은 여전히 우리다. 도무지 끝이 보이지 않는 일이다. 감정노동을 징글징글하게 만드는 두 번째 요소다.

우리 주변 사람들의 행복과 안녕을 지키기 위해 우리의 능력을 발휘하는 맥락과 장소에도 끝이 없나 보다. 조앤 리프먼은 《그녀가 말한 것That's What She Said》에서 직장에서의 평등이라는 주제를 다루며 직장에서 여성은 남성의 기준에 맞추어야 한다는 명제를 논한다. 여성들이 언제는 안 그러기라도 한 것처럼 말이다. 여성이 맞추어주어야만 하는 남성의 기준은 끝이 없이 길고 어이없기도 하고 여전히 갈 길이 멀기도 하다. "여자들은 이미 자기 자신을 어마어마하게 변화시켜왔다." 리프먼은 썼다. "우리 모두 남성의 이미지로 만들어진 일의 세계에 우리를 맞추려고 시도하고 있다. 말하고 옷 입고 메일을 쓰고 우리를 나타내는 방식에서, 딱히 우리 문화라고 할 수 없는 문화 안에서 어떻게 행동해야 할지 늘 의식하고 배우고 있다."[4] 직장에서 감정노동을 수행하는 방식과 집에서 하는 방식은 확실히 다르지만 둘 다 여성이 남자들의 세상에서 어떻게 행동해야 하는가라는 문화적 가정에 뿌리를 두고 있다. 우리는 모든 사람들을 편안하게 해야 한다. 우리는 모두를 흡족하게 해야 한다. 우리는 다른 사람에게 맞춰줄 준비가 되어 있어야 한다. 언제까지나.

항상 머릿속으로 의식하고 사고하면서 이 법칙을 따르고 있는 것은 아니다. 대부분은 가부장제가 어떻게 이 세상 안에서 우리의 행동, 반응, 삶의 방식을 명령하고 있는지에 대해서 골몰히 생각하며 하루를 보내지는 않는다. 너무나 깊숙이 배어 있어서 의식적으로 알아보지도 못하고, 그건 우리의 파트너들도 마찬가지다. 우리는 폭넓은 의미에서 우리 접시에 얼마나 많은 것이 있는지 생각하지 않는다. 그저 그때그때 단편적으로 왜 모든 일은 우리에게 떨어지는지, 왜 이 세계는 이런 방식으로 작동하는지, 왜 우리의 행동은 이런지 이유와 핑계를 만들어낸다. 우리는 감정노동과 이 노동의 영속성을 우리 삶의 만고불변의 진리처럼 받아들인다. 혹실드는 《감정노동》에서 회사를 나오면서 감정노동도 같이 "퇴근시키려고" 하는 노력에 대해 이야기하지만 우리가 "퇴근"을 절대 할 수 없다면 어떻게 해야 하는가? 이것이 우리를 지구 끝까지 졸졸 쫓아다닌다면 무엇을 해야 할까? 10분만이라도 일을 쉴 수 있는 담배 타임도 없다면 어떻게 해야 할까?

물론 실수를 하거나 "임무"를 수행하지 않아도 해고가 되는 건 아니지만 사회와 우리 스스로가 주입한 기대치에 부응하지 못하면 죄책감을 느낀다. 이 문화는 한목소리로 가정이 여성의 영역이라고 말하고 있기에 우리도 가정이 우리의 영역이라는 것을 안다(어떤 이들은 가정은 여성이 유일하게 권력을 쥐고 있는 곳이기에 여성들이 먼저 가정 안에서의 통제력을 포기하고 싶어 하지 않는다고 주장한다. 그 또한 정곡을 찌르는 말이라 생각한다). 남편에게 설거지를 부탁했는데도 설거지가 쌓여 있으면 화가 나는

남자들은 항상 나를 잔소리하게 만든다

건 하지 않아서가 아니라 바로 하지 않았기 때문이다. 내 기준에는 맞지 않기 때문이다. 집안일이 내 통제권 아래 있건 아니건 내 살림 방식의 모든 디테일은 여성으로서의 내 능력을 반영하는 것처럼 느껴진다. 그 일을 누구에게 맡겼어도 완전히 맡기지는 못한다. 감정노동은 책임을 전가한다고 해서 끝나지 않는다. 그 일이 완수될 때까지 남아 있다.

이름도 없고, 보이지도 않는

감정노동의 수많은 스트레스 요소 중에서도 두드러지는 것이 하나 있다. 이 일은 아무리 해도 보이지가 않는다는 점이다. 사실 그 생각은 우리 마음 안에서 일어난다. 이 일은 끝이 없지만 아무도 우리가 하는 일을 이해하지 못하는 것 같다. 우리 생활의 많은 부분을 규정하고 있는 감정노동이 많은 사람에게는 여전히 보이지 않는다는 점, 그것도 아침저녁 감정노동의 혜택을 받고 있는 이들에게 보이지 않는다는 점이 가끔씩 어처구니없을 때가 있다.

두 아이의 엄마인 서른세 살의 여성 줄리 키모크는 감정노동의 불가시성은 군인의 아내로서 지고 있는 감정적 고통의 가장 큰 부분인 외로움을 더 가중시킨다고 말한다. "우리는 어떤 의문도 품지 않고, 어떤 인정도 지지도 받지 못한 채 가정 안에 '존재'하고 있어야 한다고 한다. 우리는 국가가 가정보다 먼저라는 사실을 알고서 움직이고 적응하고 살아간다. 그 도전을 받아들이고 희생하고 아무도 알아채지 못하는 길을 혼자 걸어간다. 육아도 혼자 도맡고 생일과 크리스마스도 홀로 챙긴다. 자산관리자를 고용하고 카센터에 자동차를 가지고 간다. 밤이면 외로움에 지쳐 울면서 남편이나 파트너를 그리워한다. 우리가 들을 수 있는 유일한 어른 목소리인 텔레비전의 뉴스 앵커들과 친구가 된다." '블런트 맘스Blunt Moms'에 올라온 글이다.[5] 그녀는 몇 년에 한 번씩 이사를 하고 새 생활을 시작해야 한다. 새 동네에서 새 의사를 찾고 새 학교를 찾고 새 놀이터를 찾고 새 스케줄을 만들고 새 마트를 다니고 새로운 엄마들을 사귀어야 한다. 환경이 바뀔 때마다 언제나 포근한 가정을 만들고 가족의 감정적 요구를 들어주어야 하는 것은 모두 그녀의 몫이다. 어마어마한 감정노동을 하면서도 불평을 하거나 작은 짜증을 내서도 안 된다. "웃으며 견딜 수밖에 없는 문화라 할 수 있죠."[6] 그녀는 내게 말했다. 직업군인의 아내에 대해 이야기할 때 '딸린 사람, 의존하는'이라는 단어가 굉장히 많이 등장하지만 그녀는 그 단어에 어폐가 있다고 생각한다. 남편들이 떠나 있을 때 아내에게 얼마나 많이 의존하는지를 알기 때문이다. "우리는 여러 사람의 입방아에 오르내리죠. (…) 트리케어 서비스*(군인 가족들이 제공받는 의료보험)를 받고 미니밴을 제공받으려고 결혼한다는 말도 있고, 살이라도 찌면 끔찍한 '뚱땡이마누라dependapotomus'*(군인 아내

남자들은 항상 나를 잔소리하게 만든다

를 비하하는 말로 뚱뚱하고 불쾌하고 욕심 많은 여자의 이미지)라는 말을 들어요." 남편이 많이 도와주고 지지해주며 그런 면에서는 자신이 다른 군인 아내들에 비해 운이 좋은 편이라는 것도 알고 있다. 하지만 이 보이지 않는 노동에 대해 어쩌다 불평하면 남편은 아내가 이상한 사람이라고 생각하는 것 같다. 대부분의 스트레스는 나의 가족과 문화가 나의 입장을 이해하지도 않고 듣고 싶어 하지도 않는다는 사실과 깊은 관련이 있다.

내가 이야기해본 많은 여성들이 원하는 건 간단하다. 보였으면 좋겠다는 것이다. 고맙다는 말을 원한다. 인정을 원한다. 그들이 하는 일이 어렵고 중요하다는 인식이 있었으면 좋겠다. 감정노동은 전업주부가 대부분 수행하기에 더욱 그렇다. 저녁에 파트너가 퇴근해 집에 온다. 하지만 그 사람을 포함해 아무도 당신이 집 안에서 하는 일을 목격한 적이 없다. 유대와 공감을 얻고 싶은 사람이 보지 못하는 일을 홀로 묵묵히 한다는 건 어렵고 고독한 일이다.

에린 카는 두 아이를 키우며 재택근무를 하는 마흔네 살의 여성이다. 그녀는 자신이 하는 모든 정신적·감정적 노동이 "커튼 뒤에 가려져 있다"라고 말한다. 그러나 커튼 뒤에서 일하는 사람이 없으면 작품은 무대에 올라갈 수 없다. 육아, 가정 건사, 모든 사람을 안락하고 흡족하게 하는 일은 아주 많은 노력이 드는 일이다. 물론 모든 사람이 고마워한다. 적어도 그 결과에 대해서는 감사할지 모르지만 정확히 어떤 식으로 그 일이 이루어지는지는 보지도 이해하지도 못한다. 카가 말하길, 그녀와 남편 사이에는 자녀들의 모든 감정적 요구, 즉 손이 많이 가는 갓난아기 돌보기부터 사춘기의 반항까지, 아이의 일은 엄마가 책임져야 한다는 암묵적인 규칙이 있다고 한다. 두 사람 모두 "그런 일은 엄마가 더 잘하니까"라고 가정한다. 남편도 아내가 아이 돌보는 일을 모두 하고 있다는 걸 안다. 그녀는 종종 결과만 보고한다. 그러나 남편은 아내가 그 과정에서 헤쳐가야 했던 지뢰밭은 알지 못하고 축약 버전만 듣는다. "내가 더 지치는 이유는 남편이 내가 하는 종류의 돌봄과 배려 노동에 책임이 없기에 이해하지도 못하기 때문입니다."[7] 카는 말한다. 그 일은 언제나 그녀의 몫이다. 아들은 엄마가 없으면 아빠나 할아버지를 찾기보단 외할머니나 새엄마를 찾는다. 아들은 의식적으로 이해하진 못하지만 가정 안에서 필요한 정서 노동을 제공하는 사람은 언제나 여자라고 알고 있다.

정서 노동은 가족의 생활이 매끄럽게 돌아가는 데 들어가는 모든 감정노동에 더해진다. 카는 집에 식료품과 화장지와 청소용품을 들여놓는 사람이다. 각종 고지서를 관리한다. 약속과 예약 담당으로 병원, 치과, 미용실 등을 예약한다. 과외 활동을 등록하고 일정도 관리한다. 아이들 옷이 작아졌다는 걸 알아채는 사람은 그녀뿐이기에 아이들 옷도 철마다 산다. 학교 생활에 관련된 모든 일을 챙기는데 그녀만이 아이들 가방을 확인하는 사람이기 때문이다. 세 끼를 챙기고 여름방학 캠프를 알아보고 대부분의 살림을 도맡아 한다. 다른 여성들과 마찬가지로 그녀의 남편은 살림에 관해선 주도하기보다는 도와준다는 표현을 쓴다. 남편은 애완동물 사료를 주고 개를 산책시키고 고양이 모래를 갈아주고 저녁 설거지를 하거나 청소를 하고 정리도 한다. 주말이면 남편은 아내가 늦잠 자도록 놔두고 9개월 아기가 깨면 돌본다. 그녀에 따르면 육체노동의 양부터 불공평하다. 하지만 육체노동은 그저 빙산의 일각일 뿐이다. 그 표면 아래에 보이지 않는 빙산은 그녀의 남편이나 아들들이 감히 이해할 수 없을 정도로 넓고 깊다.

자녀들이 그 문제를 이해하지 못하는 것은 어쩌면 육아의 속성이기도 하다. 아이들은 커서 자식을 낳고 길러봐야 자기를 키우기 위해 얼마나 많은 감정노동이 들어갔는지 이해한다. 아니 아기를 갖게 되어도 그런 깨달음의 순간을 맞는 사람은 대체로 딸들이다. 첫아이를 낳고 나서 엄마가 나에게 해준 그 모든 일을 생각하며 얼마나 감사했는지 모른다. 그와 똑같은 감정노동을 해보기 전까지는 보지도, 이해하지도 못하는 일들이다. 하루 종일 내가 자기를 위해 해주는 모든 일을 몰라주는 건 당연하고 가끔 웃어줄 줄만 아는 작은 인간의 모든 육체적·정서적 요구를 맞춰주며 종종거리는 건 절대 쉬운 일이 아니다. 또한 매일 저녁, 퇴근하고 들어온 남편이 내가 한 일을 전혀 인지하지 못하기 때문에 생활은 더 힘들어진다. 내 일이 하나도 보이지 않기 때문에 남편은 신발을 벗어서 그대로 거실에 놔두었을 것이다. 식탁 위에 물건을 던져놓고 옷은 옷장이 아니라 의자에 걸쳐놓고 냉장고에서 간식을 꺼내 먹은 다음에 내가 방금 깨끗이 닦아놓은 싱크대 위에 통을 그대로 놔두곤 했다. 내 손이 자유로워지는 순간 나는 그것들을 치우러 돌아다닌다. 아무도 나 대신 치워주지 않기 때문이다. 그를 졸졸 따라다니면서 치워주는 일에 대해서 남편은 한 번도 제대로 언급한 적도 없고 고마워한 적도 없다. 그건 남편이 무례하거나 내가 해주는 일을 당연하게 생각해서라기보다는 그의 눈에 잘 보이지가 않기 때문이다. 그의 재킷을 옷장에 걸어주는 걸 보면 남편은 미안해하면서 사과할 수도 있고 다음에 집에 왔을 때는 옷장에 걸 수도 있지만 그의 행동은 항상 원래대로 되돌아온다. 그가 어떤 물건을 아무데나 놔두면 그 물건은 마법처럼 원래 있어야 할 자리로 돌아가지만, 그 일을 하기 위해 필요한 육체노동, 정신노동을 알아보지도 못하고 특별히 고마워하지도 않는다. 그는 지저분한 집에도, 깨끗한 집에도 면역이 되어 있는 것 같다. 나는 언제나 이런저런 일을 해달라고 부탁해야 한다. 도움을 받기도 하지만 그럴 때마다 내가 시키는 일을 하지 않고 나처럼 필요한 일을 알아채는 완벽한 파트너를 앞으로도 절대 가질 수 없는 기분이 든다. 남편에게 보이지 않는 일을 한다는 것이 어떤 기분인지 이해시키지 못하면 나의 감정노동은 언제까지나 그림자 노동이 될 것이다. 굉장히 어려운 싸움이지만 여러분에게 꼭 말하고 싶은 건 이건 가치 있는 싸움이기도 하다는 것이다.

남자들은 항상 나를 잔소리하게 만든다

이 싸움이 가치 있는 이유는 그저 표면적인 변화에만 그치지 않기 때문이다. 그가 해야 할 일을 더 자주 눈치채고 그 일을 하는 것에 그치지 않는다. 그의 감정노동 덕분에 나의 소중한 정서적 공간이 넓어지고 나는 내 일에 더 집중하고 내 삶을 더 즐길 수 있다. 그가 전에는 깨닫지 못했던 자기 삶의 여러 영역에 더 깊이 관여하도록 할 수도 있다. 그는 아빠이자 남편으로서 자신의 역량에 더 자신감을 가질 수 있다. 자신을 더 이상 집에 돈만 가져다주는 사람으로 여기지 않는다. 남성성의 의미를 다시 생각하고 재정립한다. 옆에서 지켜보는 사람에게도 굉장히 놀랍고 심오한 변화다.

역할을 재정의하면서 나는 확실하고도 즉각적인 이익을 볼 수 있었다. 더 온전한 삶, 더 나은 파트너 관계, 진정한 평등의 감각이다. 그러나 앞으로 다가올 더 큰 변화와 장점을 보고 있다. 셰릴 스트레이드 옆에 앉아 그녀가 진행하는 팟캐스트 〈디어슈가〉를 녹음할 때 그녀는 아들이 장난감 빗자루로 바닥을 쓰는 장면을 묘사해주었다. 아이들이 어른 놀이를 하고 우리의 행동을 창의적인 방식으로 모방하는 걸 보는 건 언제나 즐겁지만 그녀가 해준 이야기가 특별히 내 마음에 와닿았던 이유가 있다. 그녀가 아들에게 뭐 하냐고 물어보자 이렇게 대답했기 때문이다. "아빠 흉내 내고 있어요." 그녀는 아이의 대답을 듣고 깜짝 놀라며 생각했다. 아이들의 놀이가 우리 문화적 지형의 혁명적인 변화를 말해주고 있었다. 가정 내에서 먼저 혁명이 시작된 것이다. "이런 방식으로 남성성이 재정립되고 여성성이 재정립될 수 있죠. 변화란 이렇게 이루어지는 게 아닐까요."[8]

감정노동의 불균형을 균형 상태로 변화시키고 싶은 이유는 수없이 많지만 가장 큰 이유는 이 같은 변화가 우리 아이들의 인생을 변화시켜줄 것이기 때문이다. 그들의 미래를 변화시켜줄 것이다. 내가 이 세상 안에서 보고 싶은 혁명적인 변화는 바로 여기 집에서, 우리와 함께 진정한 평등이 무엇을 의미하는지 보고 배우는 우리 아이들과 함께 시작된다. 그들은 그 어느 곳보다 가정에서 가장 먼저 평등을 배우게 될 것이다. 우리가 할 수 있는 일은 그들의 세계관을 형성해주는 것이다. 지금 우리가 하는 일이 모든 것을 바꿀 수도 있다. 나는 아들이 감정노동을 감당할 용의가 있고 잘 감당해나가길 바란다. 딸이 모든 사람을 안락하고 흡족하게 하는 건 자신의 일이 아니라는 사실을 알기를 바란다. 악순환의 고리를 끊어 우리 자녀들이 더 나은 삶, 더 온전한 삶을 살기를 바란다. 집에서뿐만 아니라 이 세상을 헤쳐 나가면서도 그런 태도를 갖길 바란다.

2부

집 밖에 나가도 달라지는 건
없겠지만

Fed Up...

Fed Up...

6.
워킹맘도 전업맘도
벗어날 수 없는 것

2010년 12월 12일, 나는 부점장으로 일하던 캐치 매장의 문을 닫고 남편에게 데리러 와달라고 전화를 했다. 동료와 매장을 정리하고 그날의 매상을 매장 뒤쪽에 있는 현금 보관 상자에 넣었다. 동료와 마지막으로 매장을 걸어 나오면서 찬찬히 주변을 둘러보았다. 무거운 자물쇠로 매장을 잠그고 열쇠를 반납하며 느끼는 홀가분함, 가끔 들러 직원들과 수다 떨며 로션 샘플들을 발라보곤 했던 바디샵의 꽃향기, 굳은 얼굴의 경비원들, 무거운 뒷문을 열고 나갔을 때 우리의 폐로 들어오던 차가운 공기. 이것들과는 이제 모두 안녕이었다. 나는 육아 휴직을 받지는 않았다. 최대한 출산일이 임박할 때까지 근무했다. 마지막 교대 시간의 세 시간 동안은 초반 진통이 시작되었다. 롭은 퇴근하고 바로 나를 병원으로 데리고 갔다. 다음 날 아들을 낳을 예정이었다.

몇 달 동안 나는 오직 이날만을 간절히 기다려왔다. 아기를 기대하기도 했지만 가게를 그만둘 날을 손꼽아 기다렸다. 나를 인간 이하로 취급하는 손님들에게도 어지간히 지쳐 있었다. 마지막 날에 온 단골손님은 수축을 느껴 스툴에 앉아 있는 나를 보더니 **진짜** 진통은 시작도 안 했다고 꾸짖었다. 그 손님은 자신의 분만통이 얼마나 심했는지 기억하고 있었고, 나는 그녀가 생각하는 진통의 기준에 미치지 못했다. 나는 프로답지 못하고 게으른 점원이었다. 내 고통은 그녀에게 불편함만을 주었다. 손님이라면 마땅히 대접받아야 한다는 생각을 망쳐놓은 주범이었다. 손님은 나에게 "평소의" 밝고 명랑한 손님 접대 목소리와 눈치 빠른 상품 대령을 원했다. 피팅룸 밖에서 대기하다가 손님이 옷을 갈아입고 나오자마자 얼마나 잘 어울리는지 찬사를 퍼붓고, 언제나 혼자 쇼핑하는 그녀에게 다정하고 각별한 친구가 되어주기를 바랐다. 이런 직업상의 감정노동을 수행한 지도 몇 년이나 흘렀고, 이제는 작별 인사를 고할 때가 된 것 같았다.

하지만 고객 응대라는 감정노동만 떠나보낸 건 아니었다. 나는 바로 전주에 네바다대학 리노캠퍼스를 졸업했고 그것은 나에겐 분명 값진 성취였다. 일주일 만에 나는 이 문화권에서 인정해주는 4년제 대학 졸업생이자 성실한 직원에서 아무에게도 보이지 않고 어떤 가치도 인정받지 못하는 노동을 하는 아기 엄마 전업주부로 전격 이동하게 되었다. 소매 매장에서 일할 때도 진상 손님들 때문에 속상하긴 했지만 이 문화는 학비를 벌기 위해 일하는 대학생을 인정해준다. 그 시절 "학생 참 열심히 산다"라는 칭찬을 수없이 들었다. 엄마가 되면서부터 나는 하루 종일 뭘 했냐는 말을 들었다.

집에서 아기만 보며 지내던 첫 몇 달 동안 느낀 소외감과 고립감은 바로 직전까지 사회생활을 활발하게 했기 때문인지 더욱 잔인하게 느껴졌다. 새로운 일상은 아기를 갖기 전보다 더 바쁘고 충만했지만 내가 하루 종일 무슨 일을 하는지 보는 사람도 인정해주는 사람도 없었다. 그 일을 하는 데 드는 육체적 · 정신적 · 감정적 노동이 상당했기 때문에 그 일이 보이지 않는다는 사실이 나를 미치게 했다. 그저 아이와 내가 살아 있기만 하는데도 숨 한 번 돌릴 틈이 없었다. 왜 그렇게 별거 아닌 일을 하는데 이렇게나 바쁜지 알 수 없었다. 누군가 하루 종일 뭐 했냐고 물으면 숨을 쉬고 있는 아이 외에는 보여줄 것이 없었다. 매일 밤 아기를 재우는 데에만 나의 능력의 총량이 소모되었고 아이를 재우고 나면 기운이 남아 있지 않았다. 그 당시에는 내가 어떤 감정노동에 시달리고 있는지 몰랐다. 그저 내가 미쳐가고 있다고 생각했다.

시간이 흐르면서 육아에 조금씩 익숙해져갔다. 아이를 능숙하게 보면서 아이의 모든 특징과 취향을 익히고 여러 가지 육아법을 공부하면서 나와 아이에게 가장 잘 맞는 방식을 찾아냈으며 살림까지 완벽하게 하려고 노력했다. 영유아 교육 커리큘럼을 읽고 생활에 접목했다. 영양가 높고 맛있는 엄마표 식단을 만들기 시작했다. 얼마 안 되는 수입을 아껴 저축하고 빚까지 갚아 나갔다. 전심전력을 다해 육아와 살림에 매진했다. 내 모든 것을 다 바쳐야 할 것만 같았는데, 캐치에서 아르바이트로 벌던 적은 보수마저 없었으므로 내 자아 가치는 곤두박질 쳤기 때문이다. 물론 전업맘은 퇴근이 없는 일이기에 육체적, 정신적, 감정적으로 나를 소진시켜가며 최대한의 노력을 했다. 하지만 이 일에 아무리 많은 감정노동을 들인다 해도 남편의 일과 같은 방식으로 보상을 받을 수는 없었다. 내 평생 이보다 더 열심히 일한 적은 없었지만 나의 사회적 위치는 이보다 더 낮을 순 없었다.

경제적인 이유로 어쩔 수 없이, 내 능력의 마지막 한 방울까지 짜내고 있었지만 가족이나 다른 엄마들은 집에서 아기 보는 일이 "사치"라고 말했다. 월급 받는 남편의 일이 "진짜" 일이었다. 눈에 보이는 사회적 가치가 있고 월급이 있고 인정이 있다. 우리 가족이 집 안팎에서 잘 살아갈 수 있게 내조하는 건 중요한 일이었다. 가족의 감정적 요구에 나를 조율하는 건 가족의 웰빙에 필수불가결했다. 더없이 필요하고 중요한 일인데도 캐치에서 무도회 드레스를 디스플레이할 때만큼의 관심도 칭찬도 얻지 못했다. 다시 일을 나가는 엄마들을 부러워할 거라곤 상상도 하지 못했지만 얼마 안 가서 그녀들을 부러워했다. 베티 프리단이 《두 번째 단계The Second Stage》에 썼던 것처럼 "집 바깥 사회 안에서 갖는 진짜 힘, 보상을 받는 힘"[1]을 출근하는 그녀들에게서 보았다. 아무리 내 역할을 충실히 이행해도 전업주부는 그만큼의 가

남자들은 항상 나를 잔소리하게 만든다

치를 인정받지 못했다. 내가 하는 일은 "여자의 일", 우리가 여전히 가치를 인정하지 않는 종류의, 아직도 제대로 보지 못하는 일이기 때문이다.

돌봄노동의 경시는 엄마들이 육아를 즐기기 어렵게 만든다. 머리로는 아이를 기르면서 하는 여러 잡다한 일이 하나 하나 중요하다고 인지하고 있다. 교육받고 도덕성을 갖추고 사회에 적응할 줄 아는 인간을 만들어내는 일의 최전선에 있다. 적어도 그런 성인을 키워야겠다고 희망하며 노력한다. 다른 모든 주 양육자들이 그렇듯이 이 일이 힘들다는 것을 안다. 적어도 소매점에서 점원으로 일하는 것보다는 어려웠다. 사실 내가 지금 작가로서 하고 있는 창의적이고 지적인 일보다도 더 어렵다. 감정노동을 기반으로 한 기술들을 훨씬 더 다양하게 사용해야 하는 일이기도 하다. 돌봄노동 형태의 일을 하다가 가족의 요구를 맞춰주는 역할로 수시로 자연스럽게 이동해야 한다. 이제 막 빨아서 입은 셔츠에 우유를 다 쏟는 와중에도 이야기꾼에서 카운슬러가 되어야 한다. 감정노동은 정식 훈련을 받아야 하는 일은 아닐지 몰라도 지속적인 연습과 훈련이 필요한 일이고, 나는 우리 집에서 그 일을 하는 유일한 사람이었다.

남자의 일, 여자의 일

어떤 면에서는 내가 집에 있고 남편이 일주일에 50시간을 밖에서 일하기 때문에 어느 정도의 불균형은 있을 수 있다고 수긍했다. 우리는 둘 다 정식 직업을 갖고 있고 내 직업은 주부이자 엄마다. 그렇다고 항상 내가 우리 가족의 모든 감정노동과 관계의 문제를 전적으로 책임지는 것이 정당하지는 않지만 왜 내 접시에 더 많은 것들이 올라와 있는지는 설명할 수 있다. 그렇기 때문에 내가 일을 시작하고 장시간 일해서 돈을 벌어오는 집안의 가장이 되고 남편이 종일 집에 있는데도 아무런 변화가 없자, 나는 억울하고 혼란스러웠다. 그전까지만 해도 이 모든 감정노동을 도맡는 건 내가 전업주부이기 때문이라고 생각했다. 나는 몰랐다. 워킹맘이 된다고 해도 감정노동의 불균형 문제는 해결되지 않는다. 워킹맘도 다른 종류의 세부사항을 다루고 어쩌면 더 강도 높게 다룰 뿐 전업주부와 같은 배에 타고 있다. 남편의 실직 후에 나는 우리 각자가 일하는 시간과 버는 돈이 해결해줄 수 없는 깊은 분리가 존재한다는 사실을 배웠다. 내가 풀타임으로 일을 하건, 집에 있건, 돈을 벌건 그런 건 중요하지 않았다. 어쩌다 보니 감정노동의 대부분을 수행하는 건 그저 나였다. 남편은 절대 맞닥뜨리지 않는 문제였다.

마리아 토카는 전업맘과 워킹맘 사이에서 결정을 내리지 못하고 있다고 했다. 유치원 교사라는 직업을 좋아하지만 하루 종일 유아들을 돌보고 가르치면서 집에 와서 세 살짜리 자기 아이를 돌보는 건 너무나 기진맥진한 일이라고 말한다. 직장생활은 온통 감정노동으로 채워져 있고 가정생활 또한 그렇다. 우리가 인터뷰할 때는 나의 두 아이가 바닥에서 놀고 있었다. 그녀는 아들과 더 많은 시간을 보내기 위해 일을 잠시 그만둘까 고민 중인데 경제적인 이유 때문만은 아니라고 한다. 토카가 전업맘이 되고 싶다고 말할 때 그녀는 내가 아는 워킹맘처럼 환상만 품고 있지는 않았다. 그녀는 하루 종일 아이 돌보기가 얼마나 힘든지 이해한다. 점심 먹을 시간도 없이 누군가 대신해줄 사람도 없이 아침부터 밤까지 아들을 볼 때 얼마나 잔손이 많이 가는지 이해한다. 그녀가 고민하는 건 그 점이 아니다.

"전업주부가 되고 싶어요." 그녀는 말한다. "하지만 전업맘이 되면 가족들이 나에게 거는 기대가 커질까 봐 두려워요."[2] 누구의 기대일까? 모든 사람의 기대다. 멕시코 이민자 토카의 가족은 그녀가 남편과 아이를 꼼꼼히 챙기지 못한 걸 "실패"로 치부한다. 그녀 또한 전업주부가 되면 스스로에 대한 기대가 변할 것 같아 걱정이다. 무엇보다 남편의 마음속에서 감정노동에 대한 기대치가 바뀔 것 같아서 두렵다. 집에서 전통적인 역할을 수행할 때 전통적인 가부장적인 기대가 적용될까 봐 걱정한다.

그녀는 아직 전업맘이 되지 않았지만 페이스북의 전업맘 모임에 가입해보았다. 한 여성이 남편이 집에 오면 어떻게 해주느냐는, 그녀 생각엔 황당한 질문을 했다. 그러자 진심 어린 댓글들이 줄줄이 달렸다. 남편이 퇴근할 때 집을 깨끗이 정돈해놓아라, 저녁을 준비해놓아라, 남편이 들어오기 전에 옅은 화장을 하는 것이 좋다 등등. 1936년에 출간된 앨프리드 헨리 타이러 목사의 책 《성적인 만족과 행복한 결혼Sex Satisfaction and Happy Marriage》에 나오는 조언을 보고 있는 것만 같았다. 그 책에는 파트너가 원할 때만 말을 하고 남편의 성적 욕구를 만족시켜주며 본인의 문제에 대해서는 침묵을 지키라는 조언도 나와 있다. 대부분이 어이없고 시대착오적이지만 우리의 가치가 주변 사람들의 행복과 단단히 연결되어 있다는 개념은 여전히 공고하다. 가장 진보적인 관계에서도 이러한 관점이 존재하기도 한다.

토카는 남편이 항상 요리를 했다고 한다. 그런데 그녀가 집에 있게 되면 관계의 양상이 바뀔까 봐 걱정이다. 내가 하는 일이 돈으로 보상받지 못할 때는 더 많은 일을 해야 한다는 부담이 있다. 지금 같은 소셜미디어 시대에는 부지런한 엄마들이 만들어낸 빛나는 순간들이 전시되고(아이들의 짜증, 엉망이 된 집, 경악할 장면들은 거의 보여주지 않는다) 우리 접시에 쌓이는 일들은 끝도 없이 늘어난다. 나 또한 완벽한 주부가 되고 싶은 열망의 포로가 된 적이 한 번 이상 있다. 인스타그램의 티 없이 깔끔한 집에서 찍은 완벽한 가족사진들을 보면서 이 사진과 비슷해지려면 뭘 어떻게 해야 하는지 고민했다. 빨래를 더 해야 하나? 흰색 바지를 사야 하나? 육아책을 더 읽어야 하나? 어쨌든 더 많은 감정노동을 해야겠지. 베티 프리단이 《여성성의 신화》에서 그린, 부조리할 정도로 가사와 육아에 헌신하는 1950년대 전업주부들처럼 오늘날의 주부들 또한 엄마 됨을 마치 올림픽 스포츠 게임처럼 만든다. 나도 개인적으로 완벽한 집 프로젝트에 돌입해 집 인테리어를 이렇게 저렇게 바꾸어보기도 하고 아이들 파티에 보낼 쿠키와 케이크를 보기 좋게 굽기도 하고 아이들 학업과 학교 선택을 위해 늦게까지 몇 시간 동안 검색하고 고민하기도 했다. 그러나 그 몇 년 동안의 집중 육아 전문가 시절에도 항상 제대로 하고 있지 못하다는 느낌에 시달렸다. 토카는 지금처럼 일하는 엄마로서 일과 가정의 균형을 유지하는 편이 전업맘으로서 점점 더 늘어나는 감정노동을 맡으면서도 근처에 사는 멕시코계 이민자 가족들에게 여전히 부족하다는 비판을 받는 것보다는 더 쉬울 거라 말한다. 친정 식구들은 그녀가 게으르고 요리 솜씨가 없다며 "농담처럼" 말하지만 그 안에는 그녀는 감정노동을 기대만큼 해내지 못하는 반면 그녀의 파트너는 "훌륭한 남편"이라는 함의가 숨어 있다. 가족들의 그런 반응은 더 전통적인 생활방식을 택하면 그녀의 감정노동에 대한 요구가 커질 것이란 두려움을 부채질한다.

"집 안에서 남편은 무슨 일을 하건 무조건 칭찬받고, 나는 남편에게 너무 많은 걸 기대한다고 비난받아요." 적어도 지금은 "핑계"가 되어줄, 그녀가 느끼는 압박감을 덜어줄 직업이 있다.

비난을 받으면 어쩔 수 없이 죄책감도 따라오는데 실제로 그녀의 남편은 "많이 도와주는" 진보적인 파트너이기 때문이다.

적어도 가족들이 보기엔 평범 이상이다. 할머니는 할아버지를 쫓아다니면서 온갖 뒤치다꺼리를 다 해주고, 원하거나 필요한 건 모두 대령한다. 그 덕분에 할아버지는 집에서 손가락 하나 까딱하지 않는다. 어린 시절을 회상해봐도 엄마는 손수 모든 요리를 했고 끝도 없이 청소를 했고 매일 아침 자신과 남동생을 챙겼고 퇴근 후 소파에 앉아 있는 아빠에게 어떤 도움도 요구하지 않았다. 그런데도 엄마에게 이 정도면 잘하고 있다고 느끼는 일도 허락되지 않았다. "언젠가 우리 가족이 저녁식사를 하는데 엄마는 늘 그랬듯이 재료 손질부터 했죠. 항상 그랬던 것처럼 하루 종일 등을 펴지 못하고 일했어요. 그런데 저녁을 내니 아빠가 말했죠. '오늘은 살사 없어? 토티야도 데웠어?'" 토카는 똑똑히 기억한다. "엄마는 아직까지도 그 이야기를 하세요." 엄마의 일생은 다른 사람 대접으로 점철되었다. 최근에 그녀에게 이렇게 말했다. "누군가 내 몸에 이런 문신을 새겨준 것 같아. '너는 평생 다른 사람을 대접해야 한다.'" 그건 토카가 원하는 삶이 아니었다.

그녀는 부모와 다른 문화에서 자랐기 때문에(토카는 네 살 때 미국에 이민 왔다) 이 악순환을 깰 수 있다고 생각했지만 여전히 파트너와 감정노동 문제로 갈등하고 있다. "남편이 설거지를 했다고 해서 고마워하지 않아도 된다는 걸 알지만 고마움을 표시하지 않으면 남편이 그나마도 하지 않을 것 같아요. 하지만 내가 그 일을 했을 때 언제 한 번 고맙다는 말을 들은 적이 있나요?"

대부분의 여성들에게 그 대답은 '절대 없음'이다. 부부 관계가

남자들은 항상 나를 잔소리하게 만든다

점점 평등해지고 있는 것처럼 보여도 가정 안에서 남성과 여성에 대한 기대치의 간극은 여전히 넓다. 아내가 적지 않은 소득을 벌어도, 하루 종일 집에 있는 전업주부가 아니어도 여전히 간극이 존재한다. 혹실드는 《감정노동》에서 이것을 더 큰 문화적 불평등의 증상이라고 읽는다. "평등한 커플이라 해도 그들의 사고는 이 사회에 종속되어 있어 감정 교환 면에서 남녀는 동등해질 수 없다. 남편만큼 수입도 많고 존경도 받는 여성 변호사의 남편은 아내의 능력을 인정하면서도 자신의 진보적인 관점과 자신의 가사노동 참여에 대해 아내가 고마워해야 한다고 느낀다. 아내의 주장이나 바람은 언제나 과해 보이고 그의 바람은 낮아 보인다. 더 큰 시장에서 대체로 남자는 무료 가사노동을 공급받는다. 그녀는 제공받지 않는다. 사회적 맥락에서 그녀는 그런 남자를 만났으니 운이 좋은 것이다. 따라서 고마워해야 한다는 압박에서 오는 억울함을 참는 것도 그녀의 몫이다."[3] 우리는 도움을 받고 있으니 운이 좋다. 남자는 이미 갖고 있는 자격이다.

내가 감정노동이 전업 부모의 문제라고 오랫동안 믿은 이유는 문화적 맥락에서는 이런 불균형이 논리적으로 보이기 때문이었다. "여자들의 일"(감정노동)과 "남자들의 일"(임금노동)은 구세대의 가부장적인 개념이다. 옳지는 않지만 전업주부라는 전통적인 역할을 적용하면 정당화하기 쉽다. 혹은 토카의 가족처럼 멕시코의 전통이라고도 할 수 있다. 하지만 여성들과 이야기하면 할수록 현대 사회에서도 감정노동은 여성의 일이라는 인식이 여전히 팽배하다는 것을 알았다. 지난 몇 십 년 동안 여성도 남성과 똑같이 성공할 수 있다는 말을 들어왔다. 전문 분야에서 얼마든지 성공하고 무엇이든지 될 수 있다는 말을 들어왔다. 그럼에도 일을 마치고 집에 돌아왔을 때 그들을 기다리는 감정노동은 조금도 줄어들지 않았다. 직장에서 여성은 다양한 역할을 맡게 되었지만 우리가 이 사회의 어디에 착지하건 간에 감정노동은 여성의 일이라는 생각은 변하지 않았다. 이 문화에서는 여전히 이런 종류의 노동을 존중하지 않지만 그 일을 도맡아 하는 건 여성이다.

학교 알림장을 챙기는 CEO

워킹맘도 전업맘과 같은 부담을 지지만 방식이 다르다. 출근하는 그들에게 감정노동은 보통 육아 도우미나 가사 도우미 등을 고용하는 일을 중심으로 이루어진다. 우리가 감정노동을 얼마나 경시하는지 알고 싶다면 엄마 대신 이 일을 누가 어떻게 하는지를 보면 될 것이다. 이런 종류의 일은 보수가 낮고 거의 모두 여성들에게, 특히 유색인 여성에게 떨어진다. 이는 매우 중요한 점을 시사하는 문제지만 대부분 간과된다. "역사적으로 백인 여성들은 가사노동의 부담을 덜고 기업이나 사회에 진출하기 위해 유색인 여성의 노동을 이용해왔다." 킴벌리 실스 앨러스Kimberly Seals Allers는 《슬레이트》에 실린 〈유색인 여성의 일과 생활의 조화를 다시 생각하며〉에서 이렇게 썼다.[4] "간단히 말해서 흑인, 히스패닉, 아시아계 미국인 여성의 노동이 백인 여성의 삶의 질을 높였다는 말이다. 워라밸을 이야기할 때, 수단이 있었던 많은 백인 여성들의 삶의 조화는 유색인 여성들의 노동으로 인해 성취됐다는 사실을 확실히 짚고 넘어가야 한다." 일하는 흑인 여성의 28퍼센트가 돌봄노동 업계에서 일하고 있으며 이 분야는 이 나라에서 가장 임금이 낮은 분야다. "여성 정책 리서치 인스티튜트에 따르면 이 분야의 직종에는 유급 병가 같은 혜택이 없다." 그녀는 지적한다. 우리는 "엄마란 세상에서 가장 고귀한 직업" 운운하면서 가끔씩 감정노동에 대해 립서비스를 해주지만 엄마가 직장에 다닐 때 그 일을 대신하는 사람들에게는 어떻게든 돈을 지불하지 않으려 한다. 돌봄노동에 대한 낮은 가치 평가가 이 나라의 구조적 인종주의를 어떻게 반영하는지에 대해서는 더 많은 논의가 필요하지만 감정노동에 대한 우리의 문화적 태도만큼은 단적으로 드러낸다.

워킹맘이 무임승차권을 받는다거나 더 쉽게 산다는 이야기는 아니다. 워킹맘이 아웃소싱을 하지 않거나 못하는 감정노동은 여전히 어마어마하게 많고 나머지 감정노동은 퇴근해 집에 왔을 때 그들에게 고스란히 떨어진다. 대체로 감정노동은 바깥에서 일을 한다고 해서 유예되거나 취소되지 않는다. 그저 우리가 언젠가 할 때만을 기다리고 있다. 집에 올 때까지 "기다려주지" 못하는 경우가 더 많다. 아이와 남편 관련 일들은 언제 갑자기 튀어나올지 모르기에 언제나 대기 중이어야 한다. 모든 디테일을 머릿속에 넣어두어야 하고 언제 어느 순간이라도 감정노동을 할 준비 태세를 갖추고 있어야 한다. 직업을 위해 더 발전하고 노력해야 할 때도 이 감정노동은 우리의 일을 방해하고 정신적 용량을 차지한다. 워킹맘은 완벽해야 한다는 압박도 강하고 전업맘과 마찬가지로 죄책감을 느낀다. 어쩌면 집에서 "모든 일을 할" 시간이 없기 때문에 더욱 강하게 느낄지도 모른다. 워킹맘은 적어도 직장에서는 감정노동에서 벗어나 휴식을 취할 수 있으나 그렇다고 그들 쪽 잔디가 더 푸른 건 아니다.

집 밖에서 일하는 여성들은 이 사실을 너무도 잘 알고 있다. 2012년 국제학술지 《건강과 사회적 행동》에 발표된 논문에 따르면,[5] 풀타임 직장맘들은 파트타임 맘이나 전업맘보다는 스트레스를 덜 받는다. 그러나 진정한 불평등은 따로 있다. 전일제로 직장에 다니면 하루 종일 집에 있으면서 겪게 되는 감정노동의 일부는 덜어낼 수 있다. 집에서의 감정노동이 가장 심할 수가 있기 때문이다. 그러나 직장에 다니는 남자의 경우에는 그림이 완전히 달라진다. 논문에 따르면 남자들은 집에서 훨씬 더 행복한 반면, 여성들은 직장에서 더 행복하다고 느낀다. 두 가지 이유를 추측해볼 수 있다. 남자들은 집안의 가장이 되어야 한다는 기대를 받기 때문에 직장에서의 이해관계나 일에 대한 집중도가 더 높을 수 있다. 그들에게 가정은 안식처가 되는데 집에서 딱히 많

남자들은 항상 나를 잔소리하게 만든다

은 감정노동을 하고 있지 않기 때문이다. 그러나 여성이 퇴근하면 더 많은 일, 부부 관계에서와 가족 안에서의 감정노동이 기다리고 있다. 여성들이 일터에서 스트레스를 받지 않는다는 뜻이 아니다. 감정노동 때문에 집에서도 쉬지 못한다는 말이다.

이에 더해 이 사회는 어느 누구도 남성들에게 "다 가질 수 있는지" 묻지 않지만 수백 개의 칼럼과 기사는 여성들에게 이 질문을 한다. 이 질문은 어려운 진실을 시사한다. 감정노동뿐 아니라 우리가 인생에서 "모든 걸 갖고 있는지"에 대한 질문이기 때문이다. 우리 집은 보통 정도는 되는가? 우리 아이들은 충분히 행복한가? 우리 부부는 서로 사랑하는가? 우리의 잠재력을 최대치로 끌어내 살아야 한다는 기대 속에서 우리는 이상적인 직장인이자 이상적인 엄마이자 이상적인 아내가 되고자 한다. 어떻게든 힘을 쥐어짜 최고의 엄마, **훌륭**한 배우자, 일 잘하는 커리어 우먼이 되라는 외부의 압박을 느낀다. 그것이 우리를 상처 주고 짓누르고 지쳐 나가떨어지게 한다는 사실을 알면서도 그렇다.

에이미 로즈나우는 스타트업을 경영하고 있는 기업가다. 당연히 그 일은 그녀의 모든 시간과 에너지를 필요로 한다. 그녀의 스케줄은 엄격하고, 빠듯하고, 솔직히 말해 살인적이다. 매일 새벽 5시에 일어나 5분 동안 칼럼을 쓰고, 운동을 하고, 두 딸을 깨워 유모와 교대한 다음 정신없는 직장인의 하루를 시작한다. 그 하루란 스타트업에서 집중적인 업무이기도 하고(맞벌이 부모의 일정을 관리해주는 앱을 개발 중이다) 때로는 경제인 모임에서 오바마 대통령의 연설을 들으러 가는 일이기도 하다. 저녁 7시에 퇴근해 유모와 교대해 집에서의 두 번째 근무를 시작한다. 아이들과 놀고, 숙제를 확인하고, 낮에 못 다한 일을 한다. 그녀의 하루는 자정이 되어서야 끝난다. 이뿐만 아니라 가정 대소사 관련 대부분의 감정노동을 떠맡는데, 일요일에는 자신과 남편 두 사람의 2주치 일정을 미리 점검하고 계획한다. 가족의 일정을 관리하고 여행을 계획한다. 그 모든 공들, 때로는 동시에 공중에 떠 있는 공들이 떨어지지 않게 해야 한다. 두 딸의 학교생활과 과외학습 일정, 청구서 납부까지 모두 다 그녀가 관리한다. 그녀도 혼자 다 하기엔 버겁다는 것을 알고 있지만 다른 방법을 생각하지 못한다. 뇌 신경외과 의사인 남편은 더 장시간 근무하고 아내보다 조금 더 압박받는 일을 하지만 모든 감정노동은 아내에게 일임한다. 아이들을 학교에서 데려오고, 각종 문서를 처리하고, 학교, 캠프, 운동 일정을 관리하는 것은 그녀다. 카풀을 정하고, 식단을 짜고, 냉장고를 채워 넣고, 학부모 회의에 참석하고, 병원을 예약한다. 할 일 목록은 끝도 없다.

딸들이 엄마는 왜 그렇게 눈코 뜰 새 없이 일하냐고 물으면 아빠와 엄마가 열심히 일해야 재미있는 여행도 다니고 필요한 걸 갖고 원하는 걸 할 수 있다고 말한다. 한번은 첫째 딸이 이렇게 말했다고 한다. "엄마, 여행은 잠깐 동안만 즐겁지만 엄마는 너무나 오래 오래 일만 하잖아." 그럴 가치가 있을까? 로즈나우는 아직도 만족스러운 답을 찾지 못했다. 자신의 살인적인 스케줄을 보면서 "정신줄 놓기 일보 직전"이라고 말하긴 하지만 그래도 예전에 비하면 감정노동이 훨씬 줄었다고 생각한다. 10년 전 둘째 딸이 태어났을 때와 비교하면 지금의 생활은 균형과 조화 자체라고 말하고 싶을 정도다.

2008년 로즈나우가 투자회사의 COO로 일할 때 금융위기가 터졌다. C수트c-suite*(CEO/CFO 등 직함에 chief가 들어가는 고위 경영진)에 있으면서도 부모 역할은 언제나 그녀 몫이었다. 직무 스트레스가 최고조에 달했을 때 사생활은 매일 최저점을 찍었다. 다른 주에 사는 어머니가 암으로 입원 중이었고 간호가 필요했으며 그 일 또한 로즈나우가 책임져야 했다. 형제자매가 있었지만 장녀라 아픈 부모 또한 그녀의 책임이었다. 아무리 바쁜 전문직이어도 부모 병간호는 딸이 맡게 되는 경우가 많다. 연로한 부모 모시기든 육아든 무상 돌봄 서비스는 언제나 여성의 몫이다(둘 다 동시에 하기도 한다). 시간, 거리, 돌봄 조건에 관계없이 아들보다는 딸이 부모님의 노후를 보살핀다.[6] 어머니의 항암 치료와 가정 간호 기간 내내 로즈나우는 엑셀로 형제들의 교통편과 돌봄 가능 시간 스케줄을 만들었고, 진료 예약 등 모든 문제를 처리했다. 로즈나우는 회사에서 하루 종일 일한 후에 매주 한 번씩 비행기를 타고 어머니의 집에 가서 간호했다. 비상벨 설치? 로즈나우가 했다. 전문의 검진 예약? 그녀의 일이었다. 병원에서 어머니 손잡고 기다리기? 물론이다. 아직 어린 첫째를 키우고 둘째를 임신 중인 몸으로 감내해야 했던 이 모든 육체적·정신적 노동의 양은 물론이고 그녀가 감당해야 할 감정노동의 양은 헤아리기 어렵다. 둘째를 출산하고 얼마 후에 어머니가 돌아가셨고, 신생아와 아이를 데리고 장거리 여행을 가서 어머니의 장례식을 준비했다.

로즈나우는 2008년은 감정노동이라는 면에서 시련의 절정이었다고 회상한다. 지금도 정신없이 바쁘고 스트레스를 받지만 그래도 안정적인 생활에 감사한다고 말한다. 감정노동은 피할 수 없는 동시에 참을 수 없는 것으로 느껴진다. "내가 예전에 좋아했던 계획들, 여행지 검색 같은 것도 즐거움이 아니라 끝도 없는 할 일 목록으로 느껴지는 시점이 오더군요."[7] 그녀의 목록에는 아직 끝내지 못한 일이 수백 개나 더 있다(앱으로 모두 볼 수 있다). 남편이 도와주겠다고 하지만 뾰족한 대안은 없어 보인다. "남편에게 원격 탐사기가 있는 것도 아니니까요." 그녀는 씁쓸하게 웃는다.

로즈나우는 확실히 자기만의 원격 탐사 장치를 가까스로 개발한 것처럼 보이고 어쩔 수 없이 일을 그만둘 필요까지는 없어 보인다. 그녀의 남편은 하지 않아도 되는 선택이다. 어느 누구도 남편에게는 가정이나 조화로운 삶을 위해서 일을 희생하라고 요구하지 않는다. 그녀 또한 남편에게 자신이 지고 있는 부담을 덜어달라고 요구할 수도 없을 것 같다. 두 사람을 대표해 조화로운 생활을 찾아가는 것도 결국 그녀가 해야 하는 감정노동이다. 그녀 안에서 자꾸 들려오는 목소리가 있다. 일에서의 성공을 내려놓으면 감정노동을 조금 더 다루기 쉬워질까. 아마도 그럴 것이다. 그런데 왜 그렇게 해야 하나? 왜 이렇게 항상 묻는 사람은 나인가? 이렇게까지 할 필요가 있을까?

모두가 로즈나우처럼 빠듯한 일정을 소화하고 있지는 않지만 대부분의 여성들은 너무 많은 사람들을 돌보면서 정작 자신을 위한 시간을 낼 수 없다는 막막한 느낌을 가지고 산다. 모든 감정노동은 형태를 바꾸어가면서 대부분 여성의 어깨 위에만 떨어진다. 갓난아기 키우기가 되었든 연로한 부모 모시기든 여성들은 자동적으로 자기 직업은 뒤로하고 주변 사람들을 돌보아야 한다는 기대를 받는다. 그들을 평안하게 해주어야 한다. 행복하게 해주어야 한다. 다른 사람들의 필요를 우선시해야 한다. 여성이 감정노동을 통한 보살핌을 제공해야 한다는 이 사회의 편견을 생각하면 로즈나우가 직업적으로 밀려나고 싶지 않은 것도 놀랍지 않다. 그녀 또한 일을 줄이다 옵팅아웃opting out*(미국의 고학력 고연봉 여성들이 가정과 육아를 위해 직장에 사표 내고 전업주부가 되던 트렌드에서 발생한 용어. 원래 스포츠 용어로 선수 스스로 선택하여 팀을 나가는 것을 의미한다)을 하고 결국 이 세계로 돌아오지 못한 숱한 여성들을 보아왔을 것이다.

경력 단절 여성들의 일터 재진입, 적어도 동일한 수준의 일자리로 돌아가기의 어려움은 2013년 주디스 워너의《뉴욕 타임스》칼럼 〈옵트아웃 세대는 다시 일을 찾고 있다〉[8]를 통해 크게 회자되었다. 그 기사는 육아를 위해 전업맘을 택했던 고학력 고연봉 여성들이 몇 년 후에 그런 선택의 결과 때문에 힘들어하는 예를 담았다. 남부러운 직장을 그만두고 집으로 돌아갔던 여성들은 이혼을 하거나 꿈의 직업이 그들을 기다리고 있지 않다는 사실을 깨달았지만 다시 예전의 직종으로 돌아갈 수는 없었다. 시간 여유를 찾기 위해 유연근무제를 택하거나 가족과 더 많은 시간을 보내기 위해 일에서 물러났던 여성들은 경력 단절이라는 뼈아픈 대가를 치러야 했다. 내가 육아 휴직을 받지 못해 그만둘 수밖에 없었던 점원 같은 일을 하는 여성들에게는 유연근무라는 선택권도 없다. 여성들에게 일을 그만두는 건 선택이 아니지만 감정노동에서 벗어나는 것도 실행 가능해 보이지 않는다. 누군가는 그 일을 해야 하고 당연한 것처럼 여성에게 떨어진다. 어떤 일을 하건, 경력을 쌓는 데 총력을 기울이건, 가정을 위해 희생하건, 모두 감정노동과 관련하여 같은 딜레마에 빠져 있다. 유예를 용납하지 않는, 이 보이지도 않지만 에너지를 모두 소진시키는 일을 해내라는 요구를 받고 있다. 우리의 시간, 정신적 용량, 감정적 에너지를 끝도 없이 요구한다. 우리는 이 일을 웃으면서 해내야 한다. 여자들이 "원래" 그런 일을 잘한다고 말하니까. 하지만 어떤 일을 원래 잘하는 사람은 거의 없다. 감정노동이 우리 품에 떨어진 이유는 수 세기 동안 어느 누구도 이의를 제기하지 않고 면면히 이어진 사회적 관습 때문이다. 그 관습은 전업맘, 워킹맘 모두에게 상처를 준다. 여성만 해치는 것이 아니라 우리 모두를 해친다.

여자들이 원래 이런 건 잘하잖아?

이 사회에서 감정노동이 여성의 영역이라는 인식은 너무 깊숙이 박혀 있어 돌봄노동을 하길 원하는 남성에게도 어려운 상황을 만든다. 베티 프리단이 《두 번째 단계》에서 이미 지적했던 문제로 남성들 또한 자신들만의 "남성성의 신화"의 오류를 깨닫고 여성들이 누리는 더 온전하고 풍요로운 삶을 갈망하지만 가정이나 육아의 영역에서 자기 자리를 찾기 힘들다. "진정한 자리바꿈이 일어나기 위해서는 가정과 집은 '여성의 세계', 일(정치와 전쟁)은 '남성의 세계'라는 관념 사이에 그어진 확고부동한 경계선부터 지워야 한다."[9] 이 주장이 나온 지도 거의 40여 년이지만 우리는 아직도 이 경계선을 흐리지 못하고 서로를 받아들이지 못한다. 여성들을 반드시 감정노동을 해야 한다는 기대에 묶어놓을 뿐만 아니라 남성들이 집에서 할 수 있는 (해야 하는) 역할도 무시하면서 이 논의에 끼어들 수 있는 기회까지 봉쇄한다.

전업 아빠이자 영국의 블로거인 존 애덤스는 가사노동과 정신노동을 여성의 문제로만 취급하는 것 또한 평등을 위한 노력을 교착 상태로 머물게 한다고 주장한다. 《텔레그래프》에 쓴 〈'정신적 부담'은 진짜다. 하지만 여성들만 느낀다고 말하는 페미니스트는 틀렸다〉라는 글에서 전업주부로서 겪는 정신적 부담을 설명하고 이 문제가 페미니스트의 문제라기보다는 돌봄노동의 문제라고 말한다.[10] 그는 자신의 가정에서 교복 주문하기, 아이 친구 생일 선물 사기, 친지들에게 이메일 보내기, 일정 관리 등 보이지 않는 노동을 모두 하고 있다. 현실에선 자신과 같은 남성들이 점점 늘어나고 있는데도 그 역할을 무시하면서 이것은 여성의 일이라는 논점만 강화하고 주 양육자가 되고자 하는 남성들에게 높은 진입 장벽을 만든다는 것이다. 애덤스 같은 특별한 사람(아웃라이어)을 감정노동에 대한 논의에서 제외하는 건 옳지 않다고 보지만 먼저 그가 아웃라이어라는 점을 짚고 넘어갈 필요가 있다. 남성들이 기존의 남성성 강조 모델에서 벗어나 어른이 되어 처음부터 감정노동을 어떻게 수행해야 하는지 배우기까지는 큰 용기와 열린 마음이 필요하다. 이 사회는 남성에게 그 역할을 적극 권장하지 않고 전통을 거스르려는 사람에게 큰 점수를 주지도 않는다. 애덤스는 자신이 하는 모든 감정노동이 보이지 않는다는 점에 불편해한다. 당연히 그럴 수 있다. 그가 하는 일은 분명 힘들고 평가절하되며 그 사실을 인정하지 않는 사회는 우리 모두를 속상하게 한다. 이 문제는 개인적인 문제가 아니라 정치적인 문제이기도 하다. "영국의 선거 기간에 육아 정책을 들고 나오는 정치가들도 모두 이 문제를 여성의 문제로만 포장한다." 애덤스는 말한다. "육아는 가족 모두에게 지대한 영향을 미치는 중요한 이슈다."[11] 하지만 이 문제를 오직 여성에게만 영향을 미치는 문제로 한정하면 정치적으로는 무시하기가 더 쉬워지고 남성들은 이 논의에 참여하지 않는다. 모두에게 나쁜 소식

남자들은 항상 나를 잔소리하게 만든다

인 것이다. 감정노동을 보는 관점 안에 존재하는 내재적·문화적 성차별은 여성에게 더 눈에 보이는 방식으로 피해를 입힌다. 특히 정책을 논의할 때 그렇다. 저렴한 공공 보육 정책이 시행되지 않을 경우 비용을 몸으로 때우기 위해 감정노동을 떠맡는 사람은 대부분 엄마들이다. 하지만 남자들도 감정노동을 경시하는 문화로 인해 살기가 힘들어진다는 걸 알아야 한다. 여성들은 완벽해야 한다는 부담에 시달리고 감정노동을 극단까지 밀어붙이는 한편, 남자들은 자기 자신을 일에 쏟아 부어야 한다는 압박에 시달리면서 다른 영역에서 자신의 잠재력을 발견하지 못한다.

앤-마리 슬로터는 《슈퍼우먼은 없다》라는 책에서 정책의 문제를 다루며 남성들을(그리고 여성들을) 돕기 위해 남성 운동 단체들이 나서야 모두가 행복한 평등을 이룰 수 있다고 말한다. 남성들이 아직 진출하지 않은 미개척지가 있다는 주장이 낯설게 들릴지도 모르지만 "남성들이 아직 정복하지 않은 가장 큰 세계는 다른 사람을 돌보는 세계"라고 말한다.[12]

노르웨이에서 동성 파트너와 살고 있는 빈센트 앰보는 감정노동이 언제나 이성애 중심적 문제가 아니라는 애덤스의 주장에 동의한다. 그와 남자 친구는 둘 다 소프트웨어 엔지니어로 일하지만 그들의 관계에서 감정노동을 책임지는 사람은 앰보다. 자신이 더 깔끔하고 정리정돈을 잘하기 때문에 그 역할을 맡게 되었지만 힘든 점이 많다고 토로한다. 그의 파트너는 많은 이성애자 남자들이 파트너와 결합했을 때 느끼는 학습된 무력감에 빠지는 편이라고 한다.

"파트너도 집안일을 하지만 자기에게 필요하고 지금 당장 꼭 해야만 하는 일을 하는 편이죠." 앰보는 말한다. "이를테면 식기 세척기를 다 돌린 다음에 컵이 필요하고 거치대에 없으면 세척기에서 자기가 사용할 컵만 빼서 쓰고 나머지를 정리하지 않죠." 물론 앰보가 세척기를 비워달라고 말하면 해준다. 하지만 언제나 부탁하는 쪽은 앰보다. 앰보는 이것이 둘 사이의 성향 차이라고 이해했지만 어쩌면 그보다 더 깊은 무언가가 깔려 있을지도 모른다고 생각한다.

가정 안의 감정노동이 이성애 중심의 문제가 아니라는 그의 견해는 트리시 벤딕스Trish Bendix가 《하퍼스 바자》 기고문에서 쓴 여성 동성애 관계에서의 감정노동에서도 나타난다. "전형적인 젠더 역할을 거부하는 동성이나 비전통적인 커플도 쉽게 전통적인 역할에 빠질 수 있다."[13] 벤딕스는 쓴다. "우리 또한 관계가 어떻게 작동하는지를 명령하는 가부장적·이성애 중심적 사회에서 살고 있고, 둘 다 여성이라고 해서 혹은 둘 다 남성이라고 해서 이 문제가 사라지지는 않는다. 다른 형태로 가부장제의 모습이 드러나기도 한다." 벤딕스가 느낀 가사 분담에 대한 불만은 내가 이성애 관계에서 설명한 방식과 상당히 비슷했다. "내 책상 위에 식당 영수증이나 껌종이를 아무데다 놔두는, 그리고 다시 집에 왔을 때 그 쓰레기들이 어떻게 마법처럼 사라졌는지 묻지 않는 여자 친구에게 종종 화가 난다. 그녀가 언제나 우리는

'내가 원하는 것을 한다'고 주장할 때도 그렇다. 사실 내가 모든 계획을 세우고, 그 계획은 나 없이는 존재하지 않기 때문인데 말이다." 확실히 어떤 관계에서나 감정노동의 불균형이 일어나는 것 같다. 그러나 흥미로운 건 동성 커플들은 감정노동에 대한 나의 《하퍼스 바자》 기고문에 감정이입하는 편이고, 이성애자 커플은 그렇지 않은 경우가 많다는 점이다. 전반적으로 동성 커플들은 내 글이나 벤딕스의 글을 읽고 대화를 하고 변화를 모색하거나 이미 이런 대화를 해본 경험이 있었다. 많은 논문에서 동성 커플이나 비관행적 젠더 커플들은 가부장적 관습을 당연하게 받아들이는 이성애자 커플보다 더 쉽게 감정노동을 나누는 경우가 많다.[14] 어쩌면 동성이나 비관행적 젠더 커플은 이미 많은 젠더 관념에 도전해왔기에 가정 안에서의 역할을 재고하는 일 정도는 그리 어렵지 않을지 모른다. 한 사람이 모든 감정노동을 감당해야 한다고 말하는 젠더 역할에 무조건 순응하지 않고 정체성의 위기 없이 불균형을 조정할 수 있다.

첫 인터뷰 후에 앰보와 다시 만났을 때 앰보에게 감정노동의 재배분은 여러 차례 시행착오를 겪은 나와 달리 훨씬 순조롭게 이루어지고 있었다. 이성애적 관계를 괴롭히는 젠더적 편견과 싸울 필요가 없기 때문에 감정노동의 재조정이 더 수월하다. 아무도 앰보가 집 정리를 원래 더 잘한다거나 파트너 대신 초대장 쓰는 일을 더 잘한다고 판단하지 않는다. 그들은 모래를 덮고 처음부터 다시 평등한 상태에서 시작할 수 있다.

이성애 커플에게는 젠더적 편견이 고정되어 있기에 사회학자들이 '지연된 혁명'이라 부르는 현상이 일어난다. 일하는 여성도 주변 모두를 챙겨야 하는 이유는 감정노동이 여성의 타고난 본성이라는 잘못된 가정 때문이다. 가정의 주 수입원이 누구이건 가정과 자녀를 돌보는 남자는 일반적이지 않고 예외적이다. 우리는 돌봄노동을 하는 남성을 "당연하게" 보지 않는다. 치마만다 응고지 아디치에는 《우리는 모두 페미니스트가 되어야 합니다》에서 이렇게 말한다. "젠더의 문제는 우리를 있는 그대로 보지 않고 되어야 할 모습을 미리 규정하는 데 있습니다."[15] 사회생활에서는 남녀의 비율이 50 대 50이 되어가고 있기 때문에 감정노동에서의 이런 젠더적 불균형은 이전보다 더 확연하게 드러난다. 명확히 이성애 중심적 문제가 아니지만 가부장적인 문제이며, 이제 그 과거의 생각을 내려놓아야 한다. 누가 감정노동을 해야 하는가? 우리 모두다. 감정노동을 개개인의 방식 안에서, 각자의 타고난 강점에 맞춰 바꾸는 것은 진정하고 온전한 자아로 가는 문을 활짝 여는 일이다. 남성과 여성은 같은 문화에서 자랐으나 다른 역할이 새겨져 있고 이 두 역할 모두 우리가 인간으로서 누릴 자격이 있는 풍요로운 삶을 누리지 못하게 한다. 우리 모두의 발전에 도움이 안 되는 이 역할은 버려야 한다. 현재의 젠더 역할은 우리의 관계뿐만 아니라 삶을 경험하는 방식에도 해로운 영향을 끼친다는 사실을 알아야 한다.

7.
회사에서도
상냥한 역할은 사양합니다

수술실 간호사인 케이틀린 매브라키스는 감정노동의 고충을 너무나도 잘 알고 있다. 그녀는 간호사라는 직업이 의사들이 요구하는 일정과 환자들이 요구하는 배려라는 서로 상충되는 상황에서 "끊임없이 판단하고 조율하는 행동"이라고 묘사한다. 환자가 "신세 한탄"을 시작하면 급격히 피곤해지는데 빠듯한 스케줄에 맞추지 않으면 상사에게 질책을 받게 되리라는 사실을 알기 때문이다. "연민을 갖고 관심 있게 들어주는 사람이 되고도 싶지만 그럴 시간이 없어요." 그녀는 말한다. 분초를 다투는 일과를 소화하면서도 환자들에게 감정노동을 수행하지 않으면 바로 불만이 접수될 수 있다. 환자는 따스한 미소, 집이 아니지만 집에 와 있는 느낌을 원하고 그것을 얻지 못하면 분통을 터뜨린다. 그녀의 성격은 하나의 상품이 된다. 환자는 자신이 간호사를 어떻

남자들은 항상 나를 잔소리하게 만든다

게 대하는지는 상관없이 간호사의 밝고 환한 웃음이 당연히 받아야 할 권리라고 생각한다.

그녀가 묘사한 간호사의 감정노동은 혹실드가 관찰했던 승무원의 내면 행위deep acting와도 비슷한 면이 있지만 강도가 더 높을 수 있다. 환자들을 대할 때만 감정노동의 요구가 높은 것이 아니라 상사들과의 관계에서도 그렇다. 간호사들은 일상적으로 무시와 비하의 말을 듣고 냉담한 전문의와 의사들의 만만한 펀칭백이 되곤 한다. 전에 근무했던 병원의 의사는 시시때때로 고함을 질렀고 형편없는 간호사라고 말했다. 그런 말들은 업무의 일부이자 생활처럼 여겨진다. 인격모독적인 말을 들으면 순간 눈물이 핑 돌지만 울 수도 없다. 질책을 받을 때는 꾹 참아야 하고, 그 말을 듣고 환자들을 보러 가서도 꾹 참아야 한다. 그 일은 자연스러운 감정 표현을 허락하지 않는다. "내 기분이 바닥인데도 다른 사람의 기분이 괜찮은지부터 살펴야 하죠." 매브라키스는 말한다.

한번은 불결한 주삿바늘에 찔렸던 적이 있었다. 투석 간호사로 일하고 있을 때였다. 한 환자가 부주의하게 움직이는 바람에 그 환자에게 사용되었던 주삿바늘에 찔렸다. 당시 그 병동은 HIV 바이러스를 비롯해 전염병 환자들이 많은 곳이었다. 그 순간 그녀는 에이즈 바이러스가 침투했을지도 모른다는 상상을 할 수밖에 없었다. 앞으로 아이를 가질 수도 없고 결혼생활도 끝장날 것이고 죽을 수도 있었다. 주삿바늘 하나가 그녀의 삶을 완전히 망가뜨릴 수도 있었지만 바로 병실에서 나가서 마음을 추스르고 확인해볼 자유가 주어지지 않았다. 위기 상황에서도 자신의 욕구보다는 일을 우선해야 했다. 그 일이 일어난 후에 환자의 얼굴에 떠오른 표정을 절대 잊을 수 없다고 했다. 미안해하기는 커녕 어이없다는 표정이었다. "이런 얼굴이었죠. '별일도 아닌데 왜 유난이지? 넘어가요!' 난 내 인생이 끝날지도 모른다고 생각하면서도 울지 않으려고 안간힘을 썼죠." 그녀는 아무 일도 없었던 것처럼 그 환자를 네 시간이나 더 돌보았다. 대화를 재미있게 이끌어가려고 노력했다. 미소도 잊지 않았다. 그리고 병실 정리를 하고 돌아와 30분 동안 서류 작업을 한 후에야 그 주삿바늘에서 병균이 옮지는 않았는지 확인하는 검사를 할 수 있었다. 교대근무가 끝난 후에야, 자신의 차에 들어와 문을 잠근 후에야 비로소 그동안 쌓였던 두려움, 불안, 눈물을 쏟아낼 수 있었다.[1]

매브라키스는 당시에는 남편도 자신을 잘 이해해주지 못했기에 가끔은 남편에게 힘들다고 토로했지만 보통은 집에 와서 저녁을 먹고 바로 침대에 쓰러졌다고 한다. 자면서도 특별히 속 썩이거나 신경 쓰이는 환자들에 대한 꿈을 꿨고, 충분히 환자들을 도왔는지 걱정하곤 했다. "정신적, 감정적으로 완전히 고갈되었죠." 감정이 회복될 여유를 찾기 힘들었고 퇴근해도 일이 끝난 것 같지 않았다.

감정노동의 최전선

앨리 러셀 혹실드는 승무원을 통해 상품 교환 가치로서의 감정노동이라는 용어를 만들면서 일이 미치는 영향뿐만 아니라 애초에 왜 이 일이 존재하게 되었는지도 살펴보았다. 물론 좋은 고객 서비스는 항공산업의 수익 모델에 중요하지만 그녀가 목격한 바에 따르면 감정노동은 친절한 고객 응대에 그치지 않고 사적인 영역까지 침투했다. 승무원이 제공하는 감정노동은 집 같은 공간을 만드는 것이었다. 마치 디너파티를 연 주인처럼 온화하고도 안전한 분위기를 조성해 고객들이 비행기를 탈 때 느끼는 불안감을 완화해주어야 한다. 본래의 자아는 깊숙이 밀어넣고 승무원이라는 페르소나를 입는다. 언제나 친절하고 언제나 여성적인 분위기를 유지해 위험하다거나 불편하다는 생각에서 멀어지게 한다.

이 일은 난이도 높은 노동이며 개인적인 피해도 생길 수 있다. 승무원은 현실 세계에서 화를 내야 할 때도 미소 짓고 몸에 밴 친절함을 버리지 못할 수도 있다. 승객들로부터 수시로 날아오는 비인간적인 대우를 견디면서 한결같이 평온하고 차분한 태도를 유지해야 한다. 하지만 이 직종에 있는 대부분은 훌륭한 감정노동자다. 여성들로서 그들은 오래전부터 감정노동에 통달했기 때문이다. 집에서도, 집 바깥에서도 감정노동을 수행해왔다. 그 직업은 언제나 주변 사람들을 위해 편안한 공간을 조성해야 한다는 사회적 기대의 과장된 형태일 뿐이다. 여성들은 평생 동안 그 일을 훈련해왔고 다른 사람을 기쁘게 하기 위해 자신을 희생해왔기에 때로는 감정노동이 무겁게 부과되는 일도 잘 소화해낸다.

혹실드가 논문을 집필하던 시기에 여성 승무원은 전체 승무원의 86퍼센트에 달했다. 2014년에 이 숫자는 조금 달라졌지만 조만간 남녀 동수가 될 가능성은 없어 보인다. 30여 년이 흘렀으나 여전히 전체 승무원의 75퍼센트가 여성이다.[2] 승무원뿐만 아니라 전반적인 서비스 직종에서 같은 경향이 나타나고 있고, 특히 그 서비스 직종이 높은 수준의 돌봄과 감정노동을 수반할 때는 더욱 그렇다. 인종이라는 렌즈로 이 직종을 바라보면 그 현상은 더욱 두드러지며 유색 인종은 감정노동 집약적인 업계에서 매우 높은 비율을 차지한다.

고객 응대라는 형태의 감정노동을 요구하는 서비스 업계 직업이 특히 여성에게 정신적, 육체적으로 힘든 이유는 이 상호 관계가 권력의 불평등을 야기하기 때문이다. 혹실드는 논문에서 여자 승무원과 남자 승무원 사이의 확연한 차이를 지적한다. 서비스 업계에서 남녀 모두 감정노동을 수행하지만 사람들이 젠더에 갖는 기대에 따라 감정노동 또한 다르게 작동한다. "여성들은 분노와 공격성을 참는 법을 훈련하여 고객들에게 '순한 모습'을 보인다. 남성들은 규칙을 어기는 사람에게는 강하게 나가도 된다는 암묵적 약속 안에서 두려움과 연약함을 이겨내는 훈련을 한

남자들은 항상 나를 잔소리하게 만든다

다.[3] 남성들은 여성들과 다르게 권위 유지하기를 연습하고, 여성들은 공손한 태도를 연습한다. 이런 면에서 고객들은 여성 승무원을 더 함부로 대하고 여성들이 요구하는 규칙을 지키지 않는데 여성을 권위 있는 인물로 인식하거나 존중하지 않기 때문이다. 서비스 직종의 남성들이 더 많은 권위를 행사한다. 그들은 같은 업계의 여직원들과는 다르게 고객들의 말을 들어주고 잡담을 나누고 농담하고 불만을 접수하지 않아도 된다. 그 일은 분명 채용 시 업무 요건에 포함되는데도 불구하고 감정적인 업무는 요구되지도, 맡겨지는 경우도 적다. 우리는 안정을 원할 때 여성을 찾는다. 그들이 감정에 관련된 일을 사람들의 기대만큼 능숙하게 수행해왔기 때문이다. 감정노동에 관해서라면 여성은 언제나 최전선에 있다.

"내가 성 노동 업계에 끌려 스트리퍼가 된 이유 중 하나는 다른 서비스 업계보다는 자율권이 있기 때문이었죠."[4] 성 노동자로 일했던 작가 멜리사 페트로가 나에게 말했다. 페트로는 성 노동자들을 취재하면서 그런 이유로 일을 시작한 사람이 많다는 걸 알았다. 성 노동을 택하는 여성들이 구할 수 있는 다른 직종인 웨이트리스나 소매점 점원 같은 서비스 업계는 요구 조건이 까다롭다. 비탄력적 근무 시간과 저임금에 감정노동까지 해야 한다. "상사부터 고객까지 모든 사람에게 감정노동을 해야 하죠." 그녀가 말한다. 거부 의사를 표시했다간 해고될 각오를 해야 한다. "성 노동자들은 그 일을 할 가치가 있는지 결정할 수 있죠. 너무 많은 걸 바라는 고객이 있다면 그 고객을 받지 않으면 되죠. 다른 직업에서는 그런 선택권이 없어요."

페트로는 어느 만큼의 감정노동이 과한지 아닌지를 결정할 수 있는 입장이긴 했지만 성 노동에 돈을 지불하는 남자들은 의식하지 않을지 몰라도 성 노동은 기본적으로 감정노동에 기초한다고 말한다. 성을 사는 남자들은 그 여성의 시간과 감정노동을 소유할 자격이 있다고 느끼는데, 그 정도가 심할 때면 마치 오럴섹스를 보너스로 해주는 전문 상담사와의 약속을 잡았다고 착각하는 것 같기도 하다. 대부분의 일이 헤어진 여자 친구를 험담하는 남자 고객의 말에 고개를 끄덕이고 공감해주는 일이라고 한다. "춤은 좋아요. 그 부분은 내가 즐기니까요. 육체적인 면에서는 돈을 받지 않고 하는 섹스와 크게 다를 게 없죠. 정말 돈을 받아야 한다고 느끼는 이유는 감정노동 때문이에요."

성 노동이 감정노동에 기반하고 있다는 점을 고려하면 여자 성 노동자의 수요가 남자 성 노동자의 수요보다 훨씬 높은 것이 놀랍지 않은가? 내가 사는 네바다주에는 2013년 인가를 받은 여성 성매매업소가 열아홉 곳이나 되었지만 승인받은 남성 창부는 총 네 명이었다.[5] 남성 매춘의 수요가 적은 이유는 명확하진 않지만 페트로는 감정노동과 관련이 있을 수 있다고 생각한다(물론 여성은 돈을 지불하지 않아도 성에 접근하기가 더 쉽다는 것도 이유 중 하나다). 그리 허황된 가설은 아니다. 다른 사람을 위해 일상적으로 감정노동을 수행해야 하는 여성들로서는, 성 노동자에게서 감정노동을 요구하는 건 그리 내키지 않는 일이다.

하지만 맨서번츠ManServants라는 이름의 알선 업체는 다르게 생각한다. 로스앤젤레스에 위치한 이 업체는 성적인 서비스 제외, 다양한 고객 편의를 제공하는 준수한 외모의 매력적인 남자 하인들을 파견한다. 파견된 하인은 에스코트도 하고 청소도 하고 개인 비서도 되며 끔찍한 이별을 겪은 고객의 이야기를 정성껏 들어주기도 한다. 업체는 인성 검사를 통해 남성들을 선발해서 감성 지능을 높이고 고객들의 필요 사항을 챙기는 법을 교육한다. 즉 기본적으로 감정노동 수행이다. 《워싱턴 포스트》와의 인터뷰에서 맨서번츠의 공동 설립자인 달랄 카자는 여성들에게 감정노동으로부터 휴식을 주기 위한 서비스라고 설명한다. 대체로 일반 남성들이 했을 경우 판타지라고 할 수 있는 서비스를 제공한다. "여성들만 감당하는 정신적·감정적 노동이 확실하게 많기 때문에 맨서번츠 수요가 있을 거라고 생각했습니다." 카자는 말한다. "여성들은 듣자마자 왜 이 서비스가 끌리는지 이해하죠. 사실 이런 질문을 하는 건 항상 남자들이죠. '섹스를 빼도 괜찮다고요?'"[6]

하지만 이 환상은 우리 사회에서 여성이 실제로 겪는 감정노동의 부담을 덜어주는 데는 큰 도움이 되지 않는다. 여성들이 남성의 감정노동에 돈을 지불하는 것이 참신하게 보인다는 사실 자체가 이 사회가 얼마나 불평등한지 보여준다. 맨서번츠의 광고는 웃음을 유발하기 위해 만들어졌고 남성들이 너무도 진지하게 (턱시도를 입고) 여성을 위해 감정노동을 해주는 모습이 장난처럼 보인다.[7] 만약 남자에게 잘 보이기 위한 옷을 입고 음료를 가져다주거나 선반을 닦는 여성을 파견하는 우먼서번츠라는 회사의 광고가 나왔다면 전혀 우습지 않았을 것이다. 그 시나리오에는 권력의 전복도 없고, 반전도 없다. 여성은 무상으로 감정노동을 매일 제공하고 있기에 여성의 감정노동을 상품화하는 것은 전혀 참신하지 않고 "유머"도 없다.

맨서번츠는 예외로 치고, 대부분의 인력을 여성으로 구성하고 있지 않은 감정노동 직종은 희귀할 정도로 없다. 남자들의 감정노동 수행은 정상이 아니라 농담이나 예외가 된다. 그 일은 남성들의 정체성과 거리가 멀다. 더 나아가 남성들은 이 세상에 감정노동을 빚고 있지 않다. 그들의 시간과 감정적 에너지와 정신적 공간은 공용 자원으로 여겨진 적이 없고, 앞으로도 그럴 리없다. 하지만 여성에게는 감정노동을 당연한 듯 기대한다. 여성의 감정노동은 무상으로 제공되어야 하고, 여성은 공공의 선을 위해 이타적인 행동을 해야 한다. 그렇게 하면서 여성 노동자의 저임금을 정당화하고 집이나 일터에서의 감정노동은 여전히 보이지 않고 눈에 띄지 않고 보상도 없다. 우리는 이 일을 원해서 하고 있고 이 일에서 본능적으로 충족감을 얻어야 한다고 말한다. 여성성의 신화의 일부로 주입시킨다. 그러나 여성이 좋아야하는 이미지인 "여성성의 신화"는 우리의 현실을 모델로 하지 않았다. 이 사회가 우리에게 원하고 필요로 하는 모습을 모델로 해서 만들어졌다. 이 사회는 여성의 노동을 등에 업고 문명을 건설했고 이 노동의 무게가 우리를 짓누를 때는 못 본 척한다. 이것이 내가 말하는 차가운 현실이다.

그렇게 중요하면 돈이나 많이 주던가

나는 어마어마한 감정노동의 수행 장면들을 당연하게 보며 자랐다. 엄마는 30년 동안 보육교사로 일했다. 엄마는 내가 태어나기 전부터 보모로 일하다가 집을 가정 탁아소로 바꾸었고 지금까지도 그 일을 하고 있다. 엄마는 돌봄노동을 직업으로 삼아 운이 좋다고 생각하는데 그 일을 정말 좋아하기 때문이기도 하고 엄마의 전문성이 적지 않은 돈으로 치환되는 흔치 않은 분야이기 때문이기도 하다. 엄마는 북부 캘리포니아의 부촌에서 소수의 영유아만 전담하는 가정 어린이집을 운영하면서 1년에 7만 달러의 수입을 올린다. 물론 힘든 일이지만 보상이 적지 않기에 만족한다. 하지만 영유아 돌보미들이 모두 우리 엄마처럼 운이 좋은 편은 아니다. 영유아 돌보미의 평균 임금은 시간당 10달러로 엄마와 같은 가정 어린이집을 운영할 경우 그보다 더 적다.[8] 내가 직접 해보아서 잘 안다.

작가 경력을 시작하기 전에 나의 감정노동 능력을 활용해 엄마처럼 영유아 돌보미가 되어보려고 했다. 십대 때부터 엄마의 가정 어린이집에서 일했고 유아 교육 커리큘럼 짜기와 여러 명의 영유아를 돌보는 요령을 알고 있었다. 보육교사 자격증을 따고 가정 어린이집을 열어 내 아들을 돌보면서 네 명의 아이들을 돌보기도 했다. 그러나 1년도 안 되어 문을 닫고 말았는데, 수입이 너무 적고 일은 너무 고되었으며, 우리 아들이 자주 병치레를 하며 일이 더 늘어났기 때문이다. 아이 병원비가 내 벌이보다 많아져서 더는 유지할 수 없는 상태가 되었다.

평일에는 열 시간 넘게 일했고 네 명의 아이가 동시에 낮잠을 자지 않는 이상 휴식 시간은 없었다(그런 일은 거의, 거의 없다). 내가 돌봄노동자로서 활용한 전문적인 기술은 굉장히 수준 높고 다양했다. 나는 유아 교육 커리큘럼을 공부하고 놀이와 교육을 접목시켰다. 아직 말도 트이지 않은 유아들을 데리고 블록으로 색깔을 가르치고, 날씨를 관찰하며 과학 공부를 하고 치리오스를 이용해 숫자도 가르쳤다. 보육교사 자격증을 따기 위해 1년 동안 건강과 안전 교육을 받고 유아 발달에 관련된 여러 과목을 수강했다. 내가 맡은 아이들의 발달 사항을 파악해 요구에 맞춰주고 하루 계획표를 철저히 짜고 머리와 몸으로 해야 할 일을 항상 확인했다. 하지만 보육교사로 일주일에 50시간 이상을 일하고 손에 쥔 건 몇 백 달러였다. 최저임금보다 낮아 시간당 3달러를 번 주도 있었다. 풀타임으로 일하는 남편이 없었다면 내 아이들은커녕 내 입에도 풀칠하지 못했을 것이다.

임금이 가장 낮은 편에 속하고 여성 노동자들을 빈곤에서 벗어나지 못하게 하는 돌봄노동을 하는 사람이 보육교사만은 아니다. 감정노동과 돌봄노동을 요구하는 대부분의 직종, 혹은 가정관리에 관련된 업계(가사 도우미를 비롯한 서비스 노동자)의 대부분이 여성 노동자, 유색인종 노동자로 채워지고 임금이 무척 낮다. 우리 사회에서 가장 중요하다고 할 수 있는 일인 환자, 노인, 어린이 돌보기를 여성에게 맡기면서 그 노동의 가치를 낮게 보고 경쟁력 있는 임금을 책정하지 않는다. 일부 다른 국가들과는 매우 다른 양상이다. 2011년에 실시한 조사에 따르면 미국의 교사 월급은 27개국 중에서 22위였다.[9] 15년 이상 일한 교사들의 월급과 타 직종에 종사하는 대학 졸업자의 월급을 비교했는데 미국의 교사들은 엇비슷한 교육 수준과 경력을 가진 타 직종 종사자에 비해 평균 60퍼센트의 임금을 받는다. 많은 국가에서 교사 월급은 동일한 조건을 갖춘 대졸자와 비슷하다. 열정뿐만 아니라 전망 때문에 교사를 택하는 이들이 많다. 교사는 다른 돌봄 기반 노동과 마찬가지로 감정노동과 함께 경제적 희생까지 요구받는다.

감정노동에 관련된 노동이 경제 발전에 필수불가결하다는 것을 알면서도 왜 그렇게 낮은 값을 매길까? 이유는 간단하다. 돌봄노동은 여성의 일이고 언제나 그래왔으며 역사적으로 여성의 기여는 높이 평가되지 않았기 때문이다. 가정을 위해 일하는 여성에게 립서비스는 하지만(특히 엄마 됨을 이야기할 때) 그 감성을 돈으로 환산해주지는 않는다. 여성들은 집에서 그 일을 하듯이 이 사회에서도 돌봄이 요구되는 노동을 거의 다 담당하는데, 그 일은 필수불가결하지만 아무도 하지 않으려 하고 우리에게 별 다른 선택지가 없기 때문이기도 하다. 여성들은 자신의 뜻이라기보다는 대체로 경제적 필요에 의해서 반강제적으로 이 역할을 맡는다. 감정노동을 요구하는 직업이 여성에게 돌아가는 이유는 우리가 그 일을 더 잘해서가 아니라 다른 분야로 진입하는 게 어렵기 때문이다. 여성들도 다양한 분야에 진출했지만 그 분야에서 성공한 여성은 돌봄노동을 적은 돈을 받고 해줄 여성에게 넘긴다. 우리는 이 노동에 문화적 가치를 부여하지 않는다. 보육교사의 낮은 임금뿐만 아니라 고위 경영 분야에서 소위 여성적인 능력을 무시하는 방식으로 모든 분야에서 여성의 노동은 평가절하된다.

이 사회는 남성의 기술과 특성을 여성의 기술과 특성보다 항상 존중해왔다. 여성적인 특성을 가졌다고 여겨지는 직업들은 언제나 보수가 가장 낮은 편이었다. 남성들이 주로 종사하는 직업 중 감정노동과 상관없으나 보수가 적은 직업도 있다. 농장 노동자, 식료품 업계 직원, 도로 정비 노동자들은 이 나라에서 가장 보수가 낮은 남성들의 직업이다. 하지만 고소득 직종은 대체로 남성들이 장악하고 있다. 여성이 대다수인 업계나 많은 감정노동이 필요한 분야에서는 고소득 근처에도 가는 직업이 없다. 여성의 노동과 여성의 기술은 의식적으로 그리고 무의식적으로

열등하게 취급된다. 집에서도 일터에서도 문화 전반에서도 그렇다. 몇 년 전에 출간된 페미니스트 텍스트인 《린인》에서는 먼저 남성의 기준에 맞는 이상적인 직원이 되고 난 후 여성이 변화를 주도하는 분기점에 도달하기 위해 노력해야 한다고 주장한다. 그 일이 말처럼 쉽다면 참 좋겠지만 말이다. 여성의 감정노동은 최대한 요구하고 그 일에 수반되는 능력의 가치는 최소화하는 이 사회에서 그 분기점은 멀어만 보인다. 우리 증손자손녀 대에라도 오면 다행일 것이다. 이 사회는 모든 사람을 편안하고 행복하게 만드는 여성의 감정노동의 실용성만 볼 뿐 이 능력 자체에 관심이 없다. 이 일의 가치를 알아보지 못한다.

여자 교수들이 가장 많이 하는 일

브리아나 보프레Breanna Boppre 박사는 대학원 졸업 논문 주제를 젠더와 인종에 초점을 맞춘 교도소 개혁으로 정했을 때, 굉장히 어려운 작업이 되리란 걸 알았다. 그런 결정에는 그녀가 어린 시절 마약 관련 혐의로 오랜 기간 동안 복역했던 아버지의 영향이 컸다. 아버지에게 면회를 가면서 시대를 역행하는 교도소 시스템, 징벌적인 사법 체계와 갱생 프로그램 부족 등을 목격했다. 그러나 보프레는 더 세부적인 주제로 들어갔다. 수감 과정에서 인종, 계급, 젠더가 교차하는 지점, 간단히 말해 왜 흑인 여성들의 수감률이 불균형적으로 높은지를 연구하고 싶었다. 망가진 교도소 체계 안에서 갱생 프로그램을 지지하고 인종주의를 고발하는 건 험난한 투쟁이었기에 무척 까다로운 주제였지만 보프레 박사에게는 보람 있는 작업이었다. 자료 조사를 위해 만난 흑인 여성들은 그녀에게 영향을 미쳤고 자신이 하는 일이 중요하고 꼭 필요하다는 믿음을 강화해주었다. 반구조화 면접 기법 semistructured interview*(사전에 준비된 질문과 재량적 질문을 함께 사용하는 면담 방식)을 사용하여 오리건주 북서부에서 가석방되거나 보호관찰 중인 다양한 인종의 여성들을 만났다. 유색인과 백인 여성들의 이야기는 이 사회의 권력과 특권과 약자의 주변화가 그들을 얼마나 쉽게 범죄자로 만들었는지를 보여준다. 특히 인종과 젠더가 교차할 때 더 큰 영향을 받는다. 물론 개개인의 상황도 작용했지만 우리의 사회적 편견이 그들의 경험을 좌우했다. 그들의 삶은 딱 떨어지게 정리되지 않았지만 보프레의 관점을 넓혀주고 사법제도의 인종적 차별을 이해하고 설명할 수 있게 해주었다. 연구의 최종 목적은 징벌적 형벌 시스템이 여성과 그 가족에게 미치는 결과가 얼마나 큰지를 알리는 것이었다.

교차성 페미니즘이라는 렌즈로 인종과 젠더의 차별을 설명한 보프레의 연구는 새로운 지평을 열었지만 그녀의 바람보다는 늦게 알려졌는데, 그건 이쪽 분야 연구가 없어서라기보다는 발견이 되지 않았기 때문이다. "전통적으로 남성과 관련된 양적 조사를 더 중요하게 취급한다."[10] 보프레 박사는 말한다. 논문을 실은

남자들은 항상 나를 잔소리하게 만든다

저널은 생생한 경험과 다양한 관점이 아니라 비교 가능한 숫자를 원한다. 그녀 분야에서 필요한 건 질적 조사다. 이 사법 체계에서 유색인종 여성이 겪는 문제의 광범위하고 상호 연관된 관점은 덜 심각하고 덜 중요하게 여겨진다. 보프레 박사는 연구자로서도 지체되었는데 그녀의 질적 연구를 최상위의 학계 저널에서 받아주지 않았고 질적 연구법을 사용한 논문도 발표해주지 않았다. 연구 논문과 돌봄 기반의 참여 연구는 적어도 현재 남성들이 지배하는 학계에서는 인정받지 못했다.

그러나 전통적으로 여성적인(나는 감정노동 기반이라고 부르고 싶은) 주제를 정했기 때문에 보프레 박사가 학계에서 성공하기가 힘들었던 건 아니다. 학계는 기본적으로 보이스 클럽이었다. 남성이 압도적으로 많은 분야에서는 소수의 여성에게 감정노동을 요구한다. 박사 과정 초기에 남성 교수에게 반발했다가 학계에서 여성의 공손함이 얼마나 요구되는지를 아프게 깨닫기도 했다. 그 교수는 학기 내내 그녀에게 말을 붙이지 않았고, 말도 안 되는 낮은 학점을 주었다. 설상가상으로 그는 당시 학과장이었다. 그 전공 분야에 남아 있었다면 그녀가 한 명의 교수에게 감정노동을 제공하지 않았다는 이유로 앞날이 깜깜해질 수도 있었다.

1950년대 여성들과는 달리 현재는 "너는 이 일을 해선 안 돼" 같은 바리케이드는 없지만 전문직 여성의 일이 남성 동료에 의해 무시당하고 낮은 평가를 받는 경우는 흔하고 그 일을 가능하게 하는 미묘하고 악의적인 방법은 수없이 존재한다. 나이든 백인 남성이 종신 재직권의 운명을 쥐고 있는 학계에서는 여성들에게 불이익이 돌아가기 쉽다. 그들과의 관계에서 감정노동을 수행해야 하고 전공 공부보다 어르신들의 편안함이 중요하기 때문에 반대 의견도 내지 못하고 도전도 하지 못한다. 또한 연구를 방해하는 감정노동 집약적인 역할을 해야 한다. 보프레 박사에 따르면 여성 조교수에게 조직위원회를 맡기는 일이 흔하다고 한다. 그 일에 필요한 온갖 잡무를 하느라 연구 시간을 빼앗기고 종신 교수의 전망은 점점 미뤄질 수 있다. 여자 교수들이 가장 많이 하는 일은 무엇일까? 학생 상담이다. 수천 명의 학생들을 위해 돌봄노동을 해야 하는 건 대부분 여자 몫인데, 그 분야는 감정노동에 익숙한 사람이 해야 한다고 여겨지기 때문이다. 개인의 성과에는 도움이 되지 않지만 그 자리를 거부하는 건 불가능하거나 좋게 말해도 현명하지 못한 행동이다. 학계의 위계질서 안에서는 자신이 하고 싶은 일을 한다는 건 거의 불가능하다.

학계에만 이런 문제가 있는 건 아니다. 여성들이 직업적으로 눈부신 성공을 거두고 여러 분야에서 유리 천장을 깨고 있지만 전문직 업계의 문지기는 여전히 남성이 대다수다. 2014년 S&P 500기업의 간부급 여성은 14.2퍼센트에 불과했다. 최고위층에선 어떨까? 500명의 CEO 중에서 여성은 24명이었다. 위로 올라가지 못하는 게 문제가 아니라 그 근처에도 가지 못한다는 게 문

남자들은 항상 나를 잔소리하게 만든다

제다. 차근차근 승진의 사다리를 오르지 못하면 고위 간부직으로 승진할 수 있는 기회는 점점 멀어진다. 그렇게 되는 이유 중 하나는 그 분야에서도 남성들이 여성들에게 감정노동을 요구하기 때문이다. 여성은 전문성뿐만 아니라 전통적인 여성성이라는 다른 기준도 적용받는다. 여성은 직설적으로 말하지 못하고 주변 사람들의 정서를 해치지 않기 위해 돌려서 말한다. 자신들의 아이디어가 어떻게 들리는지 살피느라 시간과 에너지를 쓰지만 예의는 보답받지 못한다. 유독 여성들에게는 공동체 정신이 요구되고 착취되며 그 때문에 다음 유리 천장을 깨기 위해 필요한 일과 하고 싶은 일을 할 시간이 없다. 여성들은 남성 동료들과 상사들에게 동시에 호의를 얻어야 하고 어느 누구의 자존심도 다치게 해서는 안 된다. 우리에게는 너무나 친근한 감정노동이다. 요구를 할 때도 남성들의 반응을 고려해야 하고 목소리를 조절해야 한다. 사내의 중요한 결정이 "여성의 교묘한 계략"에 영향을 받았을지도 모른다는 합리적 의심을 피할 수 있어야 한다. 말과 행동에 힘이 있어야 하지만 "불쾌한"이라든가 "빽빽거리는"이란 딱지가 붙지 않으려면 여성스러움과 나긋나긋함도 갖춰야 한다.

1974년에 나온 법률 회사 비서들을 위한 매뉴얼은 여성에게 극심한 스트레스나 상사와의 불편한 관계 속에서도 늘 상냥해야 한다고 조언한다. "상사들은 빼어난 외모보다 상냥한 태도를 지닌 비서를 채용하려는 경향이 높다. 한 법조인은 이렇게 말한다. '내가 심통이 나 있고, 업무가 밀려 있고 모든 일이 엉망이 되었을 때도 내 옆에서 명랑함을 유지할 수 있는 비서를 원한다.'[11] 현재 직장에서 여성이 맡은 역할은 비서 역할과 상관이 없다 해도 퉁명스러운 남자들 앞에서도 상냥하고 '여성적'이어야 한다는 관점은 여전히 존재한다. 남자가 상사건 동료건 상관없다. 이 사회는 여성이라면 늘 평정심을 유지하고 남성들의 기분에 맞추어주어야 한다. 여성이라는 이유로 그런 태도를 강요받는다.

《감정노동》에서 혹실드는 남녀 모두 감정노동을 수행하지만 언제나 불균등한 지점이 있다고 말한다. "더 높은 지위에 있는 사람은 보상을 받는 것이 지당하다고 생각하고 그 안에는 감정적 보상도 포함된다. 자신의 생각을 밀어붙일 수 있는 수단도 더 많다. 여성의 공손한 행동, 즉 편안한 미소, 귀 기울여 듣는 자세, 호감 가는 웃음, 칭찬과 존경과 염려의 말은 정상 또는 평균으로 여겨진다. 이는 타고난 성향이라기보다는 낮은 지위의 사람이 윗사람과의 관계 속에서 길러지게 된 성격적 특성이다."[12] 남성의 관점에서 보면 여성의 감정노동은 당연하고 자연스럽다. 일부러 노력해서 하는 일이 아니다. 여성에게는 너무도 분명히 보이는 이 깊은 불평등을 남성은 감지하지 못한다. 여성들은 게임에서 밀려나지 않기 위해 리더의 자질과 공손한 존중의 완벽한 조화를 위해 고군분투하고 있다. 그 노력은 앞서서 하고 있기 때문에 남자들 눈에는 보이지 않는다.

그렇다고 남성 동료를 위한 감정노동의 수행을 거부하는 건 오늘날까지도 선택지에 없다. 자신의 행동과 말투가 주변 사람에게 미칠 영향을 신경 쓰지 않는 여성에게는 너무도 쉽게 "못된 년" 또는 "대장 노릇하는" 사람이라는 딱지가 붙는다. 비호감이라는 인상이 한 번 박히면 다시 회복하기 힘들다. 남성들이 당신과 일하고 싶지 않아 하면, 그들이 사무실에서 장악력을 갖고 있기 때문에, 당신은 그 일에 얼마나 적합한가와 상관없이 그 일에서 밀려난다. 승진하기 위해서 사람들에게 호감을 얻어야 하는 건 남녀 모두에게 해당하지만 공격적이거나 감정적으로 섬세하지 못한 사람이 "고압적"이라거나 "통제광"이라고 블랙리스트에 오르는 일은 거의 없다. 감정노동은 여성이 앞으로 나아가기 위한 필요악이지만 전문직 여성의 소중한 시간을 일이 아니라 주변 사람들의 기분을 맞추는 데 낭비하게 한다.

상냥해야 한다는 부담은 일의 세계에서 여성의 캐치-22*(이도 저도 하지 못하는 진퇴양난의 상황)다. 앞으로 나아가기 위해서는 주변의 호감을 얻어야 하지만 호감을 얻기 위한 노력에 치중하다가는 자신을 깎아내릴 수도 있고 경력 파괴까지 갈 수도 있다. 감정노동에 대한 기대 때문에 여성은 리더가 되어서도 힘을 행사하지 못하고 다른 사람들을 신경 쓰느라 일에 집중하지 못한다. 여성이 일에서 성공을 거두면 언제나 호감의 도마 위에 오른다. 셰릴 샌드버그는 《린인》에서 성차별에 바탕을 둔 호감이라는 기준을 직접 경험한 적이 있다고 말했다. "여성이 자기 분야에서 뛰어나면 남성과 여성 동료 모두 말한다. 그 여자는 많은 것을 성취했을지는 몰라도 '주변 사람들은 그녀를 좋아하지 않는다'고 한다. 혹은 '너무 드세다'거나 '독단적'이라거나 '정치적'이라거나 '뒤통수 친다'거나 '까탈스럽다'고 한다. 나 또한 이 모든 말을 한 번 이상 들었고 나의 선배 여성들도 들었다."[13] 성공한 여성은 보통 여성에게 요구되는 감정노동을 하지 않았고, 그러므로 이기적이거나 같이 일하기 힘든 사람일 것이라 가정한다. 직장생활에서도 여성에게는 높은 감정노동을 요구하면서 여성은 이기기 불가능한 위치, 적어도 비슷한 자질을 가진 남성들만큼은 존중받지 못하는 위치에 머물게 한다.

　모든 사람들을 행복하고 편안하게 하면서 최고의 자리까지 올라갈 수는 없다. 많은 여성들이 직업 세계에서 더 높이 올라가지 못하고 중간에서 지체되는 이유이기도 하다. 많은 자기계발서는 어떻게 가로대를 딛고 사다리를 타고 올라가는지 말해주지만 그 책의 방법론들도 모두 "남성들의" 기준에, 우리가 기준을 재정의할 때까지는 맞춰야 한다는 이야기로 통일된다. 그러나 여성들이 직장에서 요구받는 감정노동에 대처하는 법은 알려주지 않는다. 남성성이 금과옥조처럼 여겨지는 세상에서 충분히 노력하면 성공할 수 있다는 말은 들었지만 감정노동은 여전히 여성에게만 요구된다. 성공은 가능하다. 그러나 그것을 얻는 것이 이렇게까지 힘겨워야 하는가?

남자들은 항상 나를 잔소리하게 만든다

8.
리더가 되기엔
너무 감정적이라고?

1992년 빌 클린턴의 대선 캠페인 때 미국인들과 클린턴의 반대 진영이 또다시 물고 늘어진 이슈가 있었다. 클린턴의 아내다. 힐러리 클린턴은 남편 빌을 만나기 전에도 커리어우먼이었고 남편이 공직에 진출한 후에도 일을 놓지 않았다. 로펌에서 정력적으로 일하며 퍼스트레이디라는 관례적 역할보다는 직업에서의 성취를 좇았다. 격하게 흘렀던 대선 토론 중에 제리 브라운 캘리포니아 주지사가 토론 대부분의 시간 동안 빌이 힐러리의 회사에 준 특혜 의혹을 공격했다. 그러자 힐러리도 이번엔 참지 않았다. 진력이 난 것이다.

"내가 집에서 쿠키 굽고 차나 마셔야 한다고 생각하는 사람들이 많겠지만 나는 내 직업에서의 보람과 성공을 원했고 이 일은 남편이 주지사가 되기 전부터 해오던 일이다."[1]

남자들은 항상 나를 잔소리하게 만든다

맥락이 문제가 아니었다. 답이 틀렸다. 힐러리는 이후 몇 주 동안 자신의 말실수를 수습하느라, 자신의 진심을 해명하느라, 전업주부를 존중한다는 의사를 납득시키느라 진땀을 빼야 했다. 성난 미국인들은 《타임》에 분노의 편지를 보냈다. 뉴저지의 유권자인 준 코너톤의 편지에는 이런 문장이 들어 있었다. "빌 클린턴에게 한 표를 행사하면 어떨까 싶다가도 그 아내의 오만방자한 표정과 발언을 떠올리면 그 생각이 쏙 들어간다."[2] 끝나지 않는 대중의 원성에 힐러리가 결국 무릎을 꿇었을까? 그녀는 바버라 부시와 퍼스트레이디 후보 쿠키 굽기 대회에 참가하기로 했고, 이 행사는 잡지 《패밀리 서클》에 실렸다. 힐러리의 초콜릿칩 오트밀 쿠키가 대회의 승자가 되었고, 빌도 대통령 선거에서 승리했으나 그녀의 발언은 이후로도 영원히 박제되었다.

이 악명 높은 발언은 남편의 1992년 대선 캠페인 이후에도 힐러리 클린턴을 수년 동안이나 따라다니며 괴롭혔고, 2016년 그녀 본인이 대선에 출마했을 때도 《패밀리 서클》에 쿠키 레시피를 실어야 했다. 그 사이 대선 후보 아내들의 쿠키 굽기 대회는 전통이 되었다(이번에는 퍼스트레이디가 없었으므로 "클린턴 가족 레시피"로 소개했다). 수십여 년이 넘은 그녀의 정치 경력과 그녀의 성격은 미국인들을 여전히 심란하게 했다. 여자가 너무 야심 찼고 너무 당찼다. 자신이 원하는 바를 끝까지 밀어붙이는 그녀의 성향은 많은 사람들을 불편하게 했다. 그리고 이 불편함을 누그러뜨리기 위해 힐러리는 모든 감정노동을 쏟아부었건만 그 노력은 한 번도, 단 한 번도 충분하지 않았다.

정치는 여성에게는 매우 고난이도의 영역일 수밖에 없다. 여성은 리더 역할에 맞지 않다는 고정관념을 극복하면서도 여성성을 최대한 발휘해 유권자들을 편안하고 행복하게 해줘야 한다. 정치의 세계는 여러 면에서 인기 경쟁 같다. 정책만 앞세우고 호감을 등한시해서는 안 된다. 정치는 여전히 남성이 주도하는 세계이고 여성은 극히 소수이기 때문이다. 여성이 고위직으로 올라갈수록 더 많은 감정노동을 해야 한다. 2016년의 힐러리 클린턴처럼 여성으로서 최정상까지 올라가면 그 요구는 도저히 감당 불가할 정도로 커진다. 그 시점이 되면 가장 적절한 입장을 지키기 위해 어떤 감정노동을 할지 말지를 취사선택해야 한다. 다시 한번 생각해보자. 최고의 자리에 오르는 동시에 모든 사람을 행복하고 편안하게 해줄 수는 없다.

힐러리 클린턴이 대선 출마 선언을 했을 때부터 수많은 사람들이 미간을 찌푸리며 왈가왈부했다. 충분히 여성스럽지 않다("항상 단정하고 딱딱한 바지 정장만 입기 때문에 우리에게 옷 트집 잡을 기회조차 주지 않아!"). 차갑고, 계산적이고, 너무 목소리가 크다. "친근하지" 않다. 한편 2008년 뉴햄프셔 경선에서는 눈물 몇 방울을 흘렸다는 이유로 입방아에 올랐다. 69세 여성의 신체에 대한 기초 지식이 희박한 몇몇 정치 평론가들은 여성 특유의 호르몬 변화 때문에 평정심과 강인함을 갖춘 리더가 되기에는 부족하다고 평했다. 정리하자면 그녀는 편안함을 주기엔 너

남자들은 항상 나를 잔소리하게 만든다

무 남성적이었고, 미국의 대통령이 되기에는 너무 여성적이었다. 이 승산 없는 게임은 그녀의 정치적 역량은 딱 거기까지라고, 거기가 그녀가 올라갈 수 있는 최선이라고 말하고 있었다.

힐러리 클린턴이 걸어온 길을 돌아봐도 세간의 평은 언제나 감정노동 수행 능력에 전적으로 달려 있었다. 강하고 유능한 정치 지도자가 되기 위해 분투하면서도 상대 후보 누구보다도 온유하고 친근한 태도를 유지하기 위해, 말하자면 뻑뻑거리지 않기 위해 노력해야 했다. 클린턴은 대선 실패 후에 이렇게 인정하기도 했다. "어쩌면 차분해야 한다는 생각에 너무 집착한 건 아닌가 싶다. 언제나 하고 싶은 말을 꾹 참고, 주먹을 꽉 쥐면서, 항상 미소를 지으면서, 언제나 침착한 모습만 보이려 작정한 것이 오히려 역효과를 내진 않았을까."[3] 하지만 다른 선택권이 있었을까? 그녀와 경쟁했던 남성 후보들은 언론과 유권자들의 기대치에 응해야 한다는 의무감에 사로잡혀 매사 전전긍긍하지 않아도 되었다. 클린턴과 같은 링에 서 있는 남자 정치가들은 두 살짜리처럼 심통 부리고 고집을 피워도 아무 뒷말 없이 지나갈 수 있었다. 그러나 힐러리는 정치적 야심이 있었지만 다양한 방식으로 완급 조절을 해야 했다. 분노의 감정을 묻고, 명백한 성차별을 못 본 척했으며 상원 의원 초기 시절에는 남자 상원 의원들을 위해 커피 심부름까지 해야 했다.[4] 그녀를 지지하지 않는 이들도 그녀가 명백한 이중 잣대 앞에서 인간이 할 수 있는 최선의 노력으로 기대에 부응하려 했다는 점만은 부정할 수 없을 것이다.

남녀에게 거는 기대치가 너무 확연하게 달라서 도저히 못 본 척할 수가 없다. 1979년《뉴욕 타임스》가 실시한 설문조사에서 응답자들은 정계에서 남녀 사이의 이중 잣대를 감지할 수 있다고 대답했다. 뉴욕주 오로라의 웰스칼리지 학장인 프랜시스 패런트홀드는 이 상황을 예리하게 설명했다. "(정치권에 들어간 여성은) 절대 분노를 폭발시켜선 안 된다. 반면 헨리 키신저는 흥분할 수 있고 소란을 피울 수 있다. 그가 잘츠부르크에서 한 행동을 기억하는가? 하지만 여성이 감정을 다스리지 못하면 즉시 감정적이고 불안정하다는 등 여성을 묘사할 때 사용하는 온갖 부정적인 단어로 공격받는다."[5] 패런트홀드가 언급한 문제의 장면을 떠올려보자. 키신저가 오스트리아 잘츠부르크의 기자 회견에서 도청에 연루되었다는 혐의를 받자 당장 의장직을 관두겠다고 어깃장을 놓았다. 2016년 대선 과정에서 남성 정치가들이 보인 행동과 비교하면 무해해 보이기도 한다. 그러나 여기서 놀라운 건 여성과 남성이 감정을 어디까지 조절해야 하는가에 대한 이중 잣대가 여전히 존재한다는 사실이다. 무려 40년이 흘렀지만 특별히 변한 건 없다.

힐러리 클린턴은 대선 회고록인《무슨 일이 일어났나》에서 유세 중에 대중 앞에서 최대한 감정노동을 하면서도 후보로서 야심 차고 강단 있게 보여야 하는 일이 얼마나 힘든 싸움이었는지 고백한다. 그녀는 모든 사람들의 마음을 편안하게 해주는 그 황금 열쇠를 도저히 찾지 못할 것 같았다. 유세 연설을 하러 올라갔을 때는 따스하고 가정적인 분위기를 연출할 수 없었다. 모든 사람을 편안하고 행복하게 해주는 명랑한 여주인이 되지는 않았다. 물론 그건 다른 후보들도 마찬가지였는데 그건 그들의 의무가 아니었기 때문이다. 경선과 대선 과정 중 그녀와 같이 연단에 섰던 남성 후보자들은 감정노동을 해야 할 필요를 느끼지 않았다. 사람들에게 호감을 주어야 한다는 생각에 연연하지 않았다. 원한다면 그 기대를 무시하거나 치워버릴 수 없었다.

힐러리 대선 캠페인의 가장 큰 약점으로 꼽혔던 것이 "호감" 문제였다는 건 비밀이 아니다. 당시 후보였던 도널드 트럼프와의 가장 중요한 토론을 앞두고 거의 모든 언론이 토론에서 가장 결정적인 변수는 "인자한 미소"일 것이라고 지적했다. 토론이 끝난 후《애틀랜틱》에디터인 데이비드 프럼은 클린턴이 "마치 손녀 생일 파티에 온 것처럼 너무 인자하게 웃었다"라고 비판했다.[6] 작은 몸짓이나 표정 하나만으로도 필패하는 게임인 것이다.

힐러리는 책 곳곳에서 정치권 남성들의 감정 드러내기와 숨기기에 대한 기준이 그녀와는 달라 얼마나 스트레스를 받았는지를 솔직히 말한다. 남성 후보들은 소리 질러도 되고 "열정적"이어도 되고 격분해도 된다. 얼마나 대의에 헌신하는지를 보여주는 단서다. 같은 위치에 있는 여성은 입방아와 논란의 대상이 될 위험을 무릅쓰지 않고서는 같은 행동을 할 수 없다. 목소리만 살짝 높여도 "빽빽거린다"는 딱지가 붙고 미국은 소위 빽빽거리는 여자를 유난히 못 견디는 나라다. 열성적 확신은 여성이 연단 위에 올라갔을 때만큼은 지도자의 자질이 아니라 불안정의 표시가 된다. 가식적으로 보인다는 말을 들을 정도로 신중했던 태도에 대해선 이렇게 설명한다. "나는 말하기 전에 생각한다. 머릿속에 떠오른 말을 그대로 내뱉지 않는다. (…) 그런데 그게 나쁜 일인가? 이 나라의 의회 의원들과 장관들이, 특히 대통령이 신중하게 발언하고 그 발언이 미치는 영향을 존중하는 걸 원치 않는가?"[7]

그녀가 설명하는 정황은 선거 유세에서만 일어나는 일이 아니다. 여성들은 자신의 언어를 점검하고 말하기 전에 생각하는 데 익숙하다. 우리 자신을 보호하고 평화를 유지하는 방법이라서 그렇다. 사실 많은 남성들에게도 능숙한 감정노동의 영역이다. 여자와 똑같은 방식으로 요구되는 건 아니라 해도 쉽게 연마하여 자신의 이익에 맞게 사용할 수 있는 기술이다. 말하기 전에 신중히 생각하여 주변 사람들의 감정을 조절할 줄 아는 남자는 체계적이고 꼼꼼하고 조심스러운 사람이다. 힐러리가 묘사한 그 침착함은 여성성이라는 렌즈로 뜯어보지 않았을 때는 장점이다. 버락 오바마를 보라.

오바마는 믿을 수 없을 정도로 침착한 지도자다. 말 한 마디한 마디에 무척 신중하다. 자신의 말의 무게를 이해하고 현명하게 행사하는 것으로 보인다. 말의 속도를 일부러 조절하지만 냉정하거나 계산적이라는 비판을 받지 않는다. 필요할 때면 가끔 눈물을 보이지만 감정 조절을 못한다거나 불안정하다는 멍에를 쓰지 않는다. 철두철미하면서도 예민하다는 말을 듣지 않는다.

남자들은 항상 나를 잔소리하게 만든다

같은 평가는 첫 대선 경쟁자였던 존 매케인에게도 적용된다. 그는 신중한 언어 사용과 적극적인 행동가라는 두 가지 장점을 겸비한 정치가로 칭송받고 있다. 우리는 남성의 침착함은 사랑하지만 여성의 침착함은 의심한다.

하이디와 하워드

클린턴은 선거 유세 기간에 지지자들과 유권자들의 감정만 관리한 게 아니다(관리에 실패했다고 할 수도 있겠지만).《무슨 일이 일어났나》에선 2016년 선거운동 중 그녀가 공적 영역에서 수행했던 감정노동뿐만 아니라 사생활에서 했던 감정노동에 대해 많은 이야기가 등장한다. 그녀는 가족, 친구, 직원들과의 관계에서도 늘 신경 썼다. 미국의 다음 대통령이 되기 위해 선거운동을 다닐 때라 해도 주변의 돌아가는 모든 상황을 신경 쓰고 사람들 하나하나에 관심을 기울이는 성향은 내려놓지 못한다. "모두에게 식사는 했는지 물었고 해가 찌는 날 야외에서 행사할 때면 우리 당원과 운동원들이 선크림을 발랐는지까지 챙겼다. 같이 여행하는 기자들이 아프면 생강차와 크래커를 챙겨주고 의사를 방으로 보내 시프로와 구토 방지약을 가져다주었다."[8] 물론 가사노동이나 다른 감정노동 면에서 비용을 지불해 도움을 받았다고 인정하지만(아마 그녀는 지난 수십 년 동안 급하게 우유를 사야 해서 마트에 뛰어갈 일은 없었을 것이다) 가정에서도 여전히 감정노동을 책임졌다. "우리 가족의 외출, 휴가, 친구들과의 저녁 약속 일정도 내가 정했다. 빌에게는 여러 가지 장점이 있지만 집안 대소사 챙기기는 그중의 하나가 아니었다."[9]

클린턴은 분명 여성에게만 지워진 부당한 감정노동에 불만을 터뜨리기도 하지만 대부분의 여성들처럼 이런 종류의 일의 가치 또한 볼 줄 안다. 그녀가 말하길, 선거구의 유권자에게 다가가고, 전화하고, 편지 쓰고, 워크숍을 조직하고, 자원봉사 일을 분류한 건 여성들이었다. "우리는 가정 안에서만 지정된 전사들이 아니다. 우리 국가를 위해서도 지정된 전사들이다."[10] 이제 이런 노력을 필수적인 자질로 인정해야 할 때가 오지 않았을까? 우리는 그저 걱정하는 사람들이 아니라 주변을 돌보는 데 탁월한 전사다.

가족을 편안하고 행복하게 하기 위해 활용하는 감정노동과 기술의 가치는 가정이나 돌봄노동 안에서만 가치 있지 않다. (큰 그림부터) 작은 그림까지 세세히 챙기는 여성의 성향은 가정뿐만 아니라 비즈니스 협상, 국제 정치 분야에서도 빛을 발할 수 있다. 모든 영역에서 감정노동 능력을 현명하게 활용하는 건 훌륭한 사업적 수완이라 할 수 있다. 섬세한 지도자는 훌륭한 지도자다. 섬세한 지도자의 팀, 시민, 동료가 더 의욕적으로 일한다. 본인의 문제 외의 다른 문제에도 관심을 쏟는 모습은 모범이 되기도 한다. 그들의 문제 해결 방식은 보다 종합적이고 더 큰 그림에 맞

남자들은 항상 나를 잔소리하게 만든다

춰져 있다. 우리는 윗자리에 있는 사람들이 밑에 있는 사람들의 안정과 행복에 시간을 투자해주길 바란다. 우리 모두를 더 나은 곳으로 움직여주기를 바란다.

감정노동 경험을 많이 한 여성은 어느덧 유능한 문제 해결사가 된다. 시야가 넓고 전체를 한 번에 보는 법을 훈련했고 우리 앞에 놓인, 때로 우리 주변에 놓인 선택권들을 모두에게 이익이 되는 방향으로 고려할 수 있다. 이러한 능력은 바로 사업 수완으로 옮겨진다. 여성들의 다양한 관점은 어떻게 하면 모두가 앞으로 나아가고 어떻게 하면 모든 진영이 행복할 수 있는지에 대한 통찰을 줄 수 있다.

2016년 피터슨 국제정치연구소의 연구 자료에 따르면 기업의 고위직에 젠더 다양성을 높였을 때 실적이 15퍼센트까지 상승했다.[11] 여성들을 고위직에서 제외시키는 기업은 손해를 본다. 인류의 50퍼센트의 재능을 낭비해서이기도 하고 그 50퍼센트의 다른 관점이 더하는 유형有形의 가치를 놓치는 것이기 때문이다. 하지만 여성 간부 숫자와 기업 이윤의 상관관계에도 불구하고 2만 1980개 기업 중 거의 60퍼센트의 기업에서는 여성 간부가 단 한 명도 없었고, C-수트 고위직에는 단 한 명도 없는 기업이 50퍼센트였다. 여성 이사직과 C-수트에 많은 여성이 있는 기업에서 수익 증가가 가장 높게 나타났다. 여성 CEO는 기업의 실적에 크게 영향을 미치지 못했는데, 이는 외로운 한 명의 여성이 꼭대기에 올라가는 것보다는 더 많은 여성이 중간직과 고위직에 있어야 한다는 것을 의미한다.

그러나 꼭대기에 올라간 외로운 여성 또한 긍정적인 영향을 미친다. 2012년 《하버드 비즈니스 리뷰》 보고서에 따르면 여성 지도자는 소수이기는 하지만 모범적인 리더십을 정의하는 모든 분야에서 남성 리더보다 높은 점수를 받았다. 예상대로 팀 빌딩이라든가 영감 주기, 동기 부여, 팀원 교육, 협동, 팀워크처럼 소위 "돌보는" 리더십 분야에서 높은 점수를 받았다. 그러나 혁신 주도, 성과 창출, 의사 전달, 과제 해결 같은 분야에서도 더 높은 점수를 기록했다.[12] 여성이 생활 속에서 수행하는 감정노동을 생각해보면 우리가 이런 역량을 갖춘다는 건 그리 놀랍지 않다. 우리는 일 분배의 전문가로 가정 안에서의 문제를 발견하고 대화의 기술을 이용해 해결할 줄 안다. 우리는 언제나 우리의 두 손으로 삶을 헤쳐 나가야 한다. 우리가 주도하지 않으면 가족의 방학 계획은 누가 세우고, 아이 여름 캠프는 누가 확인하고 일주일 저녁 식단은 누가 짜겠는가? 우리는 점점 더 유능한 문제 해결사가 되고 다른 생활 반경과 패턴을 가진 가족의 생활을 무사히 굴러가도록 하는 시스템을 구축했다. 관계를 소중히 하고 주변 사람들을 편안하고 행복하게 해주기 위해 시간과 감정노동을 한다. "다 가지기 위해" 노력하면서 우리에게 높은 기준을 세워놓고 가정에서나 직장에서나 기대 이상의 결과를 창출하기도 한다.

그러나 남성과 여성 지도자 사이의 역량 차이는 비교적 작다는 사실 또한 눈여겨볼 만하다. 주도성 분야에서는 여성들이 8퍼센트 더 유능한 지도자라는 결과가 나왔지만, 다른 리더십 자질 분야에서는 남성보다 2~6퍼센트 정도 근소한 차이로 앞섰다. 이 결과를 볼 때, 여성들이 직업에서 반드시 남성보다 앞선다거나 여성이 일하는 방식이 더 참신하고 우수하다는 사실을 증명할 수는 없다고 생각한다. 그보다는 남성과 여성이 테이블 위에 올려놓을 수 있는 능력의 가치가 대체로 동일하다는 것이다. 따라서 여성을 누락했을 때, 혹은 전문 영역에서 성공하려면 남성의 기준을 따르라고 말할 때, 접근하지 못했기에 활용할 수 없었던 가치가 있다는 뜻이 된다. 이제는 여성의 기술과 능력의 가치를 인정할 때가 되었다. 우리의 감정노동 경험과 밀접하게 관련된 이 기술들은 전 세계 경제와 문화에서의 더 큰 성공을 위해 남성의 기술 능력과 동등하게 필요한 기술이다. 여성들이 이러한 기술을 사무실을 즐겁고 쾌적한 공간으로 만드는 데만 사용할 것이 아니라 더 중요한 목표를 위해 사용할 수 있어야 한다. 감정노동 능력이 리더십 자질 중의 하나라는 사실을 인식하는 것부터 시작해야 한다.

가정에서 아버지나 남편의 감정적인 일은 진취적인 것으로 여겨지고 같은 일을 해도 여성은 그저 바탕을 마련해주는 일로 여겨지는 것처럼 특히 지도자의 역할에서도 비슷한 양상을 보이고 있다. 남성 지도자들이 가졌을 때 칭찬받는 특성들은 여성에게 적용되었을 때는 부정적인 함의를 갖는다. 감정노동을 이용하는 남성들은 배려심 깊고, 이타적이고, 조직을 먼저 생각하는 팀플레이어다. 감정노동을 수행하는 여성들은 잔소리꾼이고 통제광이고 완벽주의자이고 걱정쟁이고 호구다. 우리에게 맡겨진 임무가 같을 수 있다. 접근 방식도 동일하다. 그러나 젠더라는 렌즈로 그들을 보면 전혀 같아 보이지 않는다.

2003년 컬럼비아 비즈니스스쿨에서 학생들이 젠더에 따라 리더십을 어떻게 인식하는지를 실험했다. 학생들에게 유명한 사업가인 하이디 로젠을 실례로 보여주었다. 성공한 벤처 캐피털리스트로 외향적인 성격과 사적·공적 인맥을 적극적으로 활용하며 최고의 위치까지 올라갔다. 하지만 학생들 중 절반에게는 똑같은 사람이지만 이름만 바꾸어서 알려주었다. 하워드 로젠이다. 학생들은 하이디/하워드라는 이름을 뽑자마자 첫인상을 갖는다. 하이디이건 하워드이건 그들의 성취를 존경한다. 하지만 개인적인 반응에는 차이를 보였다. 하워드는 호감을 얻었다. 반면에 하이디는 이기적이고 까다로운 동료였다.[13] 남자들은 성공이 당연히 자기 것이기에 성공하는 과정에서 다른 사람의 심기를 거스르지 않는다. 반면 여성들은 자기 이익보다는 공동의 선을 위해 노력해야 한다는 기대를 받기에 본인의 성공보다는 주변 사람들의 감정에도 민감해야 한다. 따라서 여성이 지도자로 성공했을 때는 "타인을 돌보지 않고 공동의 선에 기여하는 데 민감하지 않은 사람"으로 여겨진다는 사실을 하이디/하워드 연구를 통해 알 수 있다.[14]

남자들은 항상 나를 잔소리하게 만든다

따라서 C-수트부터 정치권에서 높은 자리까지 올라간 여성들의 숫자가 적을 수밖에 없다. 미국 상하원에서 여성은 20퍼센트뿐이나 이는 역사상 가장 높은 숫자다.[15] 전 세계에서는 여성 지도자가 한 명도 배출하지 않은 국가가 대부분이다. 퓨리서치센터 조사에서 왜 여성들이 정치와 전문직 영역에서 높은 지위에 올라가지 못하는지에 대해서 미국인들의 다양한 의견이 나왔다. 여성들에게는 더 높은 기준이 적용된다. 아직 이 사회는 여성의 역량을 중요하게 고려하지 않는다. 여성은 여전히 일과 삶의 조화를 이루어야 한다는 압박을 받는다.[16] 이 문제의 원인은 공적·사적 영역에서 젠더 간 감정 영역의 격차에서도 찾을 수 있다. 또한 어느 정도는 법이 바로잡아야 하는 문제도 있다. 우리가 문화와 경제 분야에서 감정노동의 가치를 인정하고 싶다면 정부의 대표자들이 더 다양해야 한다. 하지만 많은 여성 정치가들은 정치권에서 여성에게 특히 더 강도 높은 감정노동을 요구한다는 사실을 발견한다. 여성 정치가와 남성 정치가에게 요구하는 감정적인 일의 기준은 너무나 다르다. 남성은 공격성과 영향력이 있어야 하고, 여성은 배려하고 존중해야 한다. 여성이 그 선을 살짝이라도 넘으면 정치권에서 살아남기 힘들 수 있다. 그들은 거센 비난을 받다가 성공에서 밀려난다.

나는 정치를 논하거나 2016년에 힐러리 클린턴이 대선 캠페인에서 감정노동이라는 줄타기를 조금 더 능숙하게 했어야 한다고 주장하려는 것이 아니다. 그건 내 전문 영역도 관심사도 아니다. 2016년 대선에서는 쿠키 굽기에 대한 그녀의 발언이나 지나치게 비난받던 미소나 웃음보다 더 많은 요소들이 작용했다. 다만 나는 정치적 리더 자질을 논할 때 남녀 사이 이중 잣대와 그기대가 여성을 얼마나 약화시키는지에 대해서 지적하고 싶다. 여성이라면 반드시 감정노동을 해야 한다는 요구, 주변 사람들을 행복하고 편안하게 해줘야 한다는 요구는 우리의 지도자적 역량에 대한 관점에 영향을 미치고 발전을 저해한다. 여성에게 감정노동을 요구하는 목소리는 우리를 더 작게 만들고 더 조용하게 만들고 소란을 피우지 못하게 만든다. 특히 우리에게 잘못을 저지른 남자들을 비난하지도 못하게 한다.

감정노동 요구는 여성에게 문제가 생겨도 발설하지 못하게 하는데, 우리는 같은 조건 위에 서 있지 못하기 때문이다. 남자 상사, 남자 동료, 남자 파트너를 비난했다가는 진심을 의심받는다. 주변 사람들의 안정과 평화를 위협했다는 비난을 받는다. 우리가 사회적 법칙을 깼기 때문이다. 가정에서 우리가 마땅히 해야하는 존중과 배려를 하지 않았을 때 가정에서는 싸움이 일어날 수 있다. 직장에서도 불이익을 받을 수 있다. 세상에 나가서도, 길거리에서도, 집으로 돌아오는 길에도 조심하지 않으면 더 나쁜 일이 생길 수 있다. 관계를 위해 감정노동을 하거나 직장에서 감정노동을 하지 않을 때도 우리는 감정노동을 한다. 그저 살아남기 위해서다.

9.
우리가 참아온 대가

"나도 그래요(Me, too)."

여성들이 내게 다가와 감정노동의 경험을 나누고 싶어 할 때 가장 자주 듣는 문구이자 정서다. "나도 그래요." 이것은 나의 이야기이고, 나의 어머니 이야기, 내 여동생 이야기, 내 친구의 이야기다. 내 에세이가 발표되고 얼마 후 하비 와인스타인의 성범죄 전력이 드러나면서 이 두 단어는 모두의 입에 오르내리게 되었다. 배우 알리사 밀라노가 미투 해시태그(#metoo)를 달기 시작하면서 이 운동을 다시 촉발시켰다. 2007년 사회운동가 타라나 버크가 유색인 여성들에게 성추행과 성폭행을 당한 사람이 그들만이 아니라는 사실을 알리기 위해 처음 사용한 용어다. 소셜미디어로 확산된 미투운동은 성희롱과 성폭행을 경험한 여성들이 이 두 단어를 모든 사람이 보는 공간, 즉 인터넷에 올려놓

남자들은 항상 나를 잔소리하게 만든다

기만 해도 세상이 성범죄의 무거운 해악을 이해할 수 있다고 말하고 있었다.

며칠 동안 나의 페이스북과 트위터 피드 또한 이 두 단어로 가득했다. 나 또한 친한 친구들에게만 했던 이야기들이 다시금 기억나기 시작했고 소셜미디어에 올렸다. 며칠 전 집에 혼자 오는데 한 남자가 나를 보더니 말했다. 좀 웃고 다녀요. 생전 처음 보는 사람이 내 앞을 가로막고 너무나 뻔뻔하게 본인을 위해 기초적인 감정노동을 수행하라고 명령하는 모습을, 나는 얼마나 자주 보았던가. 웃으라고 그들은 말한다. 그 상황에서 벗어나기 위해 등 뒤를 의식하며 빨리 걸을 때 얼마나 불안했는지도 기억한다. 웃으라는 말은 그래도 무해한 편이다. 그보다 훨씬 악의적인 행위가 넘친다. 당신을 따라오는 사람, 당신을 협박하는 사람, 당신에게 손대는 사람이 있다. 나도 성추행을 당한 적이 있다. 당하지 않은 여자가 있을까? 나는 #미투를 올리지 않을 뻔했다. 너무 뻔하고 너무 자주 일어나는 일이라 마치 하늘이 파랗다고 말하는 것만 같았다. 하지만 미투운동이 확산되고 수많은 목소리들이 일어나면서, 이 메시지는 우리 모두가 너무나 오래 당연하게 지켜왔던 무거운 침묵을 깨는 데 꼭 필요하다는 사실을 크게 알렸다. AP(연합통신사)는 24시간 동안 페이스북 포스팅, 댓글, 반응들이 포함된 #미투가 1200만 건이 넘었다고 발표했다.[1] 그동안 침묵은 우리에게 고통을 숨기고 감수하게 했던 것이다.

나는 여성들이 공유하는 이야기들을 들으며 매번 놀랐다. 낮설어서가 아니라 날것 그대로이고 울분에 차 있었기 때문이다. 그들은 자신을 이해하고 믿어줄 다른 여성들에게 보이기 위해 자신의 경험을 숨기지 않고 드러냈다. 이 이야기들은 남성들에게도 솔직한 고백으로 들렸다. 그들은 진심으로 우리의 동지가 되어 우리 문화에서 늘 당연하게 보아왔던 것들을 재평가하고, 그들의 무지가 어떤 결과를 남겼는지를 돌아보았다. 강간과 학대 이야기가 있었다. 유년기에 겪은 공포와 신뢰를 저버린 남자 친구가 있었다. 교사, 동료, 친척, 낯선 사람들이 여성들을 불편한 상황 혹은 트라우마가 될 상황들로 몰아넣었다. 그리고 나는 이 모든 이야기 밑에 공통적으로 흐르고 있는 주제를 발견했다. 감정노동이다.

'남자들이 다 그렇지'라는 나쁜 말

여성에게 감정노동을 기대하고 감정노동을 요구하는 것은 강간 문화에 일조한다. 남성들은 선을 넘는 데 별 죄책감을 느끼지 못하고 또 다른 선을 넘는다. 여성들이 자기의 심경을 거스르는 말이나 행동을 하지 않을 거란 기대가 있기 때문이다. 성추행과 관련해서 여성들은 평화를 유지하기 위해, 혹은 자신의 안전을 지키기 위해 학대자들의 반응을 살피고 그들의 감정까지 관리하기 위해 감정노동을 한다. 감정노동에 대한 기대가 강간 문화를

남자들은 항상 나를 잔소리하게 만든다

가능하게 하고 강간 문화는 감정노동에 대한 기대를 강화한다는 점에서 위험한 악순환이다.

성추행을 당하는 여성은 다른 감정노동을 할 때와 같은 방식으로 그 상황에 대처한다. 다른 사람들을 편안하게 하고 되도록 동요하지 않게 해야 한다. 분노, 폭력, 복수를 막기 위해 난 뭘 해야 할까? 내가 당한 피해가 더 커지지 않게 하려면 어떻게 해야 할까? 우리의 직업을 지키기 위해서, 나의 안전을 위해서 우리는 감정노동으로 자기를 보호해야 했고, 그와 같은 방식으로 성추행 앞에서도 배려하고 참는다. 여성에게만 지워진 이 짐은 남성들이 해로운 남성성을 중화시켜줄 감정노동을 배우지 못하는 문화와 얽히며 더 무거워진다. 자책하기, 문제 해결, 평화 유지, 모두가 우리 몫이다.

《기업 문화 침묵 깨기Breaking Corporate Silence》의 저자 로버트 보고샨 박사는 직장에서 성추행이 일어날 때 여성들은 머릿속에서 많은 요소들을 고려한다고 말한다. "수동적인 침묵은 공포에서 기인한다." 일의 결과를 감당해야 할 사람이 우리라는 것을 알기 때문에 다음과 같은 내적인 독백을 한다. "'직장에서 잘릴 수도 있어. 찍힐 수도 있어. 따돌림당할 수도 있어. 밀려날 수도 있어. 난 그런 일들을 감당할 자신이 없어.' 그러니 안전하게 살아남는 방법은 입을 다무는 것이 된다."[2] 그것이 평지풍파를 일으키지 않고 비난받지도 않고 꼬리표가 붙지도 않는 방법이다. 특히 여성들은 꼬리표를 두려워한다. 이기적인 여자, 불평하는 사람, 징징거리는 사람, 거짓말쟁이로 몰릴 때 피해자는 더 고립되기 때문이다. 그래서 주변을 둘러보고 이것이 용인된 문화라는 사실을 알고 그 문화에 맞춰 살기로 한다. 다른 사람들도 다 참고 넘어가니까. 나도 그래야겠지.

보고샨 박사가 "용인의 문화"라고 칭한 이 문화는 나쁜 행동을 미리부터 용서하는 문화다. 우리는 성희롱을 비난하기 전에 성희롱 행태를 남성들의 일반적 성향으로 그린다. "하비는 원래 그래." "악의적으로 그런 건 아니야." "내 말 들어. 그 남자는 다른 사람들한테도 다 그래." "남자애들이 다 그렇지." 하는 태도가 자라면 이렇게 된다. 이렇게 적당히 넘어가는 말들이 침묵의 문화를 만들고 성추행에 대해 이야기하지 않는 것이 상식적인 태도로 굳어진다. 이상 행동은 정상으로 인식되고 피해는 사소하게 치부된다. 바로 여기에서 강간 문화가 탄생한다. 이 문화는 여성에게만 어마어마한 감정노동과 감정적 스트레스를 떠맡기는 해로운 직장 문화로 이어진다. 찰리 로즈*(성추행 의혹으로 CBS 뉴스에서 해고된 유명 토크쇼 진행자 겸 앵커. 그는 30년간 함께 일한 여성 27명으로부터 성추행 혐의로 고소당했다)의 피해자 중 한 명은 《워싱턴 포스트》에서 이렇게 고백했다. "회사가 원하는 대로 행동하지 않으면 날 대체할 사람은 얼마든지 있었다."[3] 직책이 낮은 사람에게 대가가 너무 크기에 여성들은 기대에 맞춰 감정노동을 수행한다. 그들의 생계, 나아가 그들의 인생이 걸려 있다.

남자들은 항상 나를 잔소리하게 만든다

보고샨 박사의 관심 영역은 대기업 문화였지만 일상적인 성추행을 감수해야 한다는 압박은 감정노동이 수시로 요구되는 서비스 업계에서는 더욱 심각하다. 보고샨은 잘못을 저지르고도 잘 빠져나가는 각 업계의 "록스타"들을 거론한다. 식당 경영자 켄 프리드먼 같은 사람은 몇 년 동안 성추행을 저지르고도 요식업계에서 그가 차지한 지위 때문에 드러나지 않았다. 프리드먼의 레스토랑에서 서버로 일했던 트리시 넬슨은 《뉴욕 타임스》에 그 만두기 전 몇 년 동안 성희롱이 있었고 성폭행까지 당했지만 나서지 못했다고 말했다. "두려워서 아무에게도 털어놓을 수 없었다. 켄은 누구든 이 업계의 블랙리스트에 올릴 수 있다고 떠벌리곤 했다. 아니 실제로 그런 일이 일어나는 걸 보기도 했다."[4] 서열의 밑으로 내려갈수록 악의적인 용인의 문화가 쉽게 형성된다. 웨이트리스나 점원은 서열의 밑바닥이기에 C-수트의 여성들이 경험하지 못한 수준의 성희롱의 표적이 된다. 그럼에도 이 두 여성 모두 하루를 무사히 보내기 위해서는 감정노동이라는 기술을 사용해야 한다. 아무 일도 없는 척 연기하거나 다른 사람들에게 그런 일쯤은 아무렇지도 않다고 확신시키는, 더 어려운 연기를 하기도 한다.

대부분의 여성들에게 자기 보호를 목적으로 한 감정노동은 너무도 익숙하다. 성추행을 용인하지 않는 환경에서 일하고 있다 해도 우리는 세상과 담을 쌓고 살 수는 없다. 우리 모두 한 번 이상 길거리에서 외설적인 말을 듣고 불쾌함을 느끼면서도 그 상황의 위험 정도를 계산해야 했던 적이 있다. 웃으라는 말을 들으면 웃을까? 못 들은 척 가던 길을 갈까? 아니면 참지 말고 나서야 하나? 각각의 상황이 개별적이기에 우리는 감정노동 기술을 이용하여 적당한 대응 방법을 찾는다. 길거리 성희롱을 당한 후 화내고 싶었던 적이 한두 번이 아니지만 우리는 용기를 냈다가 더 큰 피해를 당한 여성의 이야기를 듣고 보았다. 우리는 어떤 남자가 물러날지, 어떤 남자가 모멸감을 느낄지, 어떤 남자가 집까지 따라올지 알 수 없다.

멜리사 페트로에게도 카페에서 수도 없이 자신의 공간, 시간, 감정노동을 침해하며 접근했던 남자들이 있었다. 한번은 공원 벤치에 친구와 앉아 있었는데 낯선 남자가 다가와 옆에 앉아 대화에 끼어들려고 했다. 몇 분 후에 친구가 남자를 보면서 담담하게 말했다. "우리는 당신과 이야기하고 싶지 않거든요." 그녀는 친구의 "쌀쌀맞은" 행동에 놀란 것이 아니라 그 남자가 정말 얌전히 떠나서 더 놀랐다고 한다. 이렇게 할 수 있었던 거야? 페트로는 생각했다. 하지만 우리가 언제나 그렇게 할 수 있지는 않다는 걸 상기했다. 내 시간을 낭비하지 않는 잠재적 이익에 비해 위험도가 높을 수도 있다. 친구가 훌륭히 대처하는 모습을 봤음에도 그녀는 여전히 남자들이 그녀의 감정노동을 당연히 여긴다고 생각한다. 그리고 예의가 어느 정도 안전을 보장한다고 생각한다. "특별한 일이 아니라면 나는 씨발년이라는 소리를 안 듣는 하루를 보내고 싶어요." 저항을 최소로 줄여서 가급적 심적 스트레스를 받지 않는 길이다. 우리 모두가 그렇듯 그녀 또한 수년에 걸쳐 이럴 때 꺼내 사용할 감정노동을 연습해왔다. 우리는 이러한 상황에서 어떻게 대처해야 할지를 알고 태어나지 않는다. 우리는 시간을 들여 배운다.

나는 소녀 시절 당차고 용감한 여자아이였다. 학교 복도에서 내 팔을 잡는 남자애들을 팔꿈치로 찍어버린 적도 여러 번이다. 복잡한 쇼핑몰에서 내 몸을 위아래로 훑고는 "섹시 리틀 마마"라고 부른 남자애들을 공개적으로 망신 준 적도 있다. 그런 상황에서는 대체로 근처에 동급생들이 있었고 어른도 있어서 안전했다. 위험에 처할 확률은 낮았고 의지할 수단은 강했다. 나는 왜 다른 여자애들은 나처럼 싸우지 않는지 궁금했다. 열네 살의 핼러윈 때까진 그렇게 생각했다.

친구들과 나는 여자애들의 전용 공간에서 만나 트릭 오어 트릿trick or treat 준비를 하려고 했다. 충분히 안전해 보였다. 우리는 총 열 명이었고 거리에 가로등도 밝았고 혼자 다니는 애들도 많았다. 어둑어둑해지기 시작했을 때 남자애들 여러 명이 우리를 따라왔다. 우리는 이상한 낌새를 눈치채고 다른 거리로 옮겼지만 그들은 우리에게 그들 쪽으로 오라고 소리를 질렀고 우리가 너무나 두려워하는 행동을 요구했다. 그때 내가 무슨 말을 했는지 정확히 기억나진 않는다. 여중생들이 할 수 있는 그리 심하지 않은 욕설 정도? 아마 "꺼져"가 아니었을까. 그때 친구가 겁에 질린 얼굴로 나를 봤다.

"너 그렇게 말하면 안 돼!" 그녀는 소리 지르더니 내 손을 잡고 뛰었다. 남자애들이 우리를 쫓아오는지 아닌지는 몰랐지만 친구의 행동은 내가 아직 알지 못하는 세상에서 배운 지식에 따른 본능적인 행동이었다.

그 남자애들은 우리를 쫓아왔고 빨랐다. 나는 아직도 우리를 따라붙을 때 들려오던 그 애들의 발소리를 기억한다. 나는 뒤도 돌아보지 못했다. 우리 모두 그랬다. 우리는 거리상 유리했지만 몇 명씩 소그룹으로 흩어져 트인 도로로 나갔다. 나는 친구 두 명과 같이 달리다가 겨우 동네 수영장 옆 풀숲에 숨었고, 남자애들이 지나쳐 가는 걸 보았다. 그러나 다른 여자애들의 행방은 알 수 없었다. 다른 애들은 저쪽으로 가지 않았나? 애들을 어떻게 찾지? 언제 애들을 찾으러 가야 하지?

얼마나 오래 숨어 있었는지는 모르지만 우리는 울고 있었다. 그럴 리는 없겠지만 몇 시간이 흐른 것만 같았다. 다행히 다른 아이들 모두 무사했다. 그날 밤 우린 운이 좋았다. 내가 나이를 먹고, 더 나쁜 일들이 실제로 내게도 생긴 이후에야 그때 얼마나 운이 좋았었는지 실감했다.

그날 밤 운을 시험해선 안 된다는 교훈을 얻었다. 이제 거리를 걸을 때, 내 아이들과 손잡고 같이 걸을 때도 낯선 남자들이 웃으라는 말에 웃어야 할 것 같은 기분이 드는 성인 여성이 되었다. 언제 눈을 마주치고 언제 고개를 숙이고 딴청을 부려야 하는지 이제는 안다. 시간이 흐르면서 내 두려움을 감추면서도 나를 괴롭히는 사람들의 감정까지 구슬리는 가장 안전한 법을 익히게 되었다. 자기 보호 도구다. 하지만 갈고닦은 감정노동의 능숙한 활용도 가끔은 부족할 때가 있다.

그렇기 때문에 우리의 최선의 노력이 실패로 돌아가 성폭력이 일어났을 때 가해자가 아니라 피해자에게 설명을 요구하는 것이다. 수많은 강간 사건에서—피해자와 가해자가 아는 사이일 경우—우리는 여자가 남자에게 여지를 주었는지(여자의 감정노동이 충분히 들어갔는지) 묻는다. 그녀가 그 일을 멈추게 하기 위해 무엇을 했는지 묻는다(그 아슬아슬한 줄타기를 신중히 해냈는가). 여자에게 어떤 옷을 입었는지 묻는다(여자는 차림새가 적절했는가). 이처럼 피해자가 수행한 감정노동을 면밀히 조사하는 이유는 범죄를 저지른 남성보다 피해당한 여성의 행동을 비난하는 것이 사회적으로 용인되기 때문이다. 강간 문화는 피해자들이 최초 경험을 말하기 두렵게 한다.

성폭력 사실을 알리는 데에는 여러 문제가 따르고 피해자들도 그 사실을 잘 안다. 그들의 말은 신뢰받지 못한다. 사법 체계는 그들을 배신한다. 전국 강간·폭력·근친상간 네트워크(RAINN)에 따르면 1000건의 강간 사건 중 310건만 경찰에 신고가 접수된다. 신고 건수의 57건만 체포로 이어지고, 7건은 경범죄 처리되고 실제 형량을 받는 경우는 그보다 더 적다.[5] 다시 한 번 강간범의 "창창한 미래"가 피해자의 고통보다 중시된다. 브록 터너Brock Turner처럼 재능 있는 수영 선수의 잠재적 성공이 피해자의 신체적·심리적 고통보다 더 중요하다. 그는 다섯 건의 폭력과 강간 혐의를 받고 나서도 겨우 징역 6개월이라는 솜방망이 처벌을 받았고, 그 얼마 안 되는 기간도 반만 복역하고 나왔다. 스물두 살의 피해자가 감당해야 했던 모든 공포와 감정노동에도 불구하고 "에밀리 도"(피해자의 가명)는 고작 그것을 위해 앞으로 나서야 했다. 사법부가 그렇게 적은 형량을 선고한 것은 끔찍할 정도로 부당하다.

또한 피해자들은 "지금은 때가 아니다"라는 말을 듣는다. 대표적인 남성 #미투운동 지지자인 에릭 슈나이더맨Eric Schneiderman 사건에서, 여성들은 그에게 당한 신체적 폭행에 대해 발설하지 못했다. 여성의 평등을 위해 일한다는 그의 위대한 대의가 손상되지 않는 편이 더 중요했다. 슈나이더맨의 전 여자 친구는 그와 헤어지고 친구들에게 그의 폭력에 대해 알렸지만 그가 "민주당에게는 잃기 아까운 젊은 정치 인재"이기에 "그 이야기는 비밀로 해달라"는 말을 들었다고 했다.[6]

피해자가 대중에게 폭력을 공개하지 않는다고 해도 가족과 친구들에게 말하는 것조차 피해자에게는 감정노동의 판도라 상자를 여는 것이 된다. 가정 내 폭력에서 피해자들은 폭행을 알렸을 때 가족이 입을 상처를 고려하라는 말을 듣는다. 이번에도 다시 한번 피해자는 자신의 감정을 누르고 가해자를 비롯한 주변 사람들에게 미칠 영향을 고려해야 한다.

나만 참으면 괜찮아질 줄 알았다

로라는 학대 가정에서 자랐다. 그녀의 감정노동 훈련은 일찍부터 시작되었는데 그것은 생존의 문제였다. 가족의 학대를 밝히면 그들이 힘들어진다는 것을 알기에 가정폭력을 내내 숨겨야만 했다. 성인이 되어서도 통제적이고 학대적인 사람과의 관계에 끌렸고, 그때도 학대를 숨겼다. 이 질문에 대답할 수가 없었기 때문이다. "왜 떠나지 않아?" 그녀는 자녀들에게도 남편의 폭력을 숨겼다. 학대로 고통받는 엄마를 보는 아픔을 주고 싶지 않았고 아이들이 그런 자신의 인생을 답습하게 될까 봐 두려웠다. "그 모든 죄책감, 수치심, 고통, 당혹스러움, 또 그 모든 것을 숨기는 일이 내가 해야 할 일이었어요." 그녀는 말한다. "나는 폭력, 트라우마, 고통이 든 상자를 항상 들고 다녔고 그 안에는 다른 사람들의 고통까지 들어 있었어요. 그래야 그들이 짊어질 필요가 없으니까요."[7] 다른 사람들을 편안하게 하기 위해서 모든 고통을 지고 감춘다는 것은 곧 그것들을 표시 낼 방법이 없다는 것을 의미한다. 사람들은 그녀에게 강인하고 인내심이 강하다고 말했지만 사실 그녀는 다른 사람들을 위해 그런 얼굴을 연기할 뿐이었다. "다른 사람들에게 고통을 안겨줄 때의 감정을 느끼고 싶지 않았어요. 그것이 학대자를 보호하는 일이 될지라도. 살아남으려면 그 방법밖에 없었으니까요."

따라서 여성들이 학대 관계에 머물거나 과거의 학대를 덮으려고 하는 행동도 놀랍지 않다. 그들은 자신의 안녕과 평안보다 타인의 행복을 우선하도록 마치 조건 반사처럼 단련되었기에 학대를 당할 때 자기 훈련과 공포가 결합되면서 침묵과 묵인으로 이어진다. 어떤 면에서는 "안심"이 된다. 학대 관계 속에서 이루어지는 익숙한 패턴의 감정노동을 다루는 것이 예측 불가능한 감정노동과 가출의 위험에 대처하는 것보다 나을 수도 있기 때문이다. 가출은 생명이 위태로울 수도 있는 위험이다. 가정폭력이 결국 살해로 이어진 사건의 70퍼센트 이상이 피해자가 **탈출한 후**에 일어났다. 학대에 관한 고백록 《사랑에 미치지 마세요》의 저자 레슬리 모건 스타이너는 학대 패턴의 최종 단계가 살인이라고 말한다. 그 시점에서 학대자는 잃을 것이 없어서다. 그녀는 남편이 자신을 죽이려고 한 후에야 그를 떠났고, 그다음에는 이렇게 생활했다고 한다. 현관문을 잠갔는지 몇 번이나 확인하고 접근 금지 명령을 받은 후에도 밤마다 아파트 창문 밖에 서 있는 남편을 발견하곤 했다. 어떤 일이든 일어날 수 있었다.[8]

스타이너는 테드 강연 〈왜 가정폭력 피해자는 떠나지 않을까?〉에서 사람들로부터 같은 질문을 반복적으로 받을 때마다 당혹스럽다고 말한다. "왜 떠나지 않아요?" 마치 수동적인 선택인 것처럼, 매일 매 순간 그 생각을 하면서 상황을 재고 있지 않았던 것처럼 말이다.[9] 마치 당신의 모든 감정적 에너지를 언제 일어날지 모르는 다음번 폭력을 예방하기 위해 쓰지 않은 것처럼 말이다. 그녀는 자신의 책에서 당시엔 약혼자였던 남편이 새 아파트에서 거친 분노를 쏟아냈던 날을 말한다. 그녀는 그날 바로 약혼을 깨지 않았고 자신이 더 잘했더라면 그런 일이 일어나지 않았을 거라고 생각한다. 감정노동을 더 잘 수행했다면 그의 폭력적 행동을 제어할 수 있지 않았을까. "막상 우리가 같이 살게 된다고 하니 코너가 두려워진 건 아닐까? 날 더 몰아세울까 봐 두려워서 그랬던 걸까? 왜 나는 더 침착하지 못했을까? 그냥 웃어넘길 수도 있었고 그래야 했어."[10] 몇 년이 지난 후에야 그녀는 진실을 이해하게 되었다. 그녀가 아무리 최선을 다해 조심했다고 해도 학대를 막을 수는 없었다. 그녀가 뭘 하든 남자는 여자를 때렸을 것이다. 그녀가 막을 수 있는 방법은 없었다.

또한 끔찍한 비밀을 숨기기 위해 했던 감정노동과 친한 친구에게 남편에게 맞았다는 이야기를 하면서 느꼈던 죄책감을 회상한다. 왜 그런 이야기를 해서 친구를 걱정시켰을까? 그녀는 타인, 즉 학대하는 남편과 사랑하는 사람들을 보호하는 데 급급해서 이 모든 감정노동이 결국에는 말 그대로 자신을 죽일 수도 있다는 사실을 이성적으로 보지 못했다.

리마 자만Reema Zaman은 《나는 당신 것I Am Yours》이라는 책에서 자신이 학대 관계로 걸어 들어간 이유는 그런 관계가 익숙했기 때문이고, 그래서 떠나지 못했다고 말한다. 그녀는 강인하고 똑똑한 엄마가 언제 화를 터뜨릴지 모르는 난폭한 아버지 앞에서 늘 꼼짝 못하는 모습을 보고 자랐다. 엄마는 집에서 모든 감정노동을 책임지며 아버지의 발작적인 분노를 달랬고, 그녀 또한 엄마와 비슷해져갔다. "그 시절 내내 엄마는 계속해서 용서했고, 착했고, 인내했고, 연민을 품었고, 맞조심했고, 품어주었고, 묵인했고, 두려워했고, 고분고분했고, 순종적이었다."[11] 자만도 그랬다. 그녀는 잘생기고 카리스마 넘치는 열한 살 연상의 남자와 스물다섯 살에 결혼했다. 그녀의 성장 과정이 그녀를 길들였고, 그녀는 나쁜 남자에게 끌리는 여자이자 그런 남자들이 사랑해 마지않는 여자가 된 것이다.

그녀는 학대당하는 여성들이라면 어쩔 수 없었던 것처럼 감정노동을 어떻게 수행하는지 너무도 잘 알았다. 감정노동은 학대 관계가 유지될 수 있는 유일한 방법이다. 그녀가 많이 줄수록 남편은 더 많이 가져갔고 그녀에겐 다른 데 신경 쓸 에너지가 없어졌다. 남편은 학대의 덫에 확실히 가두기 위해 그녀를 고립시켰다. "물리적으로, 그리고 감정적으로 남편은 나의 친구들, 가족들과 어떻게든 멀리 떨어뜨려놓으려 했다." 자만은 말한다. "그는 나의 에너지를 너무 많이 요구해서 다른 사람들에게 쏟을 만한 감정적 자원이 남아 있지 않았다. 가족, 친구들과 연락이 점점 더 끊겼다. 우리는 뉴욕주 북부의 외딴 마을에, 휴대전화도 사용할 수 없을 정도로 고립된 지역에 살았다." 그녀는 수입을 매주 남편에게 갖다 바쳐야 했다. 남편 마음에 들지 않을까 봐 전전긍긍하면서 침대 정리하는 법과 옷 입는 법과 화장하는 법까지 남편의 뜻대로 했다. "내가 그의 성질을 받아줄 방법을 정확하게 알고, 그가 분통을 터트릴 때 주변에서 어떻게 행동해야 할지 알고,

남자들은 항상 나를 잔소리하게 만든다

말로, 섹스로, 오락거리로, 유머로, 음식으로 그를 어떻게 달래야 할지 알고, 그가 자신의 누나, 어머니, 친구, 상사들에게 내는 화를 어떻게 잠재울지 알았기 때문에 우리 관계는 '정상적으로 돌아갔다.'"

학대 관계에 있지 않은 여성이라고 해도 이런 종류의 조심스러운 감정노동을 관계에 쏟는 경우는 많다. 우리가 항상 달걀 위를 걷고 있는 건 아니지만 파트너와 소통할 때 우리는 여전히 가는 선 위를 걷는다. 우리는 어린 시절부터 배운 대로 파트너의 행동방식과 약점에 빨리 적응하고 관계의 평화를 유지한다. 많은 남자들이 자신들도 그렇게 여자에게 맞추고 있다고 주장하지만 동기의 본질은 다르다. 마거릿 애트우드의 의미심장한 문장처럼 "남자는 여자가 자기를 비웃을까 봐 두렵고, 여자는 남자가 자기를 죽일까 봐 두려워한다."[12] 우리의 감정 조절과 행동 조절의 밑바닥에는 언제나 자기 보호가 자리하고 있다. 우리는 모든 사람을 편안하고 모든 일이 순조롭게 돌아가도록 하기 위해 너무나 많은 정신적 에너지를 사용해왔다. 따라서 갈등이 일어나면 문제와 정면충돌하기보다는 문제 주위를 살살 걷는다. 아마 그 점이 내가 남편과 이 문제를 툭 터놓고 이야기하거나 싸우지 못한 부분적인 이유일 것이다. 한계점까지 가기 전에는 꼭 그렇게까지 해야 할 것 같지가 않았다. 나에게는 그 지점이 아무것도 아닌 파란색 러버메이드 수납함이었다. 자만에게는 그런 관계에서 아이를 키울 수 없다는 것을 깨달은 날이었다.

가정에서나 세상에서나 우리 여성들은 집단적으로 한계점에 다다르고 있는 것으로 보인다. #미투운동에 대한 열렬한 지지와 성희롱과 학대 경험을 대하는 여성들의 진지한 자세는 우리에게 용기를 준다. 이러한 변화는 곧 우리가 앞으로 나아갈 준비가 되어 있고 불평등이 어떻게 건재할 수 있었는지를 똑바로 볼 자세가 되어 있다는 뜻이다. 이제 나 자신을 위하지 않고 오직 지금이 상태를 간신히 유지하게 하는 방식으로 우리의 감정노동을이용하는 것을 멈추어야 한다. 이제는 감정노동의 균형이 나쁠뿐만 아니라 내 주변 사람들을 어떻게 도와줄 수 있을지를 보아야한다. 이제는 여성의 능력과 노동과 목소리의 가치를 알아보아야 한다.

"올해, 우리는 이야기가 되었습니다." 오프라는 2018년 골든글러브 시상식에서 세실 B. 드밀 상을 받고 감동적인 수상 소감을 전하면서 미투운동과 여성들을 언급했다. "우리는 남자들의권력의 진실을 밝히려 했지만 우리의 말은 들리지도 믿기지도않았습니다. 하지만 이제 우리에게 시간이 왔습니다." 희망 가득한, 어쩌면 아직은 시기가 이른 말일지 모르지만 분명 청중에게감동을 주었다. 많은 권력자 남성들의 공개 처형을 목격하면서,하비 와인스타인, 맷 라우어*(NBC의 간판 앵커로 미투운동으로 사내 성폭력이 밝혀졌다), 루이스 C. K., 찰리 로즈, 라이언 리자 등을 보면서 그들의 종말도 가능해 보이기 시작했다. 아직 시간이오지 않았다면 적어도 우리가 페미니즘의 물결을 타고 미지의

남자들은 항상 나를 잔소리하게 만든다

내일을 향해 가기까지의 그 시간이 줄어들고는 있을 것이다. 오프라가 머지않은 곳에서 본 그 미래 말이다. 그녀는 어린 소녀들이 기대할 수 있는 세상을 그리며 감동적인 수상 소감을 마쳤다. "새 시대의 태양이 떠오르고 있습니다. 그리하여 마침내 새로운 세상이 밝아오면 이는 수많은 멋진 여성들의 덕분이라는 걸 알아주길 바랍니다. (⋯) 그리고 몇몇 용감한 남성들이 열심히 싸워서 새 시대로 이끌어준 덕분입니다."

10.
지긋지긋한 싸움 끝내기

1957년, 얼마 후 페미니스트 운동의 가장 영향력 있는 인물이 될 베티 프리단은 15년 만에 다시 만난 스미스칼리지의 동창생들을 대상으로 설문조사를 했다. 그녀는 전도유망하고 명민했던 그 여대생들이 만족스러운 삶을 살고 있지 않다는 사실을 발견했다. 대학교에서 배운 전공 지식은 주부 생활에는 거의 쓸모가 없었다. 프리단은 다른 중산층 주부들도 인터뷰하면서 왜 그렇게 영특하고, 건강하며, 대학 교육을 받은 여성들이 소위 아메리칸 드림대로 살고 있으면서도 행복하지 않은지에 호기심을 가졌다. 그들에게는 집이 있고, 남편과 아이들, 생활을 편안하게 해줄 전자제품들이 있었다. 그런데도 설명하기 힘든 불만이 삶을 잠식했다. 프리단은 이 불만 가득한 상태를 "이름 붙일 수 없는 문제"로 불렀다. 이 이슈는 그녀의 책《여성성의 신화》의 중심 주제가 되었고, 이 책은 페미니즘의 두 번째 물결을 일으킨 저작으로 길이 남게 되었다.

프리단이 인터뷰한 여성들 모두가 무엇이 잘못된 건지 콕 집어 말할 수가 없었는데, 그들은 주부이자 엄마로 사는 것이 여성으로서의 만족과 성취로 가는 가장 확실한 길이라고 말하는 문화 속에서 살고 있었기 때문이다. 이름 붙일 수 없는 문제를 묘사하는 이 주부들은 자신의 하루하루를 맥없이 서술하곤 했다. "그녀의 하루는 보통 식기세척기에서 세탁기로 갔다가 전화로 갔다가 건조기로 갔다가 스테이션왜건을 타고 슈퍼마켓에 가고 조니를 리틀 리그 운동장으로 데려다주고 제니는 댄싱 교습소에 데려다주고 잔디 깎는 기계를 맡기고 6시 45분에 찾으러 가는 것이었다. 그녀는 한 가지 일에 15분 이상 집중할 수가 없다. 책을 읽을 수도 없고 시간이 나면 겨우 잡지만 들춰본다. 집중할 힘을 잃었다."[1] 그녀는 이 책에서 여성성의 신화—여자는 엄마, 아내, 주부라는 역할에서 만족을 찾아야만 한다는 문화적으로 주입된 개념—가 바로 이름 붙일 수 없는 문제의 원인이라고 주장한다. 여성들은 최선을 다해 살림을 하고 자녀들의 과외 활동을 쫓아다니며 여성성의 신화가 약속한 성취감을 찾으려 노력하지만, 어찌된 일인지 삶의 근간을 흔들 만한 정체성의 위기로 고통받는다. 그들은 자신이 존재하지 않는 것처럼, 아니면 아내와 엄마로만 존재하고 자신이 의지할 정체성이 없다고 느낀다. 이 주부들은 불만과 짜증을 어떻게 표현해야 할지도 모른다. "남

남자들은 항상 나를 잔소리하게 만든다

편에게 이야기해보려 하지만 남편은 아내의 말을 이해하지 못한다. 그녀 자신도 자신을 이해하지 못한다."[2] 그 말은 내가 우리 가정의 가사 책임자나 감정노동 책임자로서 느끼는 답답함과 울분을 롭에게 설명하려 할 때 느꼈던 감정과 거의 비슷하게 들린다. 내가 하고 있는 모든 감정노동을 직접적으로 설명할 단어를 갖고 있지 않았고, 그것이 어떻게 그저 집안일에 필요한 육체적 노동 이상이 되는지도 알지 못했다. 어쩌면 나는 1960년대 초반 여성들이 느낀 것과 같은 불만을 느꼈는지 모른다. 여성성의 신화라는 확실한 범인에 의해 가려진 감정노동이다.

프리단은 "이름 붙일 수 없는 문제"에 이름을 붙이지 않았지만 나는 감정노동이 문제의 큰 부분이 아닐까 의심하고 있다. 그녀가 제시한 해결책은 여성의 사회 진출이었다. 능력과 지성을 통해 성취감을 경험하면 더 완전한 인간이 될 수 있다고 주장했다. "자녀 양육, 인테리어, 저녁 식단 짜기, 가계부 쓰기, 공부시키기, 휴가 계획도 지성을 필요로 하긴 한다"[3]라고 지적했지만 그런 일에 필요한 감정적 · 정신적 고통까지 파고들진 않았다. 그녀는 다른 가정학 전문가들처럼 여성의 시간 대부분을 잡아먹는 건 육체적인 가사노동이라고 했다. 어떤 면에서 보면 감정노동은 바닥을 닦을 때와는 다른 능력과 역량을 활용할 수 있으므로 주부의 삶에서 빛나는 부분일 수도 있다. 어쨌든 앞으로 나아갈 길을 논의할 때 감정노동을 깊이 분석하지는 않았다. 《여성성의 신화》는 1960년대와 1970년대 여성해방 운동을 "활짝 열어

젖힌" 책으로 평가받는다. 여성은 자신의 삶을 충만하게 하기 위해 직업의 세계로 진출했고, 가정이 정말 중요할 때는 가정을 택했으며, 여성성의 신화는 한물간 것으로 여겨졌다. 여성은 목적지에 도착했다.

그러나 이름 붙일 수 없는 문제의 일부인 감정노동에서 파생된 불만은 수십 년이 흘러도 집요하게 계속된다. 이전에 우리의 역할이 도전정신을 요하지 않고 지리멸렬했다면 현재는 우리의 역할이 너무 어렵고 막막하다는 점에서 스트레스 강도는 비슷하다. 사실 우리는 여성성의 신화를 붕괴시키지 못했다. 시간이 흐르면서 완벽한 주부와 엄마의 이상은 변했을지 몰라도 그 역할이 사라진 것도 아니고 쓸모없어진 것도 아니다. 그 역할은 그대로 남아 있고, 이제는 여성이 직업 경력까지 쌓아야 하는 새로운 역할이 추가되었다.

다 해야 할 의무는 없다

현대 사회의 여성들은 직장에서는 이상적인 직원이 되기 위해 남성의 기준에 맞추면서도 시간을 어떻게든 쪼개어 헌신적인 아내와 엄마 역할까지 해야 한다. 모든 감정노동, 대부분의 물리적인 가사노동, 서로 자신을 봐달라고 하는 집 밖에서의 우선순위들이 모두 여성의 영역이 되었다. 이 부담과 힘겨운 변화를 제

남자들은 항상 나를 잔소리하게 만든다

대로 인식할 새도 없이 우리는 새로운 여성성의 신화, 즉 여성들은 "다 가질 수" 있고 그래야 한다는 신화를 받아들였다. 우리는 일도 가정도 가질 수 있다. 우리는 이상적인 엄마와 이상적인 직원이 될 수 있다. 이론상 우리에게도 세상에게도 이로워 보이지만 현실적으로 모든 것을 다 갖는다는 건 당신의 접시에 너무 많은 것이 올라가 있다는 말이다. 코미디언 미셸 울프는 HBO 스페셜 〈괜찮은 여자Nice Lady〉(2017)에서 모든 것을 다 가진다는 황당한 개념을 비웃는다. 다 가진다는 건 바보 같은 생각이다. 어느 누구도 음식이 가득한 뷔페에 가서 최선의 선택을 했다는 기분을 느낄 수는 없기 때문이다. 남자들은 "다 가져야" 한다는 열망도, 때론 많은 걸 가져야 한다는 욕망도 없다는 점을 지적했다. "남자들은 이러잖아요. '나에게는 직업이 있고 샌드위치가 있어. 대만족이야. 집사람은 내가 1년만 이렇게 착하게 행동하면 우리 집 차고 한 자리를 비워준다고 했어. (…) 그러면 앉을 수 있겠지. 난 앉는 걸 좋아해.'" 물론 과장이고 농담이지만 다 가져야 한다는 압박을 느끼는 여성과 비교하면 대조되는 건 사실이다. 여성들은 앉아서 늘어져 있는 건 꿈도 꾸지 못하니까. 숨을 돌리고 있을 때, 밀린 잡일을 처리해줄 사람이 없으니까. 남자는 완벽해야 한다는 사회적 압박이 없으니 다 가지려고 노력하지도 않는다. 남성은 직업적 성공과 아름다운 가정을 다 가질 수 있다. 감정노동을 통해 그것을 가능하게 해주는 여성 덕분에 그렇다. "모든 것을" 갈망하지도 않는데 애초에 결핍이 없어서다. 누군가가 그들을 위해 조화와 균형을 만들어주고 있다. 다 가지려고 안간힘 쓰는, 그 옆에 있는 여성이다.

달라 할릭Darla Halyk은 페이스북에 감정노동으로 인한 답답함에 대해 쓰면서 "다 가져야 한다"는 잘못된 사고를 정면공격하기로 했다. "여자들 머릿속에 들어 있는 '내가 다 잘해야지'라는 신조는 남자들뿐만 아니라 여성들에 의해 전파되었다. 어린 시절 우리 부모님은 두 분 모두 전일제 직장을 다녔지만 엄마는 퇴근하자마자 집에서 요리하고 아빠 식사를 차렸다. 아무도 엄마 대신 그 일을 해주지 않았으니까. 엄마는 사랑으로 그 일을 했고 아빠를 보살피고 챙겨주고 싶어 했지만 가끔 한 번씩 앓아누웠다. 엄마는 직장에서도 어떤 남자 동료보다 열심히 일했다. 그리고 집에 오면 가족을 입히고 먹여야 했다. '엄마'의 집을 청소해야 했지만 엄마는 집의 주인이 아니었다. 가끔은 남편이 자신을 챙겨주기를 바라기도 했다. 식사를 차리고 빨래를 널고 걷어주길 바라기도 했다. 대체로는 그저 존중받고 인정받기를 원했다. 내가 그 점을 아는 이유는 내가 지금 엄마와 똑같은 삶을 살고 있기 때문이다. 나는 사랑하는 사람을 충실히 입히고 먹였다. 후회는 없지만 종종 환멸에 시달린다."[4] 그녀는 어렸을 때부터 남자 일과 여자 일이 다르다고 생각하며 자랐다. 엄마가 모든 감정노동을 맡고, 아빠는 "재미있는" 부모 역할만 했다. 그것이 엄마에게 초래한 결과, 즉 항상 진이 빠져 있고 소진된 엄마를 직접보았다. 이제 할릭은 엄마가 느꼈던 그 모든 느낌을 이해한다. 그

남자들은 항상 나를 잔소리하게 만든다

녀는 다음과 같이 결론 내린다. "나는 다 할 수 있다. 하지만 그 모든 일을 꼭 해야만 하는 것은 아니다." 며칠 만에 그 포스팅은 엄청난 속도로 퍼졌고 《메트로》는 할락의 문장이 새로운 페미니스트 경구라는 글을 실었다.[5] 그렇다. 나는 다 할 수 있다. 하지만 우리가 정말 이 모든 걸 하고 싶어 하는지는 자문해보아야 한다. 정말로 이 모든 걸 다 해야 할 의무는 없다.

왜 어떤 일을 해야 하는지 알아채는 사람이 언제나 나여야 하는가? 그 일을 누구에게 시키거나 내가 직접 해야 하는가? 왜 내가 같은 대화를 하고 또 해야 하는가? 감정노동 이야기를 또 하고 남편을 이끌어야 하는가? 그 또한 엄청난 감정노동이 드는 일 아닌가? 여성이 보상 없이 계속해서 감정노동을 맡는다는 사실은 곧 뿌리 깊은 젠더 불평등으로 이어지고 그것은 떨치기 힘든 고정관념이 되며, 우리는 이 역학관계를 우리의 힘만으로는 바꿀 수가 없다. 앞으로 나아가기 위해서는 이 짐을 파트너들과 나누어 져야 하고 감정노동을 나눈다는 것이 어떤 의미인지 이해시켜야만 한다. 그들이 우리의 파트너가 되도록 해야 한다. 페미니스트 동지가 되고, 본인들이 감정노동을 맡겠다고 자처하면서 파트너가 되겠다고 나서야 한다. 내가 계속해서 그를 위해 무거운 짐을 다 들어주는데 그가 어떻게 실질적인 동지가 될 수 있겠는가?

남편이 내가 그랬던 것처럼 감정노동을 본능적으로 이해할 거라고 기대하지는 않지만 남편이 더 잘 이해하기 위해 노력을 쏟기를 바란다. 확신이 안 들 때는 질문을 하고 자신이 직접 알아내고 싶어 하길 바란다. 우리익 관계를 위해서, 우리의 아이들을 위해서, 아이들의 미래를 위해서다. 그가 하지 않고 나의 감정노동만 지속적으로 요구한다면 우리는 계속 제자리를 맴돌게 될 것이다. 남자들이 기꺼이 우리의 동지가 되겠다고 자처하고 감정노동이 관계에서 어떤 역할을 하는지 서로 이야기하지 않는다면 눈에 보이는 발전이 없을 것이다. 대부분의 감정노동을 여성이 부담해야 한다는 문화적 기대로부터 나오는 건 하나밖에 없다. 현 상태 유지다. 남자들은 계속 편하고 싶어 하고 그들의 권력과 수동성을 보전하려 할 것이다. 그들은 가끔 한 번씩 작은 노력을 할 수 있다. 빨래 가끔 하고 저녁 가끔 차리고 설거지도 한다. 그러나 모든 감정노동은 여전히 우리 손안에 떨어진다. 우리는 인내심을 갖고 설명해야 하고, 부드러운 목소리로 예쁘게 말하고, 누구나 함부로 기댈 수 있는 쿠션이 되어야만 한다. 그들이 가끔 우리를 위해 해준 그 노력을 당연하게 여기지 않도록 조심해야 할 것이다. 우리 파트너들이 공격받거나 비난받는다고 느끼지 않도록 최선을 다해야 할 것이다. 지난 세기 여성들은 도약했지만 아직은 불완전하다. 여전히 우리의 감정노동에 대한 요구가 크기 때문이다. 그래서 오늘날에도 많은 여성들이 페미니스트라는 호칭을 조심스러워한다. 그 단어의 의미 자체보다 그 단어에 담긴 함의를 두려워한다.

나 또한 고등학교 때 그런 여학생이었다. 남자를 싫어하고 가

남자들은 항상 나를 잔소리하게 만든다

족과 하이힐과 파이 굽기를 싫어하는 여성의 이미지를 페미니즘과 연결시켰고(나는 진짜 맛있는 애플파이를 구울 줄 아는데!) 적극적으로 그 단어를 거부했다. "다른 여자애들과 다르다"라는 말에, 성적도 우수하고 "당당한 여자"라는 말에 활력을 얻었다. 그런 말들이 내면화된 여성 혐오에서 비롯된 태도임을 그때는 몰랐다. 페미니즘은 여성과 남성이 동일한 권리를 가진다는 아주 단순한 사상임을 깨닫지 못했다. 페미니즘은 각자에게 맞는 인생을 선택할 권리를 추구하는 것이지 화장을 하거나 집에서 자녀를 키우기로 한 여성들을 배제하고 비하하는 것이 아니란 걸 몰랐다. 이 개념의 단순한 보편성을 이해한 후에도 여전히 내가 받아들이기 어려운 꼬리표였다. 페미니즘이란 우산 안에 들어오는 주제를 꺼낼 때는 언제나 조심스럽게 에둘러 말하고 그때마다 많은 감정노동이 소비되곤 했다. 남성들이 대화에 참여할 때는 더욱 그랬다. "성난 페미니스트"가 아니라는 사실을 증명해야 하고, 나는 감정노동을 무조건 기피하고 무시하는 사람이 아니라는 걸 증명해야 할 것 같았다. 목소리를 내기 전에 먼저 내가 충분히 조용하고, 충분히 차분하고, 충분히 이성적인 사람이라는 사실을 증명해야 할 것 같았다.

이런 종류의 감정노동은 변화를 저해하고 변화의 가치를 깎아내린다. 이런 상호관계 속에서 무엇이 "이성적인지" 결정하는 사람은 자신의 권력이 도전받는 사람, 다시 말해 남자들이다. 우리의 분노는 현재 상태를 전복시킬지도 모르기에 허락받지 못한다. 우리의 의견은 너무 직설적이어도, 너무 극단적이어도 안 된다. 다른 사람의 안정을 방해해서는 안 되기 때문이다. 이런 감정노동 요구는 페미니즘 운동 밖에까지 뻗어가며 비슷하지만 더 강력한 방식으로 소외된 이들, 즉 권력의 위계를 고려해야 하는 사람들에게 현재 상태만을 강요한다. 더 많은 목소리들이 그들에게 조용하라고, 차분하라고, 규범을 놓지 않도록 유의하라고 말한다.

남의 눈치 볼 것도 없다

장애인인 알레나 리어리는 자신이 모든 사람과의 관계에서 감정노동을 수행해왔음을 알게 되었다. 그녀는 엘러스-단로스 증후군이라는, 표피 밑에 있는 결합조직에 이상이 생기는 유전병을 앓고 있는데 이 장애는 말도 못하게 복잡하다. 온몸에 결합조직이 있기에 몸의 여러 부위에 영향을 미친다. 그녀는 과도하게 움직인다("사지를 다른 사람들 이상으로 뻗을 수 있다는 말이지만 그때마다 아프고 관절이 손상되죠."). 그녀는 신체 조정 능력이 부족하고 쉽게 멍들고 다친다. 편두통과 비슷한 만성 통증과 피로감을 안고 살며 만성피로증후군이나 섬유근육통을 앓는 사람처럼 기진맥진한다. 근육은 약하고 자세는 불안정하다. 그녀는 이 모든 증상을 궁금증 많은 기자나 친구, 가족에게 일일이 설명하

남자들은 항상 나를 잔소리하게 만든다

지 않고, 자신의 장애에 관심을 집중시키지 않기 위해 어마어마한 감정노동을 한다. "하루 계획을 세우거나 친구들과 어울릴 때만 해도 엄청난 노동이 요구되죠." 리어리는 말한다. "어떤 행사나 활동을 소화할 수 있을지 가늠하고 눈에 보이지 않는 모든 사항들을 탐색하는 건 전부 내 몫이죠(행사 장소 검색, 대중교통과의 거리, 근처 주차장 위치, 얼마나 오래 서 있어야 하고 줄은 얼마나 길고 좌석은 어떻고 식당 메뉴는 무엇인지 미리 알아야 한다). 나는 만나기 직전까지 철저하게 준비해야 합니다."[6] 모든 것을 완벽하게 준비하지 않으면 심각한 통증이 수반될 수도 있고 약속을 지키지 못할 수도 있다. 그저 바깥세상에 나가 움직이는 데도 다른 사람들에게 폐를 끼치지 않기 위해 감정노동을 수행해야 한다. "이 외출이 나를 중심으로 이루어지는 것도 싫고 내가 무엇에 대처하는지, 내가 접근하기 위해 무엇이 필요한지가 대화의 중심이 되는 건 싫어요." 자신이 "같이 있으면 힘든" 사람이 될까 봐 걱정하는데 그것은 내면화된 장애인 차별주의에서 나왔다고 생각한다. 그녀는 자신의 생활에 맞춰지지 않은, 아니 접근하기도 쉽지 않은 세상에서 살고 있다는 사실을 알기에 무언가 보답해야 할 것처럼, 스스로를 어떤 방식으로든 증명해야 할 것처럼 느끼고 그렇게 하기 위해 잘 단련된 감정노동 기술에 기댄다. "나와 가장 친하고 가장 선한 의도를 가진 비장애인 친구들도 나의 생활이 어떤지 전혀 이해하지 못하죠." 그녀가 말한다. 그들에게 가르쳐주고 감정노동을 수행해야 그녀의 친구, 가족, 모르는 사람, 지금 이 모든 상태가 편안하게 유지된다. 그 사이 그녀는 그 모든 무거운 짐을 진다.

나심 자미나 또한 논바이너리 트랜스젠더trans nonbinary*(스스로를 남성으로도 여성으로도 규정하지 않는다)로 존재하기 위해 특히 가족과 있을 때 많은 양의 감정노동을 하게 된다. "나는 가족에게는 설명하지도 않고, 이 문제에 대해 토론하지도 않기로 했어요. 경험상 그럴 가치가 없다는 것을 알아서요."[7] 엄마는 이해하려고 노력하지만 자미나가 보기엔 결국 결론으로 들어가면 이해하고 싶어 하지 않는다는 것을 알게 된다. "나는 내 대명사를 사용해달라고—페르시아어에는 젠더 대명사가 없거든요—부탁하지만 결국 엄마는 남성 여성 대명사를 섞어서 말해요. 그게 무슨 상관이냐고요?" 자미나가 말한다. "나에겐 중요해요. 엄마는 나를 딸로, 여자로 생각하지만 나는 나를 엄마의 자식으로, 에이젠더(무성)로 생각하니까요." 친구들이나 처음 만난 사람과 있을 때 논바이너리 트랜스젠더로 살기가 더 쉽다. 가족 관계가 아니기 때문에 공유하는 역사도 없고 기대도 없다. 모든 사람들이 가정 안에서 해야 하는 감정노동이 있겠지만 젠더 정체성과 논바이너리 문제는 완전히 다른 수준이다. 자미나는 부모님과 있을 때마다 자신이 쏟아야 하는 감정노동을 의식하면서부터 점점 더 불편해졌다. "부모님과 함께 있을 때 에너지가 너무 많이 들어가요. 내가 무엇을 하는지 계속 의식하고, 가족이 고마워하지도 깨닫지도 못하는 방식으로 얼마나 에너지를 쏟는지 아니까요. 우

남자들은 항상 나를 잔소리하게 만든다

리 관계가 유지되는 이유는 내가 바위를 흔들지 않기 위해 할 수 있는 모든 일을 하기 때문이죠. 그래도 그들을 변화시키려 노력하는 것보다는 이 상태를 유지하는 게 그나마 덜 지쳐요."

인종차별주의 및 불평등을 지적하면서 평등을 요구하는 일 또한 감정노동 없이는 이루어질 수 없으며 부정적인 결과도 따른다. 이 책을 위해 인터뷰한 어느 여성은 이름을 밝히지 말아달라고 했는데 흑인 여성으로서 견뎌야 하는 감정노동에 대해 이야기했다가 자신의 평판과 사업이 흔들릴 수도 있기 때문이라고 했다. 아이 셋을 키우는 그녀는 사적인 관계에서나 가정이나 가사노동에서만 감정노동이 필요한 것이 아니라 삶의 모든 영역이 감정노동과 얽혀 있다고 말한다. 무지에서 비롯된 혹은 노골적인 인종차별적 질문을 받아넘기거나 대화에 참여해야 하고, 스스로 충분히 배울 수 있음에도 불구하고 인종 문제를 교육시키는 것이 그녀의 의무인 것처럼 말하는 백인들을 수시로 만난다. 마이크로어그레션microaggression*(미묘하고 일상적인 차별. 머리카락을 만진다거나 어디에서 왔냐고 묻는 등의 무신경한 인종차별)을 참으면서 아무 일도 아닌 것처럼 행동해야 한다. 자신의 경험이 주변 사람에게 부정되는 일도 허다하다("네가 지금 이야기하는 인종 문제가 정말 인종차별이 맞아?"). 그럴 때마다 다시 한번 자제해야 하고, 어떤 일에도 분노하지 않은 척해야 한다.

그녀는 최근에 어머니와 아이들을 데리고 주립공원에 소풍을 갔다. 잠깐 차를 세워두었고 그 차 안에는 어머니가 타고 있었다.

돌아와 보니 경찰이 8달러의 주차비를 내야 한다고 말했다. 그녀는 차에 시동이 걸려 있었고 어머니가 차 안에 타고 있었으며 고작 몇 분밖에 지나지 않았다고 따졌다. 사실 정당한 주장이고 나라도 그 상황에서 그렇게 했을 테지만 그녀는 예상하지 못한 일을 겪었다. 여자 경찰은 손을 총에 갖다 댔다. 그 이야기는 그 자체로도 공포지만 이 일을 백인 친구에게 말하자 그 백인 친구는 경찰 편을 들며 경찰의 반응은 인종과 아무 관계가 없다고 하면서 그녀가 처한 현실을 부정하고 그녀의 예민함을 탓했다.

"그런 경험이 만 가지쯤 되죠." 그녀는 내게 말했다. "그러다 보면 다른 사람들에게 이야기를 하지 않게 돼요. 그 문제가 인종 차별적인지 아닌지를 증명하기 위해 너무 많은 에너지를 쏟다가 지쳐버려요. 내가 우리 이웃 사람처럼 생겼다면, 내가 안경을 쓴 아담한 백인 여성이고, 세 아이를 데리고 일흔다섯 살의 노모와 오전 11시에 공원에 미니밴을 주차하고 있었다면… 내가 금발 머리였다면, 과연 경찰이 총에 손을 갖다 댔을까?"[8] 자기 관점을 지키고 싶다는 이유로 자신의 경험을 무시하는 세상에 사는 건 언제나 힘들다고 말한다.

자신을 지키기 위해서만 감정노동을 해야 하는 건 아니다. 이 사회는 흑인 어린아이들에게는 유독 공손함을 요구한다. 백인 동네의 주민 수영장에 갔을 때 아이들에게 너무 시끄럽게 놀거나 장난을 심하게 치지 말라고, 다시 말해서 너무 어린아이답지 말라고 신신당부했다고 한다. "백인 어린이들처럼 흑인 어린이는 어린이다울 수가 없어요." 그녀는 말한다. "내 행동도 조심해야 하지만 우리 아이들의 행동까지도 단속해야 해요. 아이들의 행동을 자꾸 제한하는 거예요." 백인들이 흑인 아이들의 행동에 관해 말할 때는 인종주의를 정당화하는 언어를 사용한다는 것을 이해하기 때문이다. 그녀와 아이들은 모든 사람들, 특히 주변에 백인들이 있을 때는 가능한 한 그들을 편안하게 해주어야 한다. "결국엔 우리는 사람들이 위협적이라고 판단하는 몸을 갖고 이 세상을 살아가잖아요. 존재 자체가 위협이 되는 거죠." 그녀는 이 사회에 맞서 살아남기 위해 과도한 감정노동을 감내해야 하고 그때의 노동은 거의 대부분, 아니 한 번도 인식되거나 인정받지 못한다.

유색인 여성의 감정노동이 종종 착취되긴 하지만 감정노동을 경험함으로써 그들은 책임감과 문제 해결 능력을 발달시키기도 했다. 리아넌 차일즈는 오하이오의 여성 행진Women's March의 기획자이며 미국가족계획연맹의 지지자로 일한다. 최근에는 자신의 기획력과 조직력을 활용해 지방 선거에 출마했고 여성의 생식권 운동에도 앞장서고 있다. 2016년 선거 이후에 자원봉사를 더 활발히 하긴 했지만 자신이 하는 일에 누구보다 책임감이 뛰어나다. 의료 분야에서 20년 동안 일했고 미국 공군에서 봉사한 경험도 있다. 그녀는 선거를 통해 자신의 경력을 한 단계 발전시키고 싶었으나 전에 군대에서 경험한 여성 혐오와 인종주의를 다시 한번 맞닥뜨렸다. 선거운동 중에 또다시 성차별이라는 큰 물결에 휩싸였다. "세계에서 가장 영향력 있는 여성(힐러리 클린턴)이 내가 묵묵히 경험했던 것, 어릴 때는 그저 똑바로 마주하지 못했던 것과 똑같은 경험을 한다는 사실에 놀랄 뿐이었죠."[9] 이제 그녀는 침묵의 시절은 끝났다고 말한다. 여자는 충분하지 않다고 말하는 세상에서 딸이 살게 하고 싶지 않다. 딸이 엄마의 전철을 따르기를 바라지 않는다.

차일즈의 성공은 다양한 경험과 개인적 성향 덕분이기도 하지만 흑인 여성으로서 경험한 감정노동이 성공의 주요인이라 할 수 있다. 그녀는 어두운 구석에 어떻게 빛을 비추는지 안다. 타인에게 공감하는 법을 알고 다른 사람들을 배려하고 이해하는 타고난 능력이 있다고 스스로 말하기도 한다. "바로 그 점에서 우리가 흑인 여성을 신뢰할 수 있다고 말하죠. 우리는 다양한 층위의 차별과 억압을 겪어왔습니다. 그래서 이해합니다. 다양한 시각과 균형감과 역경을 이해합니다. 놓치는 것이 별로 없어요. 우리는 어떤 목소리도 놓치지 않습니다. 주최자로서 무언가를 계획할 때 모든 사람을 염두에 둡니다. 내 시야에 들어오지 않는 건 없어요. 다른 사람들이 놓치는 많은 걸 생각합니다." 세상은 그녀에게 감정노동을 요구했지만 인권 운동가로서 이런 능력을 활용하면서 차일즈는 잃어버린 시간을 되찾을 수 있다고 말한다.

감정노동은 누가 바닥에 양말을 던져놓고 그 양말을 누가 치우느냐 같은 사소한 갈등 이상이다. 여성운동에서 감정노동이 배제되면서 가정의 발전만 방해한 것이 아니다. 우리는 감정노동과 한 사람이 다른 사람 몫의 일까지 다 하면서 생기는 권력 불평등을 언급하지 않음으로써 모든 분야에서 평등을 지체시켰다. 차일즈는 다른 사람을 교육시키는 감정노동도 많이 하고 있지만 여전히 그들을 위해서 대신 일할 수 없는 지점이 있다고 말한다. "당신이 놓친 그 모든 세월을 되돌려놓을 수는 없어요. 후퇴할 수는 없어요. 이제 당신이 따라잡아야 합니다." 바로 이 지점이 《인종 토크》에서 이제오마 올루오가 반복해 전하는 메시지다. 당신이 아직도 "이해 못하고" 흑인 친구들 누구도 감정노동을 들여 당신을 교육시켜주지 않는다면 구글 검색을 하라고 말한다. 질문의 답은 이미 인터넷에 나와 있을 것이다. 그 부분을 읽으며 남편이나 남자 친구가 나의 《하퍼스 바자》에세이를 읽지는 않고 대신 설명해달라고 말한다는 여성들의 말이 생각났다. "그 문제의 리더스 다이제스트 버전을 들려줘." 하지만 변화는 그렇게 이루어지지 않는다. 우리는 협력자들에게 더 많은 것을 기대해야 한다. 가끔은 두 손 가득 들고 있던 짐을 내려놓고 양손을 모두 사용해 나 자신의 발전을 위해 써야 한다. 남에게 맡겼던 감정노동을 가져가는 건 쉽지 않겠지만 발전을 위해, 모두의 평등을 위해서라면 분명 가치가 있다. 필요하기도 하다.

그러면 어디에서부터 시작할까? 감정노동을 어떻게 설명할까? 한 사람이 계속해서 모든 짐을 져야 하는 상황의 불평등을 어떻게 설명하고 다룰까? 나도 확실한 답을 내놓을 수는 없지만 베티 프리단이 몇 년 후에《여성성의 신화》에서 하지 못한 말을 쓴 책《두 번째 단계》에서 제안한 방법에 또다시 끌린다. "이 문제는 정치적이 되기 전에 개개인의 문제가 되어야 한다." 프리단은 쓰고 있다. "남성과 여성 모두 그들이 인간적 욕구—사랑에 대한 욕구, 가족과 인생의 의미, 삶의 목적—사이에서 발생하는 갈등을 대면하고 직장(그리고 이 세계)에서의 요구를 직면해야 한다."[10] 그녀는 여성운동이 세상과 싸워 나가고 있지만 여전히 가정 안에 남아 있는 여성성의 신화로 돌아가서 개인적인 변화가 일어나야 한다고 말한다. 문화, 정치, 일터에서의 개혁도 모두 중요하고 실행 가능하지만 그보다 먼저 사적인 단계에서 필요한 변화를 만들 용의가 있어야 한다. 우리의 자녀, 파트너, 나 자신부터 변화시켜야 한다.

3부

이젠 잔소리를 끝낼
시간

Fed Up...

11.
여자들에겐
집안일 유전자가 있을까

남편과 나는 같이 성장했다. 문자 그대로도 그렇고 비유적으로도 그렇다. 우리는 고등학교에서 만나 청소년기와 성인기를 함께 보냈다. 어쩌면 성숙하기 힘들 수도 있었지만 우리는 그 반대로 이 오랜 변화의 시간 동안 성장하여 내가 보기에 상당히 진보적인 관계로 편안하게 전환했다. 어린 시절부터 어른이 될 때까지 관계를 이어온다는 것에는 그만큼의 갈등과 어려움이 있지만 확실한 이점들도 있다. 가장 두드러지는 장점은 우리가 빈 도화지에서 관계의 역할을 그려나갈 수 있는 특별한 기회가 있었다는 점이다. 우리는 혼자서 각자의 방식에 갇혀 있을 시간도 없었고 과거의 관계에 영향을 받지도 않았다(나름 진지하게 사귄, 소풍 때 뽀뽀하고 복도에서 손잡고 다녔지만 학교 밖에서는 데이트를 한 번도 하지 않은 중학교 때 남자 친구를 포함시키지 않는다면 말이다). 롭과 나는 우리 관계에 과거의 앙금도, 교훈도 첨가하지 않았고 이는 매우 설레는 동시에 불확실한 조합이기도 하다. 우리는 아주 어린 나이부터 함께 살아가려면 유연하고 개방적이어야 서로 양보하고 타협할 수 있다는 사실을 알았고, 지난 14년을 돌아보니 우리가 유연한 태도로 여러 상황에 잘 적응해온 것 같다. 우리는 함께 가정을 일구고 삶의 고락을 함께했다. 대학교 때 원룸 아파트에서 같이 살던 우리는 집을 사고 아이를 셋이나 낳고 고양이와 강아지를 한 마리씩 키우고 있다. 우리는 늘 열린 마음으로 대화하며 모든 단계를 거쳐왔다. 적어도 나는 그렇게 생각한다. 하지만 우리는 왜 아직까지도 집을 관리하고, 책임을 나눠 맡고, 서로에게 말을 하는 방법에 있어서는 불균형에서 벗어나지 못할까? 이 감정노동의 차이는 어디에서 왔고, 왜 이것을 보기까지 이토록 오래 걸린 걸까?

나의 여자 친구들, 엄마, 이모, 할머니에게 말하면 그들은 내가 무슨 말을 하려는지 정확하게 알아듣지만 남편은 잘 이해하지 못한다. 감정노동이라는 단어를 처음 들어본 여성들도 한 가지 예만 들면, 이를테면 파트너가 마치 아들처럼 물건이 어디 있는지 묻는 이야기만 하면 바로 불이 반짝하고 켜진다. **결혼이 그렇죠. 남자가 그렇죠. 가부장제가 그렇죠. 인생이 그렇죠.** 물론 그들의 말이 틀렸다고 볼 수는 없다. 이는 이성애적 관계의 일면이고 남성과의 관계, 가부장제, 산다는 것의 일면이다. 그러나 항상 조심스럽게 기분을 통제하고, 감정을 다스리고, 다른 사람의 생활 하

남자들은 항상 나를 잔소리하게 만든다

나하나를 관리해주는 건 특별한 종류의 불만과 답답함을 불러온다. 그게 바로 감정노동이에요. 나는 그들에게 말한다.

내가 아는 모든 여성들은 이 노동을 인식하지만 내가 이 관계는 변해야 한다고 주장하면 회의적인 태도를 보이거나 고개를 흔드는 경우도 많다. "내가 안 하면 누가 해요. 아무도 안 해요." 나는 이 말을 수많은 여성들에게 수백 번 똑같은 문장으로 들었다(나 또한 친구들에게 속풀이 하면서 똑같은 단어로 말했을 것이다). 그들은 깊이 불신한다. 아무리 괜찮은 파트너라도 "알아먹지 못할" 것이고 우리가 하는 일을 하지 않으려 할 뿐만 아니라 우리처럼 못할 것이다. 감정노동의 지분을 기꺼이 가져가려고 하는 남성조차도 어떻게 하는지를 이해하지 못한다. 남녀는 태생적으로 다른 인간이기에 조화를 이룰 희망은 없다. 남자와 여자 모두 이 신화를 믿는 상태가 이어졌다. 여자들은 원래 그런 일을 더 잘해.

나 또한 우리 관계를 돌아보면서 그 말이 사실이 아닐까 싶어지기도 한다. 십대 후반에 만나 같이 어른이 되었고, 백지에서 시작한 우리가 희망할 수 있는 최고의 결과를 빚어낸 것 같지만 여전히 우리 부부도 이 패턴에서 벗어나지 못하고 있다. 내가 이런 일에 더 능하기 때문에 자연스럽게 이 일을 맡게 된 것일까? 사실 해볼 수 있는 질문이긴 하다. 결국 내가 정리를 잘하게 태어난 걸까? 해야 할 일이 뭔지 더 잘 보는 걸까? 아이들의 정서적·감정적 욕구에 더 민감한 걸까? 아니, 별로 그렇지 않다. 미셸 램지 박사에게 감정노동의 어느 정도가 유전이고 어느 정도가 환경이냐고 묻자 그녀는 조금도 망설이지 않고 100퍼센트 환경이라고 답했다.

"아이들은 세 살 무렵부터 젠더 역할을 이해합니다. '해야 되는 일'이 무엇이고 하지 않아도 되는 일이 무엇인지 알게 되죠. 태어나면서부터 아이들은 어른들의 예상보다 더 많은 상황을 민감하게 의식하고 또 미디어에 노출되기도 하죠(아니면 미디어에 노출된 다른 아이들과 접촉한다). 그래서 아주 어린 나이부터 젠더 역할을 배우게 됩니다." 물론 아들이 한두 살 때부터 트럭에 "자연스럽게" 끌렸고 딸은 인형을 좋아한다며 그녀의 의견에 반대하는 여성들이 있다. 하지만 그것은 얼마나 이른 시기에 젠더 분리적인 메시지가 의식 속에 침투하는지를 무시하는 것이다. 아이들은 모든 곳에서, 가족, 친구, 미디어, 종교, 교육 등에서 이 메시지를 받는다. 피할 수가 없다. 우리는 친숙한 행동을 모델로 삼고 우리 모두 감정노동은 여성의 영역이라고 말하는 사회에서 나고 자랐다.

남자들이 젖을 물리는 사회

폴린 캠포스는 아프로라틴계 미국인의 1.5세대다. 그녀의 아버지는 이민을 왔고 어머니는 미국에서 태어났지만 멕시코에서 자랐다. 그녀가 어린 시절부터 봐온 바로 감정노동은 의식적으로 인지한 개념은 아니었다. 이 역할을 수행하는 여성은 그저 다들 그렇게 하기 때문에 한다. 아마 이 유명한 속담을 통해서 여성의 역할을 이해했을지도 모른다. "남편이 머리라면 아내는 목이다(Si el esposo es la cabeza, la esposa es el cuello)." 이 속담은 가족의 얼굴은 남성이지만 사실 실질적인 경영자는 여성이라는 사고를 뒷받침하는 농담이다. 그러나 한 가정의 여성이 통제하지 못하는 딱 한 가지가 있는데 그들이 따라야만 하는 흔들리지 않는 젠더 역할이다. 다섯 딸 중에 장녀였던 그녀는 그녀와 자매들이 그 집에 오는 남자들에게 무조건 대접을 해주는 걸 보며 자랐다. 캠포스의 데이트 상대가 집에 오면 여동생 중 한 명이 과자를 내오고 다른 한 명은 음료수를 대접한다. "만약 그 남자가 한 잔 더 마시고 싶어 하면 아버지는 동생들에게 눈짓을 하죠. 마치 아빠와 엄마가 일하던 레스토랑에 손님이 온 것처럼요. 내가 외출 준비를 하는 동안 그 남자는 물이든 뭐든 얼마든지 더 마실 수 있겠죠."[1]

그녀의 아버지는 기저귀를 한 번도 갈아본 적이 없다. 그녀는 여덟 살 때부터 아기를 업고 동생들을 깨우고 학교 갈 준비를 시켰다. 허리 한 번 펴지 못하고 집안일 하고 아이를 키우는 엄마를 조금이라도 돕기 위해서였다. "다른 집에서도 다들 그렇게 하니까요." 그녀는 말한다. 지금까지도 그녀는 자신이 남편과의 관계에서 하는 모든 감정노동을 하나하나 인식하지 못하고 있다.

"제3자 고글"을 써야 아주 어린 시절부터 익혀서 이제는 제2의 본성이 되어버린 그림자 노동자로서의 자신을 볼 수 있을 것 같다. "남편이 먼저 청소하겠다고 나선다거나 아이를 봐준다고 하면 아직도 깜짝깜짝 놀라요. 마치 나에게 큰 호의를 베푸는 것처럼요. 당연히 육아는 분담해야 하는데도요." 캠포스는 말한다.

우리 대부분은 크고 작은 방식으로 감정노동을 우리의 운명으로 받아들였다. 나는 엄마가 우리 집안 살림을 책임지고 식사를 준비하고 생일 파티를 계획하고 우리를 병원과 치과에 데리고 가고 양가 식구들에게 생일 카드와 크리스마스카드를 보내는 모습을 보면서 자랐다. 밤이면 잠들기 전에 내 침대에 같이 누워서 이야기를 하는 사람은 엄마였다. 청소년기에 혼자만의 세계에 갇히려는 나의 마음을 열고 대화를 시도하려 한 건 언제나 엄마였다. 엄마는 모든 식구들 옷을 다림질했고 내가 어느 정도 컸을 때는 내가 빨래를 개고 각 방에 가져다두었다. 엄마가 지고 있던 정신적 짐을 모두 알아챈 건 아니지만 내가 무언가 필요하면 그걸 해결해줄 사람은 엄마란 걸 알았다. 없어진 스웨터는 어디 있고 팬트리에 무슨 간식이 있는지도 엄마는 다 알았다. 이 모든 작은 것들이 하루가 지나고 한 해가 지나면서 조용히 내 안에 흡수되었다. 나는 이 세상이 나에게 기대하는 모습이나 행동을 엄마를 보며 배웠고 아빠는 내가 파트너에게 기대하는 모습이 되었다. 내 눈에 비친 우리 아빠는 집안일을 가끔 돕고 가끔은 "그냥 마음이 내켜서" 집에 꽃을 사오는, 언제나 "재미있는" 부모

남자들은 항상 나를 잔소리하게 만든다

역할을 할 준비가 되어 있는 분이었으나 감정노동의 영역은 절대 책임지지 않았다. 엄마가 언제나 집안을 경영하고 방향을 알려주고 즐거운 우리 집을 만들기 위해 뒤에서 동동거렸다. 그 일들을 명백히 알아본 건 아니지만 엄마가 가정과 가족과 관계를 만들어가는 방식을 알려주었다는 점은 부정할 수 없다.

그러나 나는 어린 시절 받은 가정교육의 많은 부분을 무효화시키기도 했다. 나는 특별히 반항적인 아이는 아니었다. 페미니스트는 나쁜 단어인 줄로 알았고 전통적인 남녀 역할을 복음으로 여기는 사람들을 보면서 자랐다. 그러나 대체로 남편과 나는 구세대적인 사고를 버리고 우리 부모님과는 확실히 차별화된 관계를 만들어갈 수 있었다. 우리 부모님 또한 자라면서 목격한 부부와는 다른 모습의 부부 관계를 만들었다. 그러나 감정노동은 대를 이어 남아 있다. 파트너에게 이야기를 한다 해도 변할 기미가 보이지 않는다. 우리와 다른 문화와, 우리와 다른 사회 계층과, 우리와 다른 관계에서 지속적으로 같은 현상을 보고 있다. 그러면서 이건 불가피한 현상이라고 생각하게 되고, 남녀 사이에 감정노동의 차이는 어찌 보면 숙명이라는, 유전적으로 결정되었다는 오해까지 하게 된다. 이 안에 진실이 없는데 오로지 문화가 이것이 우리 역할이라고 설득해올 수 있었다고는 믿기가 어렵다. 하지만 깊이 들여다볼수록 감정노동 안에서 환경이 유전을 이긴다는 것을 모든 면에서 확인할 수 있다.

처음에는 다른 남녀관계 모델을 조사하다 보면 감정노동의 진퇴양난에서 빠져나올 수 있는 빛을 발견할 수도 있다는 생각에 모계 사회에 눈을 돌려보았다. 하지만 이내 논리의 결함이 밝혀졌다. 여성이 주도하는 문화에 대한 글을 여러 편 읽어보았지만 불평등의 근본적인 문제를 분석하진 못했다. 그저 역할이 바뀐 것뿐이었다. 남녀가 평등한 사회에서만이 이 답답한 진흙탕에서 벗어날 수 있는 결정적인 통찰력을 얻을 수 있을 터였다. 그래서 나는 인류학자 배리 휴렛Barry Hewlett의 논문인 〈세계에서 가장 좋은 아빠들: 아카족의 남자들〉을 찾아보았다.[2] 중앙아프리카공화국의 아카 피그미족은 인구 2만 명 정도로 수렵채집 생활을 한다. 젠더가 없지는 않으나 전통적인 젠더 역할이라고 부르는 관습을 따르진 않는다. 휴렛이 조사한 모든 인류 중에서 아카 피그미족의 부모가 가장 평등한 부모였다. 남성과 여성의 역할은 집에서나 사냥터에서나 동일했다. 남성들은 도움 없이도 자발적으로 돌봄노동을 하고, 여성들은 남성보다 더 뛰어난 사냥 능력을 보이기도 했다. 모든 아카족은 누가 말해주지 않아도 지금 어떤 일이 안 되어 있는지, 그 일을 어떻게 해결해야 하는지 알고 있는 듯했다. 특히 육아에서 양 부모가 평등했다.

우리는 어린아이를 가장 잘 돌보는 사람은 엄마나 친지 중에서도 여성이라는 생각을 의심 없이 받아들이지만 아카족 남성의 육아는 생물학적 논쟁의 흐름을 완전히 바꾸어놓았다. 휴렛은 아카족과 같이 생활하면서 엄마가 없을 때는 남자 수유*(아기의 안정을 위해 유두를 사용하는 것)가 너무나도 자연스러운 신생아 육아법이라는 사실을 알게 되었다. "남자들의 밤"에 남자들끼리 모여 아기를 품에 안고 재우며 농장 와인을 마시기도 했다. 아카족 아버지들은 아이들과 몇 미터 반경에 있는 시간이 47퍼센트에 달했으며, 세계에서 아이를 위해 시간을 가장 많이 낸다. 주양육자 역할을 맡는 남성에 대한 편견도 없는데 아카족 사이에서는 여성이 "원래" 그 역할을 맡아야 한다는 개념 자체가 없다. 아버지와 신생아 사이의 밀착도는 엄마와 신생아 사이의 밀착도와 동일하다. 이들은 애초에 무엇이 본성인지에 관한 서구의 개념에 의문을 갖게 한다.

실제로 여성들에게 육아에 필요한 감정노동을 누가 더 잘하느냐고 물으면 대체로 파트너보다는 자신이 원래부터 약간 더 잘한다고 생각한다. 직감이 더 발달해 아이의 기분과 불편함을 더 쉽게 알아챌 수 있다. 아이의 욕구에 더 민감하다. 여자는 "원래" 남자보다 온화하고 공감을 잘한다고, 적어도 그렇게 생각한다고 말한다. 하지만 공감이나 돌봄 능력에 선천적인 차이가 있다는 주장은 과학적 근거가 없다. 스탠퍼드대학 자비·이타심연구교육센터Compassion and Altruism Research and Education의 에마 세팔라Emma Seppala 과학분과장은 여성과 남성의 자비심은 동일한 수준이지만 사회화되면서 표현 방식에 차이가 생겼다고 말한다. "자비심은 선천적인 기질이나 (다각적인) 연구 결과 젠더적 차이는 존재하지 않는 것으로 밝혀졌다." 세팔라는 버클리대학의 《그레이터 굿 매거진Greater Good Magazine》에 실린 기사의 내용도 참고했다. "여성의 표현력은 돌봄과 유대감을 통해 문화적으로 표현되는 방향으로 진화했고, 남성의 공감 능력은 전통적으로 생존을 위한 보호의 행동으로 진화했다."[3] 남성들은 남성성을 공격성, 감정 억제, 보호, 생계와 연결시키도록 사회화되었다. 여성들은 여성성을 감정의 일, 돌봄, 육아, 양육, 예의와 연결 짓도록 사회화된다. 그렇다면 여성들은 감정노동을 자신의 삶의 일부이자 정체성으로 끌어들이고, 남성들은 같은 능력을 갖고도 그렇게 하지 못했을 것이다. 환경이다. 본성이 아니다.

아이슬란드의 남자들

일부 문화가 감정노동을 얼마나 조화롭고 자연스럽게 다룰 수 있는지는 보여주었지만 그 모델을 실제로 우리 삶에 적용할 수 있을지는 미지수다. 아카족은 서구의 영향권에서 벗어나 있었으나 우리는 원하건 원치 않건 몇 세기 동안 그 안에서 살면서 깊이 조건화되었다. 이 조건화를 인식하는 것과 그 결과를 뒤집는 건 완전히 다른 일이다. 하지만 우리가 모범 사례로 삼을 현대 사회의 예가 있긴 하다. 아이슬란드다.

북유럽 국가들이 최근 수십 년 동안 남녀평등 사회를 이루어왔으나 그중에서도 놀라운 속도로 발전한 나라는 아이슬란드다. 아이슬란드는 최고의 페미니스트 사회로 꼽히지만[4] 이 자리에 올라온 지는 그리 오래되지 않았다. 사실 몇 십 년 만에 마초 바이킹 문화에서 오늘날 우리가 동경하는 남녀평등의 유토피아로 획기적으로 변모했다. 그들이 페미니즘을 숫자로 증명되는 과학으로 좁혔는지 아닌지에 대해선 논쟁의 여지가 있지만 여러 기록을 보면 이 나라에 배울 점이 많다는 사실은 인정할 수밖에 없다. 낮은 남녀 임금 격차, 여성이 일하기 좋은 환경, 여성 국회의원이 48퍼센트에 달하고 대통령도 여성이다. 엄마 아빠 모두 쓸 수 있는, 세계에서 가장 관대한 육아 휴직이 있다.

아이슬란드도 미국처럼 2008년 세계 금융위기의 타격을 받았고, 그 나라의 정치가들도 아이슬란드가 재성장하려면 정부 정책의 변화가 필요하다는 사실을 알았다. 하지만 조앤 리프먼은 《그녀가 말한 것》에서 각각의 나라가 위기에 대처하는 방식에는 현저한 차이가 있었다고 지적한다. "미국에서는 경제를 무너뜨린 주체인 남성들은 무사했다. 아이슬란드에선 그들을 교도소로 보냈다. 여성들이 그 자리를 대신했다. 아이슬란드의 세 은행 중 두 은행이 여성을 사장으로 임명했다. 아이슬란드 총리를 비롯한 모든 장관이 사임했다."[5] 경제위기로 인한 반反정부 시위를 벌인 국민들은 의회의 개혁을 요구했고 2009년 최초의 여성 총리인 요한나 시귀르다르도티르가 임명되었다(감정노동의 달인이 누구인지 궁금한가? 그녀는 동성애자이며 항공사 승무원이었다). 그녀는 바로 개혁을 추진했고 기업 간부의 40퍼센트는 여성이어야 한다는 쿼터제를 도입했다. 정부 예산에 남녀 불균형이 있어선 안 된다고 주장하며 경제부처에 "젠더 예산부"를 만들어 모든 예산안이 동등한 권리를 기준으로 통과되도록 지시했다. 스트립 클럽을 금지하고 인신매매 방지법을 도입했으며 총리 기간 중에 동성결혼법을 통과시켰다. 그녀의 어젠다는 분명 페미니스트적이었지만 아이슬란드의 젠더 평등은 남성들의 이해가 없었다면 불가능했을 거라고 말한다. "(남성들은) 동등한 권리가 단순히 '여성 문제'가 아니라는 사실을 깨달아야 합니다. 평등은 개인과 가족과 사회 전체를 위해 필요합니다." 시귀르다르도티르는 여성 장관들과의 인터뷰에서 이렇게 말했다. "여성이 노동 시장에서 배척당하면, 예를 들어 낮은 임금을 받으면 그녀의 가족 모두가 고통을 받습니다. 복지제도에 구멍이 생기면 어린이, 노약자, 장애인이 불이익을 당하면서 사회 전체가 병들게 됩니다."[6]

아이슬란드는 젠더 평등 순위가 상승했고 세계경제포럼에서 10년 연속 세계에서 여성이 가장 살기 좋은 나라 1위로 꼽혔다. 현 총리인 카트린 야콥스도티르 또한 진보적인 행보를 보이고 있으며, 최근에는 동일 노동을 하는 남녀에게 동일 임금을 지급하지 않는 기업을 제재하는 법안을 도입했다. 남녀평등 임금 정책을 시행하지 않는 기업은 하루에 최대 500달러씩 벌금을 내야 한다.[7] 왜 아이슬란드가 여성이 가장 살기 좋은 나라인지를 추적하던 리프먼은 각종 통계 지표들이 높은 순위를 차지하고 있기도 하지만 이 국가가 차별화되는 이유는 남성들의 태도라는 사실을 발견했다. 사실 아이슬란드 사람들은 자기네 나라를 페미니스트 국가나 평등 유토피아로 여기지 않는다. 남성들은 아직 남녀가 평평한 운동장에 있다고 생각하지 않으며 그렇게 되길 바라고 있다. 아이슬란드 남성들은 지난 몇 십 년간 도입된 강력한 페미니스트 의제 때문에 박해를 받았다고 생각하지도 않는다. 그런 이유로 아이슬란드 남성들은 미국 남성들을 나약하다고 생각한다. 아이슬란드 남성에게 남자다움이란 남녀의 동등한 힘을 믿고 실천하는 행동과 연관되어 있다. 그녀가 인터뷰한 남성들은 본인이 페미니스트임을 당당하게 선언했고, 남녀의 결속을 국가 발전의 동력으로 여겼다. 남녀 모두 더 평등한 사회를 소망했고, 남녀 모두 그 소망을 현실로 만들기 위해 노력하고자 했다.

아이슬란드처럼 정치적 대변혁이 일어나 젠더 평등의 급격한 변화를 이끄는 사회를 상상하는 건 어려울 수도 있지만 개개인의 관점에 급격한 변화를 불러올 수는 있다. 감정노동의 불평등을 유지시켰던 잘못된 서사를 버릴 수는 있다. 가까운 곳에서 일어나는 변화를 목격할 수 있다. 남성과 여성 모두가 감정노동이 양육이 아니라 본성이라는, 우리를 제자리에 고정시키는 개념만 극복한다면 감정노동의 힘을 계발하고 이 소중한 기술을 우리 모두를 위해 사용할 수 있다. 여성들은 우리가 감정노동 면에서 유전적으로 우월하다는 사고를 버리고 파트너 또한 우리처럼 이 기술을 연마할 수 있음을, 어떤 영역에서는 더 뛰어날 수도 있음을 인정해야 한다. 어떤 일을 그들에게 넘기는 순간 재앙으로 끝나리라 가정하는 대신 그들이 충분히 잘 해내리라 믿을 수 있다.

아마도 그럴 것이다. 시간적 여유만 충분하다면 잘 해낼 것이고 앞으로는 더 나아질 것이다. 그런 일이 일어나기 위해서 남성들은 무능력을 가장하지 말고 때론 "자연스럽게" 내 일처럼 익숙해지지 않더라도 이 기술을 배워야 한다. 파트너들이 하고 있는 일을 인지하고 때에 따라 그 일을 할 수 있어야 한다. 우리 모두 감정노동을 젠더에 관계없이 어른으로서 져야 할 책임으로 여겨야 한다. 그렇게 해야 불균형을 해소할 수 있다.

개인적으로 내가 현재 "바깥쪽"이라 생각하는 삶을 살고 있기 때문에 잘 안다. 남편과는 대부분의 시간에 우리에게 맞는 방식으로 감정노동을 평등하게 맡아왔다. 이 글을 쓰고 있는 지금, 남편은 아이 셋을 데리고 그의 부모님 댁에 가 있다. 오전에 도서관에서 자료 조사를 하고 돌아오자 남편은 세 아이의 외출 준비를 모두 해놓았다. 빨래는 개서 각 방 옷장 서랍에 넣었다. 설거지도 되어 있었다. 집은 깨끗했다. 게다가 내가 일일이 시키거나 감독하지도 않았다. 남편에게 할 일 목록을 만들어주지 않았다. 아이들에게 필요한 것을 일러주지 않았다. 나는 손을 얹지 않았다. 요청하지도 않았다.

일주일 동안 저녁 준비를 안 했더니 벌어진 일

여기서 잠깐, 내가 앞에서 남편을 어떻게 묘사했는지로 되돌

남자들은 항상 나를 잔소리하게 만든다

아가보자. 집을 음식, 장난감, 옷 화산이 폭발한 현장처럼 만들어 놓고 혼자 산악자전거를 타러 간 남편 말이다. 어쩌면 그전으로 돌아가야 할지도 모른다. 내가 남편이 드디어 변하고 있다고 생각했던 날들 말이다. 사실 그는 변하고 있었다. 변하지 못한 건 나였다. 내가 점점 일에 치여 있을 때 그는 점점 더 집안일을 늘려가고 있었다. 아이들을 등교시킬 줄 알게 되었고 모두에게 밥을 먹이고 빨래를 하고 청소를 했다. 나처럼 체계가 갖춰진 건 아니었지만 그럭저럭 해내고 있었다. 일은 그의 손에서 완성되었다. 나는 기뻤지만 솔직히 말해서 일이 내 방식대로 되어 있지 않아 짜증이 나기도 했다. 어떤 일들은 그저 내 성에 차지 않았다. 그가 감정노동을 적극적으로 하지 않는 것으로 보였는데 그 이유는 알 수 없었다. 그래서 그와, 정확히 말하면 그에게 일방적으로 이야기를 해보았다. 먼저 고맙다고 말한 다음 남편이 잘할 수 있는 방법을 제시했다. 2주에 한 번씩 우리를 위해 새로운 체계를 도입했고, 작가 티퍼니 두푸처럼 "집안 관리 목록"을 엑셀로 만들기도 했다. 남편은 거기에 딱히 흥미를 보이지 않았고, 내 스트레스는 늘어갔다. 아마 남편도 표를 내지는 않았지만 스트레스를 받았을 것이다.

나는 남편의 행동과 관점을 바꿀 방법을 계속해서 찾고 있었는데, 그의 행동이 우리 문제의 핵심이라고 생각해서다. 나 또한 이러한 기술을 장착한 건 여성들이라고 가정했고, 내 정신적·감정적 짐을 덜기 위해서는 반드시 이 기술들을 전수해주어야 한다고 믿었다. 내가 볼 때 남편과 나의 감정노동 능력이 상당히 차이 나는 이유가 본성이 아니라 양육이라면, 남편을 나처럼 만들기 위해 그를 "양육"해야 한다는 뜻이 아닌가. 나처럼 생각하고 나처럼 문제를 해결하고 나처럼 감정노동을 하게 하면 된다. 결국 나는 그 방면에서는 고수니까. 1인 책임자였을 때 끝내주게 효과 좋은 시스템을 만들어놓았으니까. 30년 동안 다른 방식으로 사회화되었는데 그가 혼자만의 힘으로 나를 따라잡을 수 있을까?

기본적으로 두 길 사이에서 오락가락했다. 롭을 내 기대치에 맞게 바꾸는 방법 찾기와 그가 실패하길 기다리기였다. 이 책이 출간되기 전에 남편을 "고쳐놓지" 않으면 나는 사기꾼이 될 것이다. 어떻게 할지 그의 생각을 묻기도 했지만 그는 모른다고 했다. 그는 자신이 어디로 가야 할지 모르기 때문에 가는 방법도 알아낼 수 없다고 했다. 그래서 나는 새로운 사회 실험적 해결책을 도입해보기로 하고 불가피한 재앙을 기다렸다. 남편이 실패할 거란 내 생각은 그의 눈에 안 보였다. 아니 보였을지도 모른다. 남편을 향한 불신, 내 방식대로 해내지 못하리라는 생각을 알아챘다. 그는 앞으로도 절대 충분하지 못할 거라고 했었는데 어떤 면에서는 그의 말이 맞았다. 그가 내 방식대로 하지 않았을 때 나는 언제나 트집을 잡을 것이었다. 다시 하라고 말할 것이었다. 언제나 그가 가지 못하는 방향을 제시했을 것이다.

그는 집안의 모든 것이 자기 책임이라고 느끼면서 달라지기

남자들은 항상 나를 잔소리하게 만든다

시작했다. 내 눈에는 그 변화가 보였다. 나 또한 그와 마음을 열고 대화하고 해결책을 만들어가면서 변해가고 있다고 생각했지만 실제로 나는 변하지 않았다. 나 자신은 전혀 변하지 않으면서 우리의 역학관계를 바꾸려고, 감정노동의 불균형을 바로잡으려고 노력했다. 나의 관점, 나의 사고가 나를 제자리에 묶어놓고 있다는 사실은 보지 못했다. 내 편견, 즉 내가 언제나 남편보다 감정노동에 능하고, 나의 양육과 돌봄 방식이 언제나 더 낫다는 편견을 버리지 못했다. 롭이 자기 나름의 기술을 터득할 거라고 생각하지 못했다.

지금 와서 생각하면 내 잠재의식 속에서 그 마지막 생각을 절대 놓지 않고 있었다는 사실이 믿기지 않는다. 나는 열심히 공부했기에 남자들에게도 감정노동을 할 능력이, 그 과정에서 누군가의 도움을 받지 않고도 해낼 수 있다는 사실을 머리로는 알았다. 싱글대디에게는 대신해줄 사람이 없기 때문에 얼마든지 훌륭한 양육자가 된다. 영국의 블로거인 존 애덤스는 전업주부로 가사를 전담하면서 아내의 지시를 받지 않았다. 노르웨이의 소프트웨어 엔지니어인 빈센트 앰보가 동성 파트너와 살면서 감정노동을 맡을 때도 누구에게 배운 건 아니었다. 이 남자들의 어떤 점이 다르기에 남편보다 더 잘 해낼까? 어쩌면 그들은 내 남편이 아니기 때문일지도 모른다. 그들은 언제나 어깨 위에서 그들을 내려다보면서 그들이 실패하길 기다리는 나 같은 아내가 옆에 없었다. 그들에게는 감정노동 능력을 스스로 계발할 시간과 공간이 있었고 롭은 그렇지 않다는 걸 나는 미처 생각지 못했다.

이런 깨달음 후에 내 방식을 바꾸었다고 말하고 싶지만 그것은 진실과 거리가 멀다. 나는 일이 너무 많았고, 일일이 신경 쓸 시간과 여유가 없었다. 내 서재에 몇날 며칠 갇혀서 글을 쓰고 밤새 책과 자료를 읽느라 바빠서 우리 집 빨래가 제대로 정리되었는지 아닌지를 확인할 에너지가 남아 있지 않았다. 일 모드에 빠져 있느라 롭에게 더 효율적으로 가사와 육아를 할 수 있는 요령을 가르쳐줄 수 없었다. 엉망이 된 집도 무시했다. 지옥이 되건 말건 내버려두었다. 힘들었고 괴로웠고, 아주 자주 화가 났다. 며칠 동안 사기꾼이 된 기분으로 이 책을 끝까지 쓴다면 내가 쓰고 있는 글이 가치가 있는 척해야 할지 말아야 할지 고민했다. 책을 처음 시작했을 때와 똑같이 짜증나 있는데 무언가 변한 척해야 할 것 아닌가.

그러던 어느 날이었다. 서재에서 나와 보니 집이 말끔했다. 그저 약간 깨끗한 정도가 아니었다. 롭이 청소한 것치고 깨끗한 정도도 아니었다. 정말 깔끔했고 정리정돈이 잘되어 있었다. 완벽하진 않았지만 끝내주게 좋았다. 그러다 내가 일주일 동안 저녁을 준비하지 못했다는 사실을 그제야 깨달았고 그날은 장을 봐야 하는 날이고 저녁이면 집에 남은 재료로 대충 해서 때워야겠다고 생각했다. 남은 재료가 뭐가 있는지 보려고 냉장고를 열었더니 내가 목록을 만들거나 계획하지도 않았는데 냉장고에 식재료들이 넉넉히 채워져 있음을 알았다. 나는 몇 걸음 뒤로 물러나

남자들은 항상 나를 잔소리하게 만든다

지난 한 주를 돌아보았다. 내가 마지막으로 빨래한 건 언제지? 아이들 숙제를 확인한 적은? 남편에게 유치원에서 사용할 이불을 넣으라고 알려준 적은? 남편에게 할 일이 무엇인지 말한 적은? 기억이 안 났다. 롭은 내가 없을 때 모든 일을 알아서 해놓은 것이다. 실은 내가 없었기 때문에 그가 도맡았다. 의도가 아니라 필요에 의해서 나는 빠져 있었다.

나의 지속적인 개입과 의도하지 않았던 무시 때문에 롭이 자신 있게 감정노동을 하지 못했던 것이다. 그는 내가 자신을 완전히 신뢰하지 않는다는 걸 알았고 그 불신은 자기 의심으로 이어졌다. 그는 스스로 방식을 찾아내야 했고 자신의 재능을 계발할 시간과 공간이 필요했다. 너무나 오랫동안 나의 영역이었던 감정노동을 맡기 위해서는 자신감이 필요했다. 그는 자기 스스로 문제를 파악하고 일하는 자신을 스스로 지켜보아야 했다. 한쪽에서 노려보면서 조용히(때로는 조용하지 않게) 수십 년의 경험치가 쌓인 나에 비해 부족한 그를 평가하는 내가 없어야 했다. 이제 그는 자신의 능력을 알기 때문에 우리는 평등한 자리에서 시작하고 우리 두 사람에게 어떤 균형이 필요한지 결정할 수 있다. 이 균형은 내가 생각한 방식으로 보이지 않고 느껴지지 않지만 나 또한 계속 행동과 관점을 바꾸고 있기 때문에 앞으로는 달라질 수 있다. 나의 내적 편견과 싸우는 일이 어렵긴 하나 이제 나는 여성이 남성보다 더 우월한 기술을 갖고 태어났다고 믿지 않는다.

남성들 또한 여성들이 유지시킨 잘못된 메시지에 종속되어 있다. 남자들은 말귀를 알아듣지 못한다는 우리의 그 말. 남자들은 절대로 우리만큼 해내지 못한다는 그 말. 그들에겐 감정노동에 필요한 선천적 능력이 없고 무신경하다는 말을 반복적으로 접하다 보면 어느 순간부터는 진실로 들린다. 대부분의 남자들은 말다툼으로 이어질까 봐 파트너의 방식이 언제나 최고가 아닐지도 모른다는 말을 감히 하지 못한다. 그들은 우리 영역을 침범한다는 것을 알고 우리가 그들에게 직접 감정노동을 경험할 수 있는 영역을 쉽게 내주지 않으려 한다는 것도 안다. 그래서 자기는 원래부터 이런 일을 못하는 사람이라는 생각에 기댄다. 원래 빨래를 못 개고 키친타월이 떨어졌다는 사실도 알아채지 못하는 사람이 된다. 요리와 빨래와 일정 관리에는 원래부터 소질이 없다. 항상 약속을 잊어버리는 편이고 생일 카드 사기는 낯간지러워 하지 못한다. 그건 남자들의 성격적 특징이고, 취약한 부분이고, 앞으로도 바꿀 수 없다. 다 거짓말, 거짓말, 거짓말이다.

우리는 모두 감정노동 재능을 비슷하게 갖고 태어났지만 우리 중 반만 자라면서 이를 배우고 훈련한다. 겉으로 여성들이 남자들보다 감정노동에 능해 보이는 이유이기도 하다. 하지만 이런 기술은 습득하고 단련하는 것이다. 우리가 다른 사람의 발전할 수 있는 공간을 만들기 위해 같이 노력할 의지만 있다면 남자들도 예상보다 잘 해내면서 감정노동이 자신의 영역이라고 주장할 수 있다. 시간과 연습 끝에 남자들은 새로운 세상을 체험하고 그 안에서 가치를 찾으며 자신의 삶에 더 밀착되어 있다고 느끼며, 보다 온전한 인간으로 살아갈 수 있다.

여전히 내적 갈등과 싸우는 중이지만 이제는 감정노동 문제를 끝까지 놓지 않았다는 점이 무시하는 것보다 훨씬 더 나았다고 확신한다. 롭과 나는 아직 완벽한 조화 근처에도 가지 못했지만 목표는 움직이는 법이고 우리는 거기에 점점 더 가까이 가고 있는 중이다. 나의 감정노동 공부와 함께, 남편의 관점과 이해 덕분이다. 남성과 여성이 각각 테이블 위에 가져올 수 있는 능력을 잘 섞으면 최상의 해결책을 찾을 수 있다. 남성을 이 대화에 초대해 우리가 보지 못한 사각지대와 불만의 근원을 찾아내고 바꾸어야 한다. 그보다 먼저 권력의 불균형, 우리의 편견, 우리의 고정관념을 제거한다면 좀 더 평등한 자리에서 다른 사람의 말에 귀 기울일 수 있다. 우리는 이 문제를 어떻게 이야기해야 하는지 알아야 한다.

12.
감정노동에 대해 이야기하기

조니 에델만은 감정노동에 문외한이 아니다. 페미니스트 대중문화 사이트 라비실리Ravishly의 편집장인 그녀는 이 주제에 대해 여러 편의 기고문을 썼고 가정에서 감정노동을 책임지고 있는 사람으로서 겪는 세세한 스트레스를 글로 풀었다. 평일 하루하루는 어떠한지, 휴일이나 명절은 어떤지, 몇 주 동안 독감으로 끙끙 앓은 후에 집 꼬락서니가 어떠했는지 다 말해주었다. 고열과 근육통으로 침대에 꼼짝 없이 누워 있으면서도 누가 냉장고 청소를 할지 걱정하고 언제 강아지를 동물병원에 데려갈지 걱정하는 그 익숙한 느낌 말이다(정답: 그녀다. 회복되어 자리에서 일어날 정도만 되면). 병은 육체에만 스트레스를 주지 않는다. 마음에도 부담을 안긴다. 이미 할 일이 태산인 고약한 상황에 산 하나를 더 얹은 것 같은 기분이 된다. 하지만 그녀의 남편이 아플 때와 얼마나 대조되는가. 남편은 침대에 누워서 휴식을 제대로 취한 후 회복한다. 자신을 돌봐줄 사람이 있다는 걸 알고 그 외 나머지 것들도 누가 처리해주리라는 걸 복잡하게 생각하지 않고도 본능적으로 안다. 몸이 나은 후에 해야 할, 밀리고 쌓인 일 더미를 걱정하지 않는다. 집안일이란 누가 그에게 시키지 않는 한 그에게는 존재하지 않는 일이다. 그가 감기를 두려워하는 이유는 딱 하나, 불편해서다. 그녀가 감기를 두려워하는 이유는, 감기는 더 많은 일을 의미하기 때문이다. 그 두 사람의 인생 경험은 근본적으로 다르기에 감정노동에 대한 대화 자체가 어렵고, 때로는 불가능해 보이기도 한다. 감정노동을 어떻게 대화로 풀어가느냐고 묻자 그녀는 1초도 망설이지 않고 이렇게 답했다. "나는 짜증내고, 남편은 방어적으로 나오죠. 백이면 백이죠."[1]

의사소통이 어려워지는 두 가지 이유가 있다고 한다. 첫째, 남편은 자신이 집안일을 많이 도와준다고 생각한다(다른 남편에 비해서, 아내에 비해서가 아니라). 둘째, 아내가 "도움"을 그토록 바라면 그저 부탁을 하면 된다고 생각한다. 여기서 그녀는 더 울화통이 터지는데 남편은 부탁이 무엇을 의미하는지 전혀 이해하지 못하기 때문이다. 사실 그것이 큰 부분이다. 부부 싸움의 주원인이다.

문제는 일단 묻어두고 나중에 이야기하지 않고 그 순간을 뚫고 나가 솔직한 심정을 이야기할 때의 감정노동이야말로 어마어마하다. 우리 문화에서 대화 중 이성적이고 침착한 쪽은 남성인 것처럼 이야기하지만 남자의 감정을 건드리지 않으면서 하고 싶은 말을 하기 위해 신중하고 조심스러워지는 쪽은 거의가 여자다. 감정노동 이야기는 파트너가 제몫을 하지 않는다는 공격으로 번역되기 십상이다. 여자는 잔소리하고, 시비 걸고, 짜증내는 사람이 된다. 남자는 반사적으로 자기 방어에 들어가고 자신이 했던 집안일을 시시콜콜 나열하면서 이렇게 도와줘도 억울하다고 하는 여자를 고마워할 줄 모르는 사람으로 몰아간다. 너무나 많은 남자들이 "좋은" 파트너와 개선할 부분이 있는 파트너는 철저히 다른 사람이라고 믿는다. 그 두 가지 특징이 공존할 수 있다고 생각하지 않는다.

어쩌면 "당신이 무슨 말 하는지 모르겠어"의 장벽에 부딪힐 수도 있다. 남자들에게 이 개념 자체가 달나라 이야기 같아 도통 감이 잡히지 않는데, 한 번도 직접적으로 영향을 받지 않아서다. 감정노동이라는 낯선 개념을 탐험하려 하기보다는 지금 여기서 우리가 싸우고 있는 그 문제에만 집중하려고 한다. 옷장 옆에 놔둔 파란색 러버메이드 수납함, 아이들 보육과 하원 후 과외 활동을 챙기는 사람, 식기세척기에 접시를 제대로 놓는 법에 대해 싸우려 한다. 이런 종류의 싸움은 너무 하찮고 한심해 보인다. 한 사람은 큰 그림을 보고 있지만 다른 사람은 싸우게 된 계기에만 집착한다. "그래도 나도 많이 하잖아", "당신이 무슨 말 하는지 모르겠어"의 늪에 빠지지 않으려면 시간과 노력이 필요하다. 따라서 그 순간에 "그냥 관두자"라고 말하고 포기하기가 더 쉽다.

이런 식의 대화는 사람을 너무 지치게 한다. 대화하지 않기 또한 괴롭다. 결국 이때 입장을 정해야 한다. 애초에 당신을 압박한 감정노동 문제를 회피하느냐, 아니면 파트너와 대화를 하면서 감정노동을 감수하느냐. 두 번째를 택한다 해도 당신이 시작한 그 지점에서 한 발자국도 나아가지 못할 수 있다.

여성들은 감정노동을 이야기할 때가 되면 항상 악순환에 빠지기 일쑤다. 너무 벅차 도와달라고 말하면서 이 이야기를 꺼낸다. 그러다가 도와달라고 말하기도 지친다고 생각한다. 시키는 것 또한 여러 갈래로 머리를 써야 하는 일이다. 어떤 말투와 표정으로 도와달라고 해야 할지도 적잖이 신경 쓰인다. 밝고 명랑한 표정을 잃지 말고 상대방의 감정 상태까지도 고려해야 한다. '차라리 내가 하고 말지'가 된다. 그렇게 모든 일을 다시 하다가 또다시 한계에 도달하고 또다시 폭발하고 또다시 싸우게 된다. 그러면서도 결코 문제의 본질까지는 닿지 못한다. 이제 하다하다 지쳤다. 신물이 난다.

이제 이 악순환의 고리를 끊을 방법을 찾아야 한다. 더 명쾌하게 본질을 전달해서 언제나 제자리만 맴돌지 않고 조금이라도 변화를 이끌어야 한다. 감정노동에 대해 이야기하는 건 감정노동을 수반하지만, 그 감정노동을 피할 때의 대안은 지금 이 상태로 머무는 것밖에 없다. 균형 잡힌 관계를 목표로 의식적으로 노력하지 않으면 감정노동을 하다 지쳐 나가떨어질 것 같은 기분이 사라지지 않는다. 물론 만만치 않은 도전 과제지만 우리는 이 문제를 완벽하게 다룰 준비가 되어 있는 사람들이기도 하다. 결국 우리가 빌어먹을 평생 동안 해오던 일이 아닌가.

대다수의 남성들에게 그저 의식하기의 문제이기도 하다는 점을 생각해볼 필요도 있다. 많은 남자들이 평등한 관계를 위해 노력하지만 전에는 이 문제를 이야기할 언어를 갖고 있지 않았다. 이 주제는 여성인 나에게는 고유한 경험이지만 남편에게는 여전히 딴 나라 이야기일 수도 있다. 남편은 이런 종류의 일을 해본 적도 없고 인정한 적도 없다. 감정노동이라는 면에서 남편은 나와는 완전히 다른 기대치 안에서 성장했고 나 또한 여러 방식으로 우리가 함께한 13년 동안 그 기대치를 강화했다. 나는 이 견고한 구조를 뒤집으려 한 적도 없고 감정노동이라는 문제를 심층적으로 파헤치지도 못했다. 어른이 되어 무언가를 기초부터 배우는 건 쉽지 않은 일이고 경험이 없는 사람에게 설명하는 것 또한 쉽지 않다. 그래서 우리는 감정노동에 대한 이야기를 할 때 늘 장벽에 부딪힌다. 본질적으로 다른 위치에서 대화를 시작하려 한다. 한쪽에서는 이 방면에 대해 속속들이 알지만 다른 한쪽에서는 의도적이진 않다 해도 철저히 무지하다.

내가 어머니의 날에 우리 집 옷방 안의 수납함 하나를 보고 오열했을 때 나는 내 문제를 감정노동과 연관시켜 조리 있게 설명하지 못했다. 롭에게 왜 이렇게 사사건건 나를 힘들게 하냐고, 마치 그가 일부러 나에게 모든 감정노동을 미룬 것처럼 신경질을 내며 따졌다. 진실을 말하자면 그는 당시 내가 무슨 말 하는지도 몰랐다. 물론 그 이후에 발전은 있었다. 롭에게 날 도와달라고 말하기 싫은 그 기분을 단어로 표현할 수 있었다. 분명 실체가 있었던 나의 반복된 불만과 답답함에 단어를 붙이니 비로소 해방감이 밀려왔다.

나의 문제에 이름이 붙은 순간은 나에게는 전환점이 되었지만 롭에게는 그렇지 못했다. 나는 남편이 하고 있는 모든 일에 감사를 표시하며 대화를 시도했지만 남편은 내 말을 "당신은 아직 부족해"로 들었다. 그래서 남편은 자신이 집에서 하는 일들을 하나하나 열거하기 시작했다. 막내가 새벽에 울며 깼을 때 가서 달래주었다. 얼마 전에 욕실 바닥을 청소했다. 매일 저녁 설거지를 한다. 내가 해달라고 부탁하는 일은 모두 한다. 내가 친구들과 저녁 외출을 할 때도 불평한 적이 없고 나를 대신해 아이들을 돌보았다. 그는 내가 필요로 할 때(부탁할 때) 아이들을 데리고 마트에 다녀오기도 했다. 이렇게까지 하는데 아직도 부족하다고?

그때 우리의 싸움을 돌아보면 우리 두 사람은 서로 완전히 다른 이야기를 하고 있었다. 그는 육체노동, 나는 감정노동을 이야기하고 있었다.

우리 둘 다 차분해졌을 때 다시 그 대화를 시도했다. 내가 지고 있는 정신적인 부담과 왜 그에게 일을 시키는 것이 힘든 일인지 설명하려 했다. 내가 집을 정상적으로 돌아가게 하기 위해 해야 하는 정신적·육체적 노동이 얼마나 날 지치게 하는지 설명하려 했다. 나와 동일한 수준으로 주도적인 파트너를 원한다고

남자들은 항상 나를 잔소리하게 만든다

했다. 내가 계속 일방적으로 책임지면서 우리가 평등하고 진보적인 관계를 유지하는 척할 수가 없다. 내가 계속 확인해주어야 한다면 가사 분담을 한다 해도 충분하지 않다. 여전히 나머지 감정노동은 내 책임으로 남아 있다고, 나는 바로 그 부분을 바꾸고 싶다고 말했다.

그는 완전히 이해하지는 못했지만 내가 말했듯이 좋은 파트너이고 이해하고 싶어 했다. 그래서 내가 부탁하는 대로 도와주었다. 그때는 몰랐지만 나는 여전히 남편에게 잘못된 부탁을 하고 있었다. 여전히 핵심에서 한참 벗어나 있었다.

도와주는 건 안 된다

두 살 아이를 키우는 모니샤는 나에게도 너무나 익숙한 이야기를 해주었다. 매일 매일의 감정노동이 주는 스트레스는 그 자체로 상당하지만 감정노동의 정점은 명절 중에 보이지 않는 요정이 되어야 할 때라고 했다. 그녀는 가족 크리스마스카드 보내기 과정과 그때마다 하나씩 해치워야 할 일들을 말해주었다. 먼저 가족사진을 뒤져 완벽한 사진 한 장을 골라야 한다. 모두가 미소 짓고, 시선은 정면을 향하고, 각도가 괜찮은, 그중에 가장 잘 나온 사진을 고른다. 그런 다음 카드를 산다. 너무 종교성이 짙거나 너무 장난스럽지도 않고 어느 곳 하나 거슬리지 않는

카드다. 주소록도 업데이트되었는지 확인하며 작년 목록을 보고 추가할 사람이 있는지도 확인한다. 이름, 주소 변경, 이혼, 사망의 경우수도 확인한다. 그런 다음에 실제로 카드를 보낸다. 봉투를 넣고 붙인다. 우표와 주소 스티커를 산다. 받는 사람에 맞게 다른 내용의 인사말을 쓴다. 여기까지만 해도 숨이 차지만 크리스마스 할 일 목록과 비교하면 새 발의 피다.

명절 쇼핑을 하면서 모든 사람이 갖고 싶어 할 만한 선물이 무엇인지 생각한다. 두 딸과 친정 가족 아이들과 남편 가족 아이들에게 줄 선물도 고민한다. 우체부와 교사와 이웃들에게는 무슨 선물을 하면 좋을까? 산타 선물은 뭐가 좋을까? 우리가 아이에게 주는 선물은? 크리스마스를 집에서 보내지 않는다면 산타 선물은 어디로 배송시켜야 하지? 양가 부모님들은 모두 그녀에게 연락해 아이들이 크리스마스에 무슨 선물을 받고 싶어 하고 그녀와 남편은 어떤 선물을 받고 싶은지 물으며, 그녀는 시부모님에게 조카들과 시누이 선물 아이디어까지 제공한다. 모니샤는 이때 자신이 생각해두었던 최상의 선물 아이디어를 부모님에게 넘기고 처음부터 다시 생각하기도 한다고 말한다.

"말 그대로 생각만 하는 데 몇 시간이 걸리죠. 다른 사람들이 무얼 바라고, 다른 사람들이 뭐가 필요하고 뭘 좋아할지 생각하는 데 말이죠."[2]

남편에게 선물 포장을 시키기도 하고 시누이와 같이 명절 모임을 계획하기도 한다. 와, 가끔 도움을 받기도 하는구나. 나는

남자들은 항상 나를 잔소리하게 만든다

여기서 웃을 수밖에 없었다. 여기까지는 나와 하나도 안 빼고 똑같았기 때문이다. 혹시 (나처럼) "데커레이션 담당"도 하냐고 물었다. 그 시즌에 맞는 추억이 깃든 모든 물건을 꺼내 장식하고 명절 후에는 바로 치우는 일을 말한다.

"당연하죠." 그녀가 대답했다.

명절마다 이리 뛰고 저리 뛰는 엄마에 대해서는 나 또한 너무나 잘 안다(나는 여기에 더해 12월 중순인 우리 아들 생일 파티까지 치르는 기쁨을 누리고 있다. 어쩌다 보니 우리 조카와 아버지는 크리스마스가 생일이다). 대체로 나는 명절의 마법을 만드는 일을 즐긴다. 재미있다. 하고 싶다. 하지만 나를 도와줄 누군가가 있었으면 좋겠다고 생각한다. 조금만 도와준다면. 왜 같이 하면 안 되는 거지?

이러한 정서는 우리의 대화가 계속 제자리를 맴도는 이유와 똑같다는 생각도 들었다. 잠깐 동안은 더 나아진 것 같지만 몇 주가 지나면 원래대로 돌아오는 일. 나는 롭에게 **도와달라**고 말한다. 내가 부탁하지 않아도 도와주었으면 좋겠다는 말도 덧붙인다. 남편은 나를 도울 방법을 궁리한다. 내 부담을 덜어주기 위해서 눈치껏 평소 내가 하던 일을 한다. 호박 패치*(핼러윈 준비를 위해 호박 농장에 다녀오는 것) 날에 우리 식구들 짐을 미리 챙겨놓기도 한다. 빨래도 전부 한다. 시어머니에게 아기를 봐달라고 부탁하는 전화를 하기도 한다. 며칠 동안은 굉장히 잘한다. 그러다가 내가 스트레스를 덜 받는 것 같으면 바로 뒤로 물러난다.

내가 도움이 꼭 필요할 것 같을 때만 돕는다. 사실 대부분의 시간에 나는 별로 도움이 필요한 것처럼 보이지 않는다. 혼자서 이 모든 일을 처리해왔기 때문에 모든 감정노동을 떠맡고도 100퍼센트 괜찮다는 인상을 준다. 실제로는 전혀 그렇지 않은데도.

문제의 근원은 내가 엉뚱한 것을 부탁했다는 점이다. 나는 "도움"이 필요하지 않다. 나는 온전한 파트너십이 필요하다. 이 둘은 엄연히 다르다. 돕는다는 건 "이건 내 일이 아니야"라는 뜻이다. 돕는다는 건 "당신에게 내가 호의를 베푸는 거야"라는 뜻이다. 돕는다는 건 "이건 당신 책임이지"라는 뜻이다. 돕는다는 말에는 도와주는 사람은 기대 이상을 해내고 책임지는 쪽은 아무리 해도 부족하다는 의미가 숨어 있다. 왜 우리 둘의 인생을 한 사람이 책임을 져야 하지? 반면 온전한 파트너십은 한 사람이 모든 일을 책임지고 배분하고 세세히 관리하지 않는 것을 의미한다. 누가 무슨 일을 해야 하는가, 누가 책임을 지는가에 대한 우리의 관점을 완전히 전복시키는 것을 의미한다. 도움이라는 개념에서 완전히 벗어나 동등한 태도로 책임을 함께 나누는 것을 의미한다. 가정 안에서의 가부장제를 해체하는 것을 의미한다. 때로는 내가 주도하고 싶을지라도, 나의 완벽한 시스템보다는 평등이 우리에게 더 필요하기 때문이다. 감정노동 이야기를 시작할 때도 우리가 원하는 것이 뭔지 확실히 짚고 넘어가야 한다. "도움"은 아니다. "도움"은 부러진 뼈에 밴드를 붙이는 일이다. 우리에게는 재시작이 필요하다. 파트너의 관점만 바꾸어서는 안 된다. 우리 자신의 관점 또한 바꾸어야 한다.

　나는 《하퍼스 바자》 기고문에 동일한 주도권을 가진 파트너를 원한다고 썼다. 옳은 말이다. 더 쓰고 싶은 말이 있었지만 빠졌다. 나는 나와 동일한 주도권을 갖고, 나와 똑같이 일을 할 줄 아는, 나의 엄격한 기준에 맞추어 내게 익숙한 방식대로 일을 한 단계씩 처리하는 파트너를 원했다. 내 말에 순응하는 비서를 원했다. 그것이 나의 "이상적" 해결책이었다. 그 해결책은 나의 문제, 즉 완벽주의, 통제, 은근한 편견, 사회적 조건화를 건드리지 않기 때문이다.

　"도움"이 아닌 온전한 파트너십을 원한다는 건 양쪽 다 생각하고 행동해야 한다는 뜻이다. 우리 집안에서 해야 할 일을 정확히 절반씩 나눠서 하자는 의미가 아니다. 나의 방식이 최고의 방식이 아닐 수도 있다는 것을 인정하는 일이다. 우리가 믿어온 편견과 반쪽 진실을 직면하는 일이다. 우리 파트너는 나의 꼼꼼한 지시 없이는 집안일을 제대로 하지 못한다는, 여자는 정리 유전자를 갖고 태어났고 반들반들한 싱크대를 매우 필요로 한다는 생각들 말이다(이 편견만큼은 버리기 어렵지만 노력하고 있다). 서로 못 보던 사각지대를 찾아내고 그곳에 빛이 들어오게 해야 한다. 나 자신도 변하려고 노력해야 한다. 파트너가 변하길 원한다면 마땅히 그래야 한다.

고작 설거지 한 번의 문제가 아니라는 걸

어머니의 날이 오기 한참 전인 쌀쌀한 3월의 아침, 우리 방 커튼을 열고 뒷마당을 바라보았다. 익숙한 짜증이 부글부글 올라왔다. 코트를 입고 부츠를 신고 서리가 내린 잔디 위를 걸어 다니며 아이폰으로 똥 사진을 찍었다. 똥들은 여기저기 뭉텅이로 쌓여 있었다. 얼음 섞인 열다섯 덩이의 래브라도 똥이다. 나는 씩씩거리면서 열다섯 장의 사진을 찍었다. 손가락에는 감각이 없었지만 뜨거운 분노는 내 신경을 타고 흘렀다. 파노라마 기능으로 똥 범벅된 마당의 전체 샷도 찍었다. 이제 하나씩 클로즈업해서 찍기 시작했다. 그렇다. 나는 아주 오래 오래 참고 기다렸다. 베이비시터가 오기 전에 이 모든 배설물이 치워지기만을 기다렸다. 사진만 찍고 끝낸 건 아니었다. 다행히 사진의 로딩이 오래 걸려서 내가 이른 아침부터 남편을 공격하려고 했던 문자 메시지는 전송되지 않았다. 그런 행동이 자랑스럽지는 않았다. 감정 노동 이야기를 꺼낼 최고의 방법은 아니었다.

내가 (매우 공격적인 방식으로) 전달하고 싶었던 요점은 롭이 제발 이런 것들을 알아보았으면 하는 것이다. 그 전날 롭은 산악 자전거를 수리하느라 오후 내내 뒷마당에 있었고, 나는 당연히 그가 오물을 처리했을 거라고 생각했다. 내 요점은 내가 그렇게 가정할 수밖에 없지 않았겠냐는 것이다. 내가 굳이 치우라고 말하지 않아도 이렇게 눈에 훤히 보이는 일은 그에게도 보였어야

남자들은 항상 나를 잔소리하게 만든다

하지 않았냐는 것이다. 그가 알아서 치웠어야 하는 것이 아니냐는 말이다.

남편이 집에 왔을 때 나는 약간 덜 공격적인 방식으로 그가 설거지를 하지 않을 것이라거나 아침에 베이비시터가 오기 전에 개똥을 치우지 않을 작정이면 나에게 미리 알려달라고 말했다. 그는 내 말이 무슨 뜻인지 알아차렸다. 제발 네가 좀 하라고! 그는 바로 대꾸했다. 이번에 딱 한 번, 그 일 딱 하나 잊어버린 게 그렇게 대수냐고. 그렇게 거슬렸으면 말하지 그랬느냐고. 왜 내가 하는 일마다 그렇게 못마땅하게 여기냐고. 나는 대답한다. 왜 내가 하나하나 일러줘야 하는데? 내가 이 문제 하나 지적했다고 해서 당신이 한 다른 일을 무시하는 건 아니야. 그거랑 이거랑 무슨 상관인데? 왜 나는 또 이 대화를 기어이 시작하고 만 걸까?

감정노동에 대한 대화로 진지하게 들어가려 해도 대화가 난관에 빠지는 이유는 언제나 아주 시시콜콜한 문제로 촉발되기 때문이다. 딱 하룻밤 하지 않고 밀려놓은 설거지. 답을 하지 않은 초대장에 왜 그렇게 '잔소리'를 퍼붓는가. 출장 다녀왔더니 아수라장이 되어 있는 집. 조목조목 따져야 할 것들이 수백 개이고 해결해야 할 작은 문제들도 수백 개다. 옷은 옷걸이에 걸어. 치약 뚜껑 열어놓지 마. 당신 여동생 생일에 전화해. 다 내 입으로 일일이 말하게 하지 마. 당신 약속은 당신이 확인해. 달력에 적어 봐. 아기 기저귀 갈아야 할 때 나만 기다리지 마. 아기 우유 직접 먹일 수 있잖아. 알아서 하면 안 돼? 이거 해, 저거 하지 마. 어쩌면 공격받는다는 느낌이 싫어 감정노동 이야기를 피한다는 남자들의 말도 틀리진 않을 것이다.

우리가 의도했건 안 했건 감정노동 이야기를 하다 보면 상대방 입장에서는 비난의 화살이 수십 개 꽂히는 기분일지도 모른다. 우리가 늘 그래왔듯이 신중하게 단어를 선택하고 말투에 힐난을 싣지 않으려 해도 우리는 여전히 상대가 바뀌어야 한다고 말하고 있다. 당신이 원흉이다. 당신이 좀 더 잘해야 하지 않느냐. 하지만 대화하면서 이런 자질구레한 것들에 매달리지 말고 감정노동을 좀 더 넓은 맥락에서 접근하려 하면 우리 파트너는 실마리를 찾지 못한다. 우리에게는 보이는 이 상관관계가 그들에게는 보이지 않는다. 갑자기 엉뚱한 말을 하고 있다고 생각한다.

이 맥락 안에서 조금 더 큰 그림을 이야기한다는 건 감정노동이 우리의 관계와 삶에 미치는 복잡다단한 방식에 초점을 맞추고 있다는 뜻이다. 하지만 남자들은 경험한 적이 없기에 이해하지 못한다. 감정노동이 우리 개인의 자원, 즉 우리의 시간, 정신적 에너지, 감정적 회복탄력성을 소진시키고 있다는 것을, 그래서 우리는 우리의 삶을 온전히 가꾸지 못하는 반면 우리의 희생으로 나머지 사람들이 태평하게 살고 있다는 사실을 이해하지 못한다. 그들은 우리의 짜증만 알아보고 아주 사소한 일이 단 하나의 원인이라고 생각한다. 설거지, 동물병원 예약, 마트에서 사오지 않은 재료가 문제라고 생각한다. 우리의 감정노동을 우리가 보듯이 멀리서 보지 못한다. 그들에게는 편지 정리하고 일정 관리하고 빨래하고 쇼핑 목록 짜는 것들은 각각 따로 존재하는 일이며 서로 관련이 없지만 우리가 볼 때는 편지를 바로 뜯어서 초대에 응답하고 달력에 날짜를 표시하고 그날 모든 사람에게 적절한 옷을 입히고 선물과 카드를 미리 준비하는 것은 모두 연결되어 있다. 한 가지 일은 줄줄이 사탕처럼 다른 일로 연결되기에 우리는 각각의 일을 넓은 맥락에서 고려하는 반면 남자들은 각각의 일을 따로따로 분리한다. 그러면서 우리가 정신적으로 부하 상태라는 것을 보지 못한다. 왜 자신의 행동이 변해야 하는지 알지 못한다. 왜 작은 일을 크게 만드는지 이해하지 못한다.

감정노동의 개념이 너무나 거창해 이해하지 못하는 것이 아니라 우리가 이 문제를 더 넓은 맥락 안에서 다루지 못하고 있는 건지도 모른다. 변화를 원한다면 개인에게 화살을 돌리기 전에 더 큰 그림을 봐야 한다. 이것은 문화적인 변화가 일어나야 하는 문화의 문제이고, 남자들은 우리가 그 변화를 이끌 수 있도록 도울 수 있고 도와야 한다.

우리 관계에 진정한 변화가 이루어진 계기는 내가 청결한 싱크대 유지를 큰 목소리로 강조해서가 아니었다. 우리가 드디어 몇 차례의 진실되고 생산적인 대화를 하면서 그 대화 안에 사소하지만 짜증스러운 집안일을 포함시키지 않았기 때문이다. 우리 관계의 불평등 문제가 우리 두 사람이 무언가(혹은 여러 가지를) 잘못한 데서 시작하지 않았다는 점부터 확인했다. 우리의 어린 시절 양육 방식에서부터 시작되었고 우리가 받아들인 문화적 관습과 우리에게 이익이 되지 않는지도 몰랐던 미묘한 사회적 메시지 때문에 강화되었다. 이 불균형을 더 큰 문화적 문제로 보기 시작하면서 서로의 잘잘못을 따지는 일에서 벗어났고 우리 각자가 느끼는 부담과 어려움을 솔직히 털어놓고 이야기했다. 천천히, 한 조각 한 조각씩 문제를 꺼내놓고 대화하며 우리 아이들에게까지 이 관습을 물려주지 않겠다고 결심했다.

큰 그림 안에서는 우리 아이들이 가장 큰 부분이고 남편은 그 즉시 무슨 말인지 알아듣는다. 우리 자녀들의 미래는 현재의 감정노동 이야기를 할 수 있는 가장 좋은 방법이다. 나는 말한다. "우리 아이들을 위해서도 바꾸자." 당장 내 생활이 더 편해지고 롭을 "더 나은" 파트너로 만드는 것보다 더 큰 목표다. 아이가 없다면 감정노동의 불균형을 개선하는 이유와 목표는 오직 우리 부부의 행복과 건강일 것이다. 그 또한 중요하지만 부모로서의 책임감은 우리 자신을 돌아보기 더 쉽게 한다. 우리의 행동이 우리 아이들의 세계관을 형성한다는 사실을 잘 알고 있다. 우리는 아이들의 롤모델이고 우리의 행동을 본받아 우리 아이들이 더 성공하고 행복하고 조화로운 성인이 될 수 있기를 희망한다. 나의 두 아들과 딸이 모두 감정노동의 기술을 익히길 바란다. 아이들의 동등한 파트너가 우리 아이들을 이해하고 함께 풍요롭고 만족한 삶을 가꾸어나가길 바란다. 아들의 파트너가 아들에게 내 생일에 어머니에게 전화를 걸라고 매번 일러주길 원치 않는다. 내 딸이 집안일을 일일이 파트너에게 시키길 원치 않는다. 그 반대도 마찬가지다. 우리 아이들이 진실하고 온전한 관계 속에서 살길 바라고 그것이 어떤 모습인지 자라면서 미리 보기를 바란다. 우리 아이들에게 파트너가 없다 해도 독립적으로 살 수 있도록 자신을 위해 꼭 필요한 감정노동 기술을 익히길 바란다. 아이들이 최고의 자신으로 살아가길 바라고 우리를 보며 배우길 바란다.

큰 그림을 보면 대화의 문이 열리고 똑같은 장소에서 똑같이 고집부리며 싸울 필요가 없다. 우리는 우리 사이의 패턴을 인식하고 있고 배우고 있다. 그 과정이 언제나 순조로울 리도, 수월할 리도 없다. 계속해서 헤맬 것이다. 화를 낼 것이다. 하지만 그보다 더 중요한 건 우리는 앞으로 나아가고 있다는 것이다. 큰 그림을 보면 사소한 일에 집착하지 않고도 사소한 일의 중요성을 이해하게 된다. 우리가 나고 자란 문화 때문에 우리의 기준이 다르다는 사실을 알기에 서로 공유하는 기준에 대해서 이야기할 수 있다. 문제의 뿌리를 탐색했기 때문에 성장할 수 있다.

감정노동을 이야기하는 방식을 바꾸면서 우리 관계에 진전이 있었지만 종국에는 나 자신은 나만 바꿀 수 있다는 사실도 기억해야 한다. 그래서 우리는 남성들이 이 대화에 적극적으로 참여해주길 바란다. 그래야 시간과 에너지를 투자해 자신의 관점을 모두 꺼내 돌아보고 해결점을 스스로 찾아낼 수 있다. 우리의 동맹이 되고자 하는 남성분들, 진정 평등한 관계를 이루고 싶은 분들, 감정노동을 이해하고 설명하고 싶은 남성분들. 이곳에 오신 것을 환영한다. 우리는 이 문화의 흐름을 바꾸고 싶고, 그렇게 하기 위해서는 당신들이 필요하다.

그전에 잠깐만 살짝 불편한 이야기를 들어주실 수 있을까?

해결책의 일부가 되고 싶어 하는 남성들이 많은 줄 알고, 본인의 의도가 좋기 때문에 자신들에게 문제가 있다는 말을 듣고 싶어 하지 않을 수도 있다. 문제는 개인이 아니라 문화 아닌가? 그렇다 해도 우리 한 사람 한 사람이 감정노동을 경시하고 여성들에게만 미루는 문화에 어느 정도는 동참해왔음을 인정해야 한다. 의도했건 안 했건 일부러 그랬건 아니건 당신은 그 자체로 문제의 일부다. 당신이 나쁜 자식이라거나 개차반이라는 뜻이 아니다. 우리는 모두 문화의 산물이고 양육의 산물이다. 우리에게는 각자의 맹점이 있다. 하지만 내면적 편견과 깊게 각인된 습관을 바꿀 잠재력 또한 갖고 있다. 모두에게 변할 수 있는 능력이 있다. 우리가 남성들에게 원하는 우선적이고 궁극적인 변화는 감정노동이 우리에게 미친 영향을 말할 때, 우리의 얼굴을 보고 우리 말을 들어주는 것이다. 우리가 너무 많은 감정노동을 들이지 않고도 감정노동을 이야기할 수 있게 해주길 원한다. 결과는 의도보다 훨씬 중요하다.

우리는 잔소리를 하고 싶어서 이 대화를 시작하지 않았다. 당신이 이 문화를 바꿀 수 있게 도와주리라 믿기에 이야기를 하기로 했다. 믿지 않았다면 우리끼리만 뒤에서 속닥거렸을 것이고 아무 발전도 없었을 것이다. 우리는 남성들이 감정노동을 이해하길, 우리의 관점을 이해하길, 그래서 우리 모두에게 더 나은 균형을 찾을 수 있게 해주길 바란다. 한 번 하고 끝날 대화가 아니다. 방어적이 되지 않고도 서로가 보지 못한 점을 알려주는 일상적인 대화가 될 것이다. 서로의 경험을 더 깊이 이해하고 더 만족스러운 관계로 가는 길이 될 것이다.

나는 이제 그저 일시적으로 너무 절망적인 기분이 되어서, 한 계점에 도달한 상태라서 남편에게 감정노동 이야기를 하지는 않는다. 남편을 신뢰하기 때문에 이 대화를 꺼낸다. 남편이 나의 이야기를 믿어주고, 나를 바라봐주고 나의 가치를 봐주고 내가 체험한 현실을 이해할 거라 믿는다. 남편이 강한 사람, 마음이 열려 있는 사람이기에 자신의 진심 또한 나누어준다고 믿는다. 남편이 경험한 현실을 더 잘 이해하고 싶다. 우리의 행동은 서로를 향한 지극한 사랑뿐만 아니라 서로를 향한 진실한 이해에서 나온다는 걸 알기 때문이다.

13.
인정할 건 인정하자

"더 이상 못해먹겠다." 내가 말했다.

별거 아닌 일에 보채는 아이 앞에서 나도 신경질적으로 내뱉고서는 끓어오르는 화 때문에 진정이 되지 않았다. 못하겠어. 내가 익히 아는 감정이다. 앞으로도 계속 느낄 감정이기도 했다.

"뭘 못하겠다는 거야?" 롭이 물었다.

"나도 몰라." 주변을 둘러보았고 남편은 보지 못하는 수만 가지가 내 눈에 들어왔다. 부엌 식탁은 최악으로 어질러져 있다. 아이들은 싸우고 결국 내가 중간에서 말리고 화해시켜야 한다. 머릿속에선 끝없는 할 일 목록들이 둥둥 떠다녔다. "전부 다." 내가 말했다.

남편의 반응은 반이 짜증이고 반은 패닉이었다. 우리 결혼에 문제가 있는 걸까? 산후 우울증의 마지막 단계를 겪고 있는 걸까? 새로 이사한 집이 마음이 안 드나? 일찍 찾아온 중년의 위기 속에서 내 인생 전부를 후회하고 있는 걸까?

아니 아니 아니 아니, 아니다. 그건 아니다. 나는 적합한 단어를 계속 찾았지만 내 감정을 정확히 묘사해줄 언어가 없었다. 할 말은 넘치도록 많은데 떠오르는 단어들은 전부 성에 차지 않았다. 입을 꾹 다물어버리자 롭은 최악의 시나리오를 상상했다.

"너무 지쳐서 그런 거 같아. 오늘 정말 힘들었어."

사실이 아니었다. 그날은 특별히 힘들지 않았다. 적어도 평소와 크게 다르지 않았다. 달랐던 건 그날 나의 인내심이 바닥났고 결국 "이 모든 일"이 전부 내 일임을 알기에 가슴이 답답해지는 순간이 또 찾아왔다는 것뿐이다. 이 감정을 어떤 단어로 설명하면 남편이 알아들을 수 있을까? 나는 당시에 감정노동이라는 용어를 떠올리지 못했다. 정신적 부하mental load라는 단어도 몰랐다. 내 상황이 전혀 특이하지 않다는 점, 사실 전 세계의 여성들이 모두 느끼는 가장 보편적인 감정이라는 사실도 몰랐다.

지금은 잘 안다. 그리고 나는 혼자가 아니다. 우리 사회는 현재 집단적으로 감정노동의 문화적 인식 속으로 들어가는 중이며 어디에서부터 변화를 시작해야 할지에 대한 이해로도 들어가는 중이다. 이제 감정노동을 설명할 언어를 갖고 있다. 더 이상 추상적 좌절의 개념이 아니다. 더 이상 이름 붙일 수 없는 문제가 아니다. 작은 문제부터 큰 그림까지 명확히 볼 수 있다. 작다가 커지면서 점점 버거워지는 느낌이 우리 생활의 많은 부분을 좌우

하고 있음을 볼 수 있다. 우리가 감정노동을 통해 세상에서 중요한 몫을 담당해왔다는 걸 알 수 있다. 보람을 느낄 수 없게 할 정도로 지치는 시점이 언제인지 안다. 이 일이 정신적 피로도가 상당하고 비가시적이며 영구적이라는 사실도 안다. 그리고 이미 감정노동을 있는 그대로 보면서 서서히 발전하고 있는 사람들이 하나둘씩 생기고 있다.

브리짓 슐트는 《타임푸어》에서 인간관계를 형성하는 데 문화와 관습이 얼마나 깊게 영향을 미치는지를 다각도로 살펴보았다. 저자는 우리가 지금 어떤 물에서 수영하고 있는지를 보여주어 개인적으로나 문화적으로 더 나은 선택을 내릴 수 있게 하고 싶다고 말한다. 슐트가 그 책을 집필할 시기에는 감정노동이라는 용어가 지금처럼 일상적으로 사용되지 않았지만 그녀는 연구를 하면서 남편과 함께 감정노동이라는 관점에서 각자의 역할을 돌아볼 수 있었다. 남편은 자기도 충분히 아이들 여름 캠프를 예약할 수 있다는 것을 알았고, 슐트는 남편이 아이들을 치과에 데리고 가도 자신을 나쁜 엄마처럼 느끼지 않는다. "이제 우리가 그 이야기를 할 때 필요한 언어가 생겨서 참 좋습니다." 슐트는 내게 말했다. "그전에는 남편에게 화를 내고 남편은 변명을 하고, 거기서 또 한 발도 나가지 못했죠. 이제는 삶의 이 부분을 공유하고 있어요."[1] 그들은 둘 다 감정노동을 인식한다.

내가 더 잘한다는 믿음 버리기

현 시점에서 문화적 인식은 감정노동이 어디까지 포함되는지에 집중하는 편이지만 무엇이 우리에게 도움이 되고 무엇이 그렇지 않은지를 이해하려면 표면에 드러나는 것뿐 아니라 문제의 근원이 무엇인지까지 살펴봐야 한다. 감정노동의 외적인 면만 본다면 통증의 원인을 간과하고 증상만 치료하게 된다. 바로 이 시점에서 남성들이 앞으로 나서서 배우고 변화하고, 여성들 또한 우리에게 깊이 밴 태도를 냉정히 돌아보고 이해해야 한다. 우리가 아직도 감정노동에 관한 반쪽 진실과 신화에 매달려 있기 때문에 파트너와의 관계 개선이 어렵다. 우리 스스로 바꾸어야 할 행동과 사고방식들이 있다. 언제나 그렇듯 변화는 내부에서부터 시작한다.

사회적 조건화 때문에 내가 감정노동을 매우 세밀한 방식으로, 말하자면 '최고의' 방식으로 수행하게 만들었다는 점을 인정해야 했다. 주변 사람들을 편하게 해주기 위해 노력하면서도 언제나 잡히지 않는 완벽주의를 지향했다. 나를 능률의 화신으로만 만든다면 언젠가는 장벽을 넘어서 자유를 찾을 수 있을 거란 비전을 품기도 했다. 내 감정노동 덕분에 말이다. 가족의 일정 관리를 완벽하게 하면 우리 가족의 정신없는 스케줄은 스트레스가 되지 않을 것이다. 식단 짜기와 식사 준비를 효율적으로 한다면 "저녁 뭐 하지"로 스트레스를 받지 않을 것이다. 완벽한 청소 스

남자들은 항상 나를 잔소리하게 만든다

케줄대로만 하면 큰 어려움 없이 집을 말끔하게 유지할 수 있을 것이다. 물건들이 제자리에 정리되어 있으면 찾느라 고생하지도 않을 것이다. 완벽주의의 문제는 이 약속대로만 하지 않는다는 점이다. 언제나 여기에 더 많은 감정노동을 더 한다.

성인기의 대부분은 어쩔 수 없이 내게 맡겨진 심적 부담과 감정노동의 정답을 찾기 위해 끊임없이, 지치도록 노력한 날들로 채워졌다. 아이들의 정서를 이해하기 위해 육아책과 블로그를 미친 듯이 읽었다. 부부 관계를 건강하게 유지하기 위해 데이트 시간과 휴식 시간을 만들어냈다. 미니멀리즘과 집 정리에 대한 책은 너무 많이 읽어서 잡동사니 버리기를 주제로 대학교에서 강의를 해도 될 지경이다. 하루의 생산성을 높이기 위해 시간을 30분씩 쪼개 일정을 짜기도 했다(진지하게 그때 엑셀로 작성한 표를 보여줄 수도 있다). 운전하면서 내 휴대전화에 대고 소리를 지르며 할 일들을 녹음하기도 했다. 이 모든 노력들이 완벽한 평화로 되돌아올 것이라 믿고, 달콤한 여유를 찾으려고도 했다. 작가 그레첸 루빈이 썼던 것처럼 나를 내면의 평화로 이끌어줄 외부의 질서를 찾았다.[2] 무심한 듯 완전한 감정노동. 나는 이 마지막 종착지가 존재하지 않는다는 것을 깨닫는 중이다.

내가 감정노동을 수행한 방식에 논리적이거나 미학적인 목적이 없진 않았다. 나의 세밀한 정리 체계, 갈등 관리에 대한 나의 접근방식, 나의 엄격한 기준은 모두 내 주변 사람들을 행복하고 편안하게 해주기 위해서 연마된 것이다. 하지만 그것이 전부는 아니다. 불가능한 기준을 맞추기 위해 애쓰고 있었기 때문에 특별한 방식으로 갈고닦은 것이다. 그 기준이란 모든 감정노동은 원래부터 여자가 해야만 된다고 말하는 이 사회가 내게 주입한 것이다. 나의 포부와 그것이 감정노동으로 발현되는 방식은 나의 내적 욕구가 아니다. 나는 여자들은 완벽해야 하고 완벽하지 않으면 가치가 없다고 말하는 이 문화에 멋모르고 끌려간 것이다. 그래서 나는 계속해서 완벽에 다가가려고 노력했고, 감정노동에 능한 사람이 되어갔다. 나의 방식이 꽤나 효과를 보았다고 해서 그것이 최고의 방법이자 유일한 방식은 아니다.

내가 롭에게 시간과 공간을 주자 나의 안내 없이도 롭은 모든 사람을 행복하고 편안하게 해줄 자기만의 방식을 고안해낼 수 있었다. 완벽해야 한다는 욕심 없이도, 자기 의심 없이도, 자신의 방법이 최선인지에 대한 고민 없이도 그 일을 해냈다. 그는 집안일을 완벽하게 해내야 한다는 기대를 받으며 자라지 않았다. 그는 큰 부담 없이도 감정노동에 접근한다. 괜찮은 정도면 충분하다. 우리 부부는 여전히 청결함과 시기적절함에 대한 만족스러운 합의점을 찾고 있다. 남편이 주도하는 모습을 본 후에는 내 방식이 객관적으로 나은지, 아니면 나의 완벽주의의 소산인지를 돌아보기도 한다.

내 방식이 언제나 최선이라는 믿음을 버려야만 했다. 그렇지 않으면 감정노동에 관한 진실한 대화를 나누기 힘들다. 이 대화는 개별적인 관계를 넘어 우리가 왜 이런 패턴에 빠져 있는지까

남자들은 항상 나를 잔소리하게 만든다

지 나아가야 한다. 이 대화는 싸움에서 "이기는 법"을 찾기보다는 이해로 나아가야 한다. 우리 둘 다 우리 앞에 놓인 역할을 맡았고, 그 역할을 의심하지 않은 건 우리가 그런 문화에서 자라서다. 이제는 버리고 떠나야 할 문화에 대한 이해 없이는 새 문화를 형성할 수 없다.

여성들이 떨쳐버려야 할 문화는 감정노동을 평가절하하고 보는 문화는 아니다. 우리의 감정노동이 인정받고 칭찬받을 준비는 얼마든지 되어 있다. 그 지점에서 바꾸어야 할 쪽은 남성이다. 여성들이 버려야 할 것은 완벽주의 성향이다. 이것은 곧 통제 성향으로 이어지고 누구도 우리처럼 할 수 없다는 잘못된 서사를 믿게 한다. 남성을 과소평가하고 어린아이 취급하는 서사이며 그들이 "도와주기" 이상은 하지 않게 만드는 서사다. 우리의 문제가 단순한 통제 욕구가 아님을 깨달아야 하는데 우리는 실제로 통제를 버리기 위해 수차례 노력했다가 결국 결심과 달리 모든 것을 다시 떠맡곤 했기 때문이다. 파트너에게 감정노동을 맡기고 싶지만 그들의 방식이 내 방식이 아니란 걸 알기에 망설이다 좌절한다. 파트너는 내 눈에 완벽하지 않다. 영원히 그럴 것이다.

파트너가 충분한 시간을 가지고 있고 충분히 연습하면 우리가 하는 일을 할 수 있다. 우리가 하는 일은 때론 진절머리 나는 일이다. 그렇다. 하지만 배울 수 없는 일도 아니다. 단계별 지도를 받는다면, 아니 롭이 나의 30분 단위별 생활 계획표를 슬쩍 보기만 해도 내가 하는 일을 정확히 따라 할 수도 있을 것이다. 사실 어쩌면 남편은 내 계획표를 보고 더 하기 싫어질 수도 있는데 남편이 게으르거나 무능해서는 아니다. 내 감정노동 수행 방법이 나에게만 맞는 방식이라 그로서는 이해가 가지 않을 것이다. 나는 식탁에 영양이 균형 잡힌 식사를 올려놓고 아이들에게 화를 내지 않고 옷장 정리가 잘되어 있어야 나의 가치가 올라간다고 믿고 있어서다. 그는 눈앞에 있는 일만 효율적으로 처리하지만 나는 전부 다 하려고 한다. 내가 아이 로봇을 '발견'하면 그것을 치우고 또 다른 정리를 하고 또 다른 일을 할 것이다. 마치 어딘가에 홀린 것처럼 말이다. 롭이 소파에 앉아 있으면서도 마루에 쌓인 먼지를 보지 못하면 화가 날 것이고 욕실 거울에 튄 치약 자국을 지나쳐도 화가 날 것이다. 그의 느긋한 휴식 시간은 나를 일부러 화나게 하려는 은밀한 복수로 해석할지도 모른다. 날 봐, 이렇게 많은 일을 하고 있잖아! 나머지도 다 내가 해야 하는 일이잖아! 그가 나처럼 세세하게 신경 쓰지 않아서 화나는 게 아니라 나도 내려놓고 싶은데 그렇지 못해서 화가 난다. 나는 정리해야 할 빨래가 쌓여 있으면 소파에 편히 앉아 쉬면서 책을 읽진 못한다. 집이 엉망이면 아무리 일을 많이 했어도 부족하다고 느낀다. 바로 이 느낌을 무시해야 나의 감정노동에 우선순위를 매기고 효과적으로 사용할 수 있다.

내가 도맡아 잘 해내고 싶은 충동, 우리에게 "다 가지라"고 말하고 다 해내라고 말하는 문화에서 파생된 충동을 머리로 인지

남자들은 항상 나를 잔소리하게 만든다

해야 한다. 우리 방식이 최고라는 생각, 우리가 감정노동을 더 잘 하도록 타고났다는 생각을 버려야 변화가 일어날 여유가 생긴다. 더 잘 알면 더 잘 해낼 수 있다. 왜 우리가 감정노동에 점령되었는지에 대한 근본 이유를 파악해야 더 잘하는 방법을 알 수 있다. 우리 또한 불균형에 일조했고, 이제 해체할 자세가 되어 있다. 하지만 혼자 해낼 순 없다.

보이지 않는 일을 받아들이기

여성이 "다 가지라"라는 불가능한 기준과 자신을 비교하지 않아야 하듯이 남성들은 변명하기 위해 남과 비교하지 않아야 한다. 진보적인 남성들은 주변 지인과 친구들을 보면서 자기 정도면 훌륭한 페미니스트 파트너라며 우월감을 느끼기 쉽다. 정말 그럴까? 그들이 정말로 "도와주기" 수준을 훨씬 뛰어넘어, 지금까지는 파트너가 책임져온 생활에 더 온전하게, 평등하게 책임지고 있을까? 벌써 반박하는 소리들이 들린다. "나 정말 많이 한다고요!" 하지만 그래도 난 물을 것이다. "정말 그런가요?" 당신이 그저 물리적인 노동만 하는 건 아닌가? 부탁하지 않아도 알아서 하는가? 당신 파트너가 당신과 당신 자녀, 당신의 가족, 친구를 위해서 하는 모든 일들을 알아채는가? 당신이 칭찬받는 만큼 칭찬해주는가? 다른 남자에 비해서 많이 하는가, 아니면 당신 파트너에 비해서 많이 하는가?

진전은 완벽함이 아니다. 중간도 못 가는 사람들보다 조금 더 잘한다고 해서 당신이 페미니스트 영웅이 되진 않는다. 그렇다. 이웃집 아저씨가 자기 아이들을 전혀 돌보지 않는 건 한심하다. 그렇다고 당신이 비난도 받지 않아야 하고 더 나아지지 않아도 된다는 뜻은 아니다.

최근 몇 년 동안 아빠 노릇과 남편 노릇에 대한 기준이 상당히 높아졌다는 건 나도 인정한다. 나 또한 그 도전을 받아들이고 계속해서 발전하는 남자와 살고 있다. 그러나 그는 높은 허들을 많이 넘었지만 여전히 감정노동에 대해서는 낮은 기준도 넘지 못하고 있다. 왜 그럴까? 어떤 신화와 편견 때문에 남성들은 조금 더 성장하고 파트너와 동등한 감정노동 능력을 갖지 못하는 걸까?

내가 보기에 가장 확실하고, 가장 만연해 있으며 우리 부부 사이에서도 종종 찾아볼 수 있는 남성들 사이의 잘못된 신화는 감정노동은 자기 몫이 아니라는 믿음이다. 가정의 영역에서 일어나는 그 어떤 일이건, 그 일은 그들의 과업이 아니다. 파트너의 일이다. 그들은 옆에서 도와주면 된다. 깨일 만큼 깨인 남자들도 그 사고방식에서 벗어나지 못하는데 우리 문화가 그렇게 주입하기 때문이다. 남자들이 가정 안에서 하는 일은 전 세대에 비하면 상당히 많아졌지만 남성들의 머릿속에 자리 잡은 틀은 크게 변하지 못했다. 남성들은 파트너보다 일을 적게 하면서도 자신이

남자들은 항상 나를 잔소리하게 만든다

특별하다고 생각한다. 무의식적으로 그 일은 자기 일이 아니라고 믿기 때문이다.

이 미묘한 여성 혐오에 언제나 의도가 깔려 있진 않지만 언제나 해롭고 여성에게 이익이 되지 않는다. 롭이 실직 상태였을 때 감정노동의 더 많은 부분을 맡게 된 것이 그에겐 무척 힘든 일이란 걸 바로 알 수 있었다. 성인으로서 그런 기술을 새로 배우는 것이 너무나 힘겨워서라기보다는(물론 해보면 생각보다 힘들긴 하다) 그는 자신의 하루가 의미 없다고 생각하곤 했는데 그가 하고 있는 일들은 원래 내 일들이기 때문이다. 여자의 일. 일답지 않은 일. 중요하지 않은 일. 그는 자기가 하는 일이 별로 중요하지 않게 느껴진다고 말했고, 나는 발끈했다.

"당신은 내가 지난 몇 년 동안 해왔던 그 일을 하잖아. 아이 키우고 집안 관리하는 거. 지금 당신 말은 내가 지난 몇 년 동안 집에서 해왔고 당신이 지금 하고 있는 일이 아무 가치도 없다는 뜻이야."

"그 말이 아니란 걸 알잖아."

"알아, 하지만 뭐가 달라? 나에게는 충분히 가치 있는 일이고 당신에게는 그렇지 않아?"

"이걸로는 만족이 안 돼. 일을 하고 있어야 될 것 같아."

"지금 당신 꼭 돈 벌지 않아도 돼."

"하지만 난 일해야 돼."

그는 자신의 감정을 어떤 단어로 표현해야 할지 몰랐지만, 나는 남편이 무슨 말을 하려는지 알았다. 전업주부가 되어 가정 안의 모든 감정노동을 하는 것이 나에게는 충분할 수 있었던 건 우리 둘 다 문화적으로 그렇게 길들여져서다. 나는 집에서건 사무실에서건 일을 할 자유가 있었지만 그 또한 문화적으로 인정하는 영역 안에 들어간다(감정노동도 모두 내가 떠맡는 한 그렇다). 남편에게는 이상적인 노동자가 되는 길은 단 한 가지 길밖에 없다. 가족을 먹여 살리는 부양자, 가장, 보호자가 되어야 한다. 어린 시절부터 그의 앞에 놓여 있던 역할이다. 임금노동이 그의 가치를 정의해왔고 지금은 그 닻이 없으니 자신의 가치를 결정할 수 없는 세상에서 부유하는 느낌이다. 그의 집이다. 그의 아이들이다. 그러나 가정은 내가 만들어왔다. 온전히 그의 것이라고 느낀 적은 없는 것 같다.

감정노동은 그의 일이 아니고 집은 그가 있을 곳이 아니라는 생각을 뛰어넘어 새로운 역할을 편안하고 당당하게 받아들여야 했다. 그 이후에는 감정노동의 가치와 싸워야 했다. 일단, 이 일에는 임금이 지불되지 않는다. 눈에 보이지 않는다. 그는 칭찬과 인정이 없는 일을 하는 데 익숙하지 않다. 그는 도움을 주고 고맙다는 인사를 받지 않은 채 우리 관계 안에서 책임을 맡는 데 익숙하지 않았다. 그 역할을 온전히 받아들이는 건 그에게 쉽지 않았다. 우리가 배운 남성성과 여성성의 가치에 위배되었다. 안정된 자존감이 없으면 규정된 역할에서 한 발짝 걸어 나와서 사회가 그의 일이 아니라고 하는 일을 할 수 없었다.

현 남성성의 모델은 감정노동을 인정하지 않지만 이제는 바뀌어야 할 때다. 베티 프리단은 《두 번째 단계》에서 이렇게 썼다. "이제 새로운 미국의 개척자가 탄생하고 새로운 모험의 기회가 열렸다고 제안하고 싶다. 온전한 삶과 감정을 공유하고자 하는 노력과, 여성과 동등하게 생활을 책임지고 아이를 함께 키우고자 하는 노력은 페미니즘 운동이 시작한 인간 해방이다. 과거의 미국 영웅들과 달리 새로운 개척자는 외로운 카우보이의 고립과 침묵으로부터 남성을 해방한다."[3] 이제 남성들이 감정노동 대화의 일부가 되어야 한다. 이 영역에서 자신의 자리를 찾고 능력을 계발해야 한다. 파트너를 위해서, 자녀를 위해서 그렇게 해야 한다. 그들을 위해 만들어진 생활을 받아들이기보다는 그 삶에 온전히 뛰어드는 건 남성들에게도 무척 중요하다.

팟캐스트 〈젠 페어런팅Zen Parenting〉의 진행자 토드 애덤스는 12년 전 대학 친구들과 주말여행을 다녀와서 이것을 깨달았다고 한다. 아내가 여행에 대해 물었을 때 그는 아내가 공감할 만한 이야기를 들려줄 수 없었다. 그들은 골프 치고 맥주를 마셨지만 주말 내내 속 깊은 대화를 나누지 않았다. 친구들이 "잘 지낸다"고는 말할 수 있었지만 그들의 인생에 어떤 일이 일어나고 있는지 제대로 아는 것이 하나도 없었다. 친구들과 의미 있는 방식으로 유대감을 느끼지 못했다.

"캐시는 친구들과 약속을 잡고 두 시간 후에 돌아오면 친구들 인생에서 일어나는 모든 일을 알고 있죠." 그가 말한다.[4] 그 순간 그는 자신이 무언가를 놓치고 있으며 아내처럼 진한 유대감을 갖고 싶다고 생각했다. 그래서 한 달에 한 번씩 남자들끼리 모여 진정성 있는 대화를 나누는 모임을 만들었으며, 그 일은 남성 코칭이라는 참신한 전문 직업이 되었다.

이제 인생 코치가 된 그는 남성들이 건강한 남성성을 발견하고 좀 더 의식적인 관계를 만들 수 있도록 돕는다. 이는 종종 자신의 약한 부분을 내보이면서 보다 풍요로운 방식의 삶을 사는 것을 의미한다. 그는 자기 모임의 남성들이 보통이 아니라 예외적인 편이라고 말한다. 남자들에게 약한 모습을 내보이는 건 강인함이라기보다 나약함이었다. 그렇지 않다는 걸 인정하려면 자신감과 용기가 필요하지만 생각보다 큰 상이 돌아온다.

"남자들에게 말하죠. 이건 당신의 인생이에요. 당신의 아이들이죠. 당신의 아내입니다. 당신의 연약한 남성의 자아는 잊어버려요." 애덤스는 말한다. 깊이 들어가면 즐길 수 있는 요소들이 너무나 많은데 왜 주변에서 서성대고 있는가?

감정노동을 하지 않는 남성들은 수십 년 전 여성들이 그랬던 것처럼 반쪽 삶을 사는 것이다. 가정에서 지분을 갖지 않고 감정적 유대감 없이 자신의 삶에 더 밀착하지 않을 때, 그들의 가치는 오직 직업에만 달려 있게 된다. 우리가 아는 이 세상에서 그 외에 뭐가 있겠는가? 이 사회는 마음을 열고 공감하는 건 남자들이 할 일이 아니라고, 남자들은 여성이 바라는 조화로운 삶을 원치 않는다고 말한다. 그들은 가장 중요한 영역에서 손해를 본

남자들은 항상 나를 잔소리하게 만든다

다. 이 사회가 그들이 어떤 사람인지가 아니라 무슨 일을 하는 사람인지만 중시하기 때문이다.

남녀가 평생 동안 주입받아온 문화적 메시지를 과감히 떨쳐버릴 수 있다면 우리는 더 온전한 삶을 같이 살고 서로에게 깊이 공감하고 서로를 완전히 이해할 수 있다. 그저 여성들이 자신의 짐을 다른 사람에게 넘기는 문제가 아니다. 사실 나는 모든 감정노동을 다 내려놓고 싶어 하는 여성은 단 한 명도 만난 적이 없다. 감정노동이 주는 기쁨이나 보람과 완전히 작별하고 싶지 않다. 감정노동은 내려놓기에는 너무나 소중하다. 더 많은 사람들이 감정노동의 힘을 이해하고 계발하길 바란다. 우리 삶의 구석구석을 이해하는 파트너를, 이해에서 나온 결속을 원한다. 우리와 똑같이 참여하고 책임을 지고 함께 삶을 만들어가는 파트너를 원한다.

14.
선을 그으면,
더욱 가치 있는 일이 된다

네바다주 리노에 살고 있는 스테파니 버틀러의 집에 가던 날 그녀는 문자로 자기 몰골이 말이 아닐지 모른다고 걱정했고, 나는 괜찮다고 말했다. 버틀러는 출산한 지 얼마 되지 않았고, 나는 신생아를 돌보는 엄마의 하루가 어떤지 선명히 기억하고 있다(솔직히 신생아 시기는 지났음에도 불구하고 여전히 그런 날들이 있다). 그녀는 소파에 앉아 태어난 지 3주 된 아들에게 젖을 먹이고 있었다. 아이가 하나에서 둘이 되니 어떻게 다르냐고 묻자 아들이 순한 편은 아니라고 했다. 아기가 계속 구토를 해서 깨끗한 브라가 남아 있지 않다고 했다. 부부는 스윙 침대를 두 개 사서 하나는 2층에 하나는 1층에 두었지만 아기는 절대 침대에 얌전히 누워 있지 않는다. 안아주지 않으면 울고 보챈다. 뱃구레가 작아서 하루 종일 먹여야 한다. 이 시기에는 엄마가 스물네 시간 옆에 붙어 있어야 하고 잠을 거의 자지 못한다. 챙겨줘야 할 네 살짜리 딸도 있다. 스테파니는 아들이 젖을 먹고 품에서 잠이 들자 한숨 돌리며 소파에 기댔다. 혹시 아이가 계속 보채서 나와 대화하는 중에 계속 어르고 달래야 할까 봐 걱정했었다. 곧 남편이 퇴근하지만 아기 보기는 엄마 몫이다.

"남편이 갓난아기는 어려워해요."[1] 그녀가 말한다.

남편은 아이가 얼른 개월 수가 늘어나 사람처럼 되어 같이 대화하고 놀기를 바란다. 하지만 지금은 집 안에서 다른 일을 하는 데 열중한다. 남편은 집에 오자마자 첫째와 놀아주거나 아내에게 아기를 받아 안고 좀 쉬라고 말하는 남자는 아니다. 그 대신 다른 방식으로 도와준다고 한다. 내가 있을 때 그녀의 남편은 팔 한가득 식료품을 안고 들어와서 냉장고에 착착 정리하고 어수선한 집을 정리했다. 저녁을 준비하고 청소도 했다. 그녀는 남편 빨래를 한 번도 해본 적이 없다고 한다(남편은 군인 출신이라 자기만의 셔츠 개는 법이 있다). 아내가 청소기 돌리기나 욕실 청소를 부탁하기도 하지만 보통은 말하지 않아도 알아서 하는 편이다. 대체로 언제 무엇을 꺼내고 들여놓아야 할지도 잘 안다. 침대 정리도 하고 부엌 싱크대도 닦는다. 정리정돈도 한다. 그는 분명 집에 오자마자 추리닝으로 갈아입고 냉장고를 열어 맥주 캔을 따는 남편은 아니다. 하지만 신생아 돌보기라는, 감정적으로 매우 무거운 일을 나눠 하는 남자도 아니다. 나는 버틀러가 이런 집안일 분담 방식에 만족하는지 궁금했다.

남자들은 항상 나를 잔소리하게 만든다

그녀는 이 정도면 집안일이 공평하게 분배된 편이라고 말했지만 나는 자꾸 첫 번째 질문으로 돌아가고 싶었다. 남편이 두 아이에겐 거의 손을 놓고 있다고 말했을 때 내 눈은 헤드라이트에 비친 사슴처럼 커다래졌다. 이렇게 말하고 싶은 걸 겨우 참았다. "아니, 그렇게 어떻게 사세요?" 신생아 시기에는 육아에 적극적으로 참여하는 파트너의 도움을 받아도 전쟁이다. 내가 빽빽 울고 있는 아기를 롭의 팔에 억지로 안겨주고 화장실에 가서 울 수 없었다면 그 시기를 버티지 못했을 것이다. 하지만 지금 내 앞에는 아기를 먹이고 달래고 계속 안아주는 일을 모두 혼자 하는 엄마가 있었다. 버틀러는 고단해 보였지만 남편에 대해서나 아기 엄마의 생활을 말하는 목소리에 화가 실려 있진 않았다.

"제가 중요한 사람으로 생각되니까요. 우리 부부 관계에서 내가 무언가 중요한 일을 담당하고 있다는 느낌이에요."

가끔은 자신이 죽으면 이 가정이 어떻게 될까 상상하기도 한다. 슬픔은 그저 일부일 뿐이라는 걸 안다. 그녀가 하고 있는 감정노동을 대신한다는 건 보통 일이 아닐 것이다. 나는 속으로 그건 그리 건강하지 않은 관계라고 생각하고 있었다. 두 사람이 모두 이 일을 할 줄 알아야 하지 않을까? 비극이 일어나기 전에 이기술을 습득해야 하는 건 아닐까?

그녀는 비록 아기를 거의 혼자 보고 있지만 부부가 각각 자신이 잘하는 걸 하는 건 괜찮은 방식이라 생각한다. 그녀는 자신이 아이들과 더 잘 소통하고, 더 나은 부모가 될 수 있고, 아이들을 더 세심하게 보살필 능력이 있기에 남편에게는 육아 시간을 덜어주고 싶다. 전통적인 크리스천 양육 방식이다. 또한 남편이 가계부를 관리하고 보험을 처리하고 자기 빨래를 하는 점도 만족스럽다. 그녀는 부부 관계에서 감정노동이 꼭 균형을 맞춰야 한다고 생각하지 않는다. 그녀는 지금 이 상태를 받아들이고 있고 어떻게 보면 즐기는 것 같다. 적어도 그 부부에게는 이 방식이 이상적이다.

아들이 태어난 날 산부인과에서 보낸 첫날밤이 어땠는지 이야기했다. 밤새 아기와 같이 자다 깨다 했고 갓난아이를 달래주는 게 얼마나 힘든지, 간호사가 와서 기저귀를 갈고 체온을 잴 때마다 아기 옆에 왜 계속 있어야 했는지, 그 첫 몇 시간도 얼마나 벅찼는지. 회복실에서 누워 쉬고 있을 때 남편은 그녀를 돌아보며 말했다. "당신은 참 좋은 엄마야." 그녀는 이런 순간에 자신의 감정노동의 흔들리지 않는 가치를 깊이 느낀다고, 힘들어도 보람을 느낀다고 말했다. 이렇게 남들의 눈에 보이고 인정받는 순간들은 드물지만 자신이 하는 일이 중요하다는 생각은 잊지 않는다. 그래서 감정노동이 그녀에게는 큰 문제가 되지 않는다.

버틀러와의 인터뷰는 이후 몇 달 동안 머릿속에서 떠나지 않았다. 나는 완전히 공감할 수 없었다. 왜 아무 문제가 없다고 할까? 자신이 하고 있는 일을 명확히 알고 있다. 그녀는 분명 피로하고 지쳐 있다. 하지만 분노를 키우진 않는다. 변화를 원치도 않는다. 자기 몫의 감정노동을 하지 않으려 하는, 대체로 자기 아기

남자들은 항상 나를 잔소리하게 만든다

를 안아주지도 않는 파트너에게 어떻게 화가 나지 않을 수 있지?

"감정노동은 별로 문제가 안 돼요." 이런 태도를 가진 여성이 버틀러뿐은 아니라는 사실을 곧 알게 되었다. 제니퍼 로이스가 한 설문조사를 읽어보니 자기 몫 이상의 감정노동을 짊어지고 있지만 그 짐이 무겁게 느껴지지는 않는다고 대답한 여성들이 있었다. 《집은 학교다: 홈스쿨링과 엄마의 감정노동Home is Where the School is: The Logic of Homeschooling and the Emotional Labor of Mothering》에서 로이스는 열 명가량의 홈스쿨링 엄마들을 인터뷰했다. 그중 대부분이 감정노동과 가사노동을 모두 하고 있지만 남편과의 관계에서 감정노동의 균형을 꼭 맞춰야겠다는 생각은 들지 않는다고 답했다. 로이스는 기독교 신앙과 사회적으로 강화된 신념이 겹치는 것이 이유라고 설명한다. "홈스쿨링 엄마들이 보수적일수록 모든 일을 엄마 역할로 받아들이는 경향이 있다. 나의 의무다. 하느님이 나를 이렇게 쓰길 원하신다." 로이스는 내게 말한다. "신앙으로 스트레스를 다스리는 거죠."[2] 이 감정노동의 이면에는 숭고한 목적이라는 의식이 있고, 이 의식은 파트너에게 도움을 받을 수 없을 거라는 기대와 맞물린다. 그러면서 "감정을 조작하여" 감정노동이 그렇게 무겁지 않다고 느끼게 된다. 나는 그들이 평등한 관계를 한 번이라도 생각해본 적이 있는지, 아니면 파트너를 너무나 잘 알기에 말해봤자 소용없다고 여기는 건 아닌지 궁금했다. 로이스는 말한다. "많은 여성들이 같이 부모 노릇을 해줄 평등한 파트너를 꿈꾸다가는 분명 실망할 게 틀림없으니까요."

나는 그녀의 말이 맞다고 생각한다. 내가 여성들에게 직접 들은 말이기도 하다. 나에게 다가와 감정노동에 대한 나의 글 덕분에 파트너가 그들의 세계를 더 잘 이해하게 되었다고 말한 여성들도 많았지만 내 글 때문에 관계 안에서 더 외로움을 느꼈다고 말하는 이들도 있었다. 남편은 내 글을 읽고 싶어 하지 않았고, 아마도 이 책이 나와도 읽지 않을 것이다. 파트너가 변할 생각이 전혀 없다면 우리는 어떻게 해야 할까? 나 빼고 아무도 내 일을 인정해주지 않는다면 어떻게 지금보다 나아질 수 있을까?

감정노동을 진짜 일로 인정하지 않는 남편을 둔 많은 여성들의 이야기를 들으며 자꾸만 그 질문으로 돌아갔다. 2015년 메타필터의 감정노동 글 밑에 달린 댓글들을 생각했다. 감정노동에 관한 글을 읽으려 하지도 않고 이해하려 하지도 않는 파트너에 대한 울분들로 넘쳤다. 우리는 모두 우리가 있는 곳에서 시작해야 하고, 모든 파트너가 감정노동 대화를 나눌 준비가 되어 있지 않다는 사실을 인정해야 한다. 그렇다면 답은 무엇일까? 불균형 앞에서 어떻게 만족을 찾을 수 있을까? 평화를 얻기 위해서 우리도 감정을 조작해야 할까? 그냥 포기하고 내려놓을까? 당신은 감정노동을 일로 보지만 파트너가 그렇지 않을 경우 행복한 중간 지점을 찾을 수 있을까?

파트너가 자신의 몫을 거부할 때 진정한 평등이 가능하다고는 솔직히 말하기 힘들지만 우리가 어디에서 시작하느냐에 관계

없이 발전의 여지는 있다. 변하려 하지 않는 파트너를 둔 우리도 우리 자신을 변화시킬 수 있다.

내가 《하퍼스 바자》 기고문을 썼을 때 나는 감정노동에 대한 "해결책"을 찾고 있지도 않았고 독자들에게 해결책을 제시하려고 하지도 않았다. 그저 나의 감정노동이 인정받고 승인받기를 바랐다. 다른 사람의 눈에 보이길 바랐다. 공감과 "좋아요"를 누르고 나에게 메일을 보낸 여성들을 통해 내가 그토록 갈망하던 유대감과 이해를 얻었다. 그리고 마침내 가장 중요한 우리 가정에서도 공감을 얻게 되었다.

후속편으로 우리 가정의 변화에 대해서도 글로 써서 발표했다. 남편이 나의 관할 영역이었던 일을 맡았고 내가 부탁하지 않아도 일을 하기 시작했다. 어느 날 옷방에 들어갔다가 내가 제일 좋아하는 바지가 개켜져 서랍장에 들어가 있는 걸 보고 눈물이 날 뻔했다. 내가 빨지도 개지도 않았는데 어떻게 여기에 있을까. 내가 말하지 않았는데도 냉장고에 새 우유가 들어 있을 때도 남편에 대한 사랑이 가득 차올랐다. 그런 일들이 나에게 부담된다는 뜻이 아니다. 그 육체적인 편안함은 아주 작은 부분이다. 나는 평생 동안 이런 일을 해왔고 대체로 육체노동 자체가 힘든 적은 많지 않았다.

내가 감동받은 건 그 행위 자체가 아니라 이런 일들이 남편에게도 보이기 시작했다는 사실이다. 그가 식단을 짜고 보통은 나의 영역이었던 작은 부분들을 알아채면서 남편은 마침내 어쩌면 처음으로 나를 완전히 볼 수 있었던 것이다. 그는 내 인생과 우선순위를 새롭게 이해했다. 어쩌면 처음부터 내가 원한 건 그뿐이었을지도 모른다. 나는 목격되고 싶었다. 나는 가치 있게 여겨지고 싶었다. 내가 하는 매일의 감정노동이 가치 있다는 걸 알리고 싶었다.

하지만 내가 다른 남편을 만났다면, 나의 감정노동뿐만 아니라 그런 것이 존재한다는 사실조차 인정하지 않으려는 사람을 만났다면 어떻게 되었을까? 내가 작가가 아니라서 생각을 글로 정리해 세상에 내보이고 싶었던 마음을 달래지 못했다면 어땠을까? 나의 감정노동이 오직 나만 보고 있다면 어떻게 이 문제를 다룰 수 있을까?

우리의 감정노동을 인정할 방법

나는 다시 스테파니 버틀러와의 인터뷰를 떠올렸다. 그녀의 관점은 기독교적인 세계관에서 비롯되었다고도 할 수 있지만 그녀의 말 중에서 내가 무시하지 못할 내용이 분명히 담겨 있었다. 가치다. 그녀는 인터뷰 중에 그 단어를 여러 번 넣어 말했다. 육아의 감정노동을 하지 않으려는 남편과 살고 있었고, 감정노동을 가치 있는 일로 인정해주지 않는 세상에서 살고 있었지만 그녀는 그 일의 가치를 절대 망각하지 않았다. 나는 책 한 권에 걸

쳐서 감정노동이 가치가 있다는 말을 하고 있다. 우리 파트너와 사회와 더 큰 문화가 가치를 인정해주어야 한다고 주장한다. 그러나 그만큼 중요한 것이 또 있다.

우리 스스로가 감정노동의 가치를 인정하기 시작해야 한다.

아무도 이 일이 가치 있다고 인정해주지 않을 때, 우리의 정신적 부담을 아무도 보지 못할 때, 하지 않으면 안 되지만 고맙다는 소리는 못 듣는 일이란 걸 알 때, 우리는 잠시 멈추고 우리의 감정노동을 인정할 방법들을 만들어야 한다. 우리는 이 일이 가치 있다는 것을 확고하게 믿는다. 그렇지 않다면 우린 하지 않았을 테니까. 이 일이 세상을 무사히 돌아가게 하지 않았다면—우리 가족을 하나로 뭉치게 하고 우정을 단단하게 하고, 가정은 가장 편안한 곳이 되고 아이들은 보호받는다—우리는 하지 않았을 것이다. 아주 유해하면서도 끈질기게 남아 있는 편견은 여성들이 사사로운 문제를 걱정하며 시간을 낭비한다는 것인데 이는 진실과 한참 멀다. 우리 모두 가끔씩 걱정과 불안에 휩싸일 때도 있지만 대체로 세세한 부분을 골똘하게 생각 중이며 그런 것들이 이 세상을 더 나은 곳으로 만든다.

우리는 신경 쓰기 때문에, 우리가 신경 쓰는 일이 중요하기 때문에 감정노동을 수행한다. 이 선언은 당신의 파트너가 당신이 부탁한 동물병원 예약을 했는지 안 했는지, 당신이 기저귀를 가는 남자인지 아니면 똥냄새가 나도 소파에 앉아버리는 사람과 결혼했는지 여부에 달려 있지 않다. 당신이 감정노동을 맡을 때 당신이 테이블 위에 올려놓을 수 있는 가치는 다른 사람과 연결되어 있지 않다. 당신이 보고, 소유하고, 가치를 부여하라.

우리의 감정노동은 자산이다. 우리 삶과 우리 가정과 우리 아이들과 우리 친구와 가족과 더 깊고 완전하게 관계 맺게 해준다. 감정노동은 그저 일상을 유지하게끔 하는 기술이 아니다. 모든 것들을 서로 연결시킨다. 사람들과의 관계 유지부터 집 정리까지 모두 그 일에 도움이 된다. 우리의 감정노동 기술 덕분에 모든 상황에서 큰 그림을 볼 수 있고, 세상을 헤쳐 나갈 때 우리와 우리가 사랑하는 사람이 안정을 느낄 수 있게 한다. 감정노동은 떨쳐버려야 할 짐이라기보다는 우리 삶과 우리 주변 사람들의 삶을 더 풍요롭게 만들기 위해 활용하는 능력이다.

작가이자 행복 전문가인 그레첸 루빈은 자신의 책과 팟캐스트 〈해피어〉에서 행복과 감정노동이 교차하는 지점에 대해 많은 이야기를 한다.《지금부터 행복할 것》과《집에서도 행복할 것》에서 그녀가 이야기한 습관의 변화는 결국 감정노동을 더 적극적으로 하는 것이었다(명절 아침 푸짐한 식사 하기, 자녀들의 어린 시절 메모장 만들기 등). 그녀가 제안하는 모든 습관은 사실 감정노동의 프레임을 다시 짜서 그 진정한 가치를 보는 것이다. 감정노동 수행은 우리를 지치게 하기보다는 우리 인생을 더 풍요롭게 한다고 말한다. 우리 삶과 더 긴밀히 연결된 느낌을 주기 때문이다. 그녀는 "행복" 실험을 하면서 감정 수행을 할 뿐만 아니라 그 일을 진심으로 즐길 수 있다는 것을 보여준다. 우리 모두가 접시에 더 많은 일을 올려놓고 싶어 하진 않을 테지만—가족들에게 단체 메일을 보낸다거나 시댁 식구들과 1년에 한 번씩 여행 계획을 짠다거나—그래도 가족과 함께하는 시간은 더 진한 유대감, 더 진한 행복으로 이어질 수도 있다. 하지만 우리가 해야만 하는 일들(즐기면 좋은 일들) 앞에서 괴롭다고 생각하기 전에 루빈이 제시한 만능 열쇠가 다른 방식으로 보기는 아니라는 것을 알아야 한다. 감정노동의 가치를 보는 것도 중요하지만 왜 우리가 감정노동을 해야 하는가부터 명확히 밝히는 것이 열쇠다.

세상의 기대가 아닌 나의 우선순위대로

그레첸 루빈은《나는 오늘부터 달라지기로 결심했다》에서 습관 형성 전략의 하나로 명확성을 꼽는데, 가치의 **명확함**과 행동의 **명확함**이 변화를 이끌 수 있는 두 가지 명확함이라고 말한다. "내가 어디에 가치를 두는지 명확해지고, 다른 사람이 아니라 내가 나에게 뭘 기대하는지 명확해질수록, 나는 내 습관을 지킬 수 있게 된다."[3] 이 조언은 습관 창조에도 적용되지만 감정노동의 우선순위를 명확하게 하기도 한다. 우리가 하는 대부분의 감정노동은 사회적 · 문화적 기대와 얽혀 있다. 우리는 파트너를 위해서 잡일을 처리해주어야 한다는 기대를 받는다. 우리는 풀타임으로 일하면서도 1950년대 주부처럼 집을 반짝반짝하게 관리해야 한다는 기대를 받는다. 아이들의 독립성과 책임감을 권장하기보다는 아이들의 일정을 일일이 관리해야 한다는 기대를 받는다. 더 나쁜 건 개인적으로는 동의할 수 없는 이러한 사회적 기대를 내면화한다는 점이다. 내가 진정 우선시하는 것이 무엇인지 고려하지 않고 스스로에게 불가능한 것을 요구한다. 감정노동에 가치를 두는 것 안에는 바깥세상과 나 사이에 선을 긋는 것도 포함되어야 한다.

어떤 방식으로든 선을 그을 수밖에 없다. 무거워하다가 무너져버리기, 시간을 내서 우선순위를 정하기, 둘 중 하나다. 나는 개인적으로 후자를 추천한다. 당신 접시 위에 너무 많은 감정노동이 놓여 있고 파트너가 그 대화에 관심이 없다면 당신 자신하고라도 그 대화를 나누자. 나에게 정말로 도움을 주는 부분은 무엇이고 그렇지 않은 부분은 무엇인지 묻는다. 내가 세운 체계의 어떤 부분이 완벽주의와 관련이 깊고, 어떤 부분이 나와 주변 사람에게 정말로 이익이 되는지? 무엇을 내려놓고 싶은지? 그것들을 내려놓았을 때 어떤 일이 벌어지는지? 무엇을 앞에 놓고 싶은지? 가치와 행동이 어느 지점에서 만나면 내가 쏟아붓는 감정노동에서 최대한 많은 이익을 뽑아낼 수 있는지? 우리는 모든 걸 다 할 수 없다. 그러나 우리가 가장 원하는 것만 골라서 그 일들을 잘 해낼 수는 있다. 남편 대신 치과 예약을 해줄 필요는 없다. 모든 사람에게 할 일을 확인시켜줄 수는 없다. 감정노동을 잘하도록 훈련받았다고 해서 다른 사람의 의무까지 저절로 내 의

남자들은 항상 나를 잔소리하게 만든다

무가 되게 할 필요는 없다.

"선을 긋는다는 건 때로 다른 사람들을 실망시킬 위험이 있을 지라도 나 자신을 사랑할 용기를 갖는다는 것이다." 브르네 브라 운이 《O, 오프라 매거진》에 실은 글이다.[4] 특히 감정노동과 관련 해서 그 위험은 매우 실제적이기도 하다. 그동안 당신 덕분에 편 안했던 사람들이 더 이상 당신에게 의지하지 못할 때 분명 실망 할 것이다. 그러나 당신이 진정 당신의 감정노동을 중요하게 여 긴다면 약간의 부족함은 넘어갈 수 있어야 하고 꿋꿋이 나를 지 켜야 한다. 앙갚음이 아니다. 선을 긋는다는 건 자기 일을 하지 않은 사람들에게 벌주기가 아니다. 선을 긋는 건 다른 사람들과 는 상관없다. 나의 문제다. 나의 시간, 나의 정신적 공간, 나의 가 치와 우선순위를 소중히 하는 일이다. 감정노동은 목표에 기여 하지만 언제나 당신에게 도움이 되었던 건 아니다.

감정노동의 가치를 보아야 하고, 내가 그 가치를 높게 보고 있 음을 스스로에게 확인시켜주어야 한다. 선을 확실하게 긋고 지 쳐 쓰러지거나 내가 과소평가되거나 이용당한다는 느낌을 받지 않는 감정노동을 해야 한다. 먼저 우리 건강과 웰빙을 위해서이 기도 하지만 우리의 감정노동에 가치를 부여하는 건 우리가 가 능하리라 믿지 못했던 변화의 길을 만드는 것이다. 내 주변 사람 들이 감정노동을 일로 보지 않는다고 해도 그 책임을 전달해주 면 변화가 있을지 모른다. 다른 사람이 당신의 감정노동에 의존 할 수 없다는 걸 알게 되면 그들도 자신의 우선순위를 조정하게 될 것이다. 그 일을 직접 하거나 그 편안함을 포기하고 살아야 할 것이다. "내가 그동안 얼마나 감정노동을 많이 해왔는지 보여주겠어"라고 복수하듯이 이렇게 하라는 뜻이 아니다. 각자의 방식대로 균형을 맞출 수 있는 공간을 만들자는 것이다.

남성과 여성 모두가 감정노동의 가치와 힘을 경험할 수 있는 공간을 만들어야 한다. 우리의 세세한 관리가 사랑에서 나온 행동이라고 생각할지 몰라도 이것은 우리가 사랑하는 사람이 자신의 삶을 더 온전하게 책임질 기회를 빼앗는 것이다. 그들도 자기만의 시스템을 만들고 자기만의 유대관계를 만들어야 한다. 옆에 있는 사람이 그들을 위해 만들어준 생활에 아무 생각 없이 들어오는 대신 자신의 우선순위를 만들어가야 한다. 순교자적 희생의 태도를 모델 삼지 말고 선 긋기를 모델로 삼아야 한다. 더이상 감정노동 때문에 지치지 않고 우리의 삶이 더 풍성해질 수 있는 기술을 연마해야 한다. 감정노동이 다른 사람들을 돕는 것이라 생각하지만 그 기술은 나 자신을 더 잘 돌보는 데 사용할 수도 있다. 이렇게 묻는다. "나를 편안하고 행복하게 하기 위해서 뭘 해야 하지?" 우리가 주변 사람들을 위해 의식적, 무의식적으로 항상 하는 그 질문이다. 휴식을 계획하고, 시간을 빼서 당신이 즐기는 활동을 하고, 당신이 감정노동을 해주는 것만큼 받을 수 있는 관계에 투자한다. 명절 모임 계획하기가 진정 즐겁고 정을 쌓는 계기가 된다면 모임을 계획하라(다만 스트레스를 받지 않으려면 완벽주의를 버리는 것이 좋겠다). 내가 안고 가고 싶은 감

남자들은 항상 나를 잔소리하게 만든다

정노동을 우선시하고 나에게 전혀 보탬이 되지 않는 건 떨쳐버린다. 개인의 삶 안에서뿐만 아니라 이 세상 안에서도 그렇게 할 수 있다. 지배적인 문화가 우리의 방식이 틀렸다고 말하게 두지 말고 직장에서도 감정노동의 능력을 지렛대로 사용할 수 있다. 세부적인 부분에 신경 쓰는 우리에겐 유리한 점이 많다. 일의 배분을 잘하는 것도 강점이다. 전체 그림을 보면서도 모든 사람을 편안하고 행복하게 해주려고 하는 데서 혁신이 생길 수도 있다. 다른 사람들이 이 안의 가치를 보지 못하거나 보지 않으려 한다면 그들 손해지 우리 손해가 아니다. 하지만 우리를 위해서 우리 일의 가치를 아는 미래로 들어가기로 하자. 감정노동이 나와 내가 사랑하는 사람들에게 언제 어떻게 도움이 되는지 정확히 아는 세계로 들어가자.

15.
버릴 것과 남길 것

　나는 집필 작업으로 한창 바쁘게 지내고 있었고, 남편의 구직 활동은 번번이 벽에 부딪혔다. 그는 하루에 몇 시간 동안 일자리를 찾고 지원을 해보았지만 연락이 오는 곳은 없었다. 그렇게 명절 시즌이 다가오고 있었다. 이제 그도 장기적으로 볼 필요가 있었고 나도 그리 말을 돌리지 않고 그렇게 말했다. 나는 역할 바꾸기 시나리오에 들어갈 준비가 되어 있었다. 이번 한 번만이라도 내가 이상적인 노동자의 역할을 하고 그는 모든 감정노동을 짊어지는 것이다. 남편에게, 내가 일하고 있을 때 집이 대재앙 수준이면 무시할 수 없고 머릿속에서도 밀어낼 수 없다고 설명했다. 부엌 식탁 위에 정체불명의 온갖 잡동사니가 쌓여 있으면 맑은 정신으로 집중해서 글을 쓸 수가 없다고 말했다. 1교대 근무가 끝나자마자 2교대 근무로 들어간다는 생각을 하면 스트레스를 받는다고 했다. 내가 일하는 도중에는 나에게 와서 점심 저녁은 뭘 먹어야 할지 묻지 않았으면, 이제 어떤 일을 하면 되는지 묻지 않았으면 한다고 말했다. 남편이 진정한 감정노동을 하길 바랐고, 그 말은 내가 알려주거나 시키지 않아도 혼자 알아서 해야 한다는 뜻이었다. 단기 집중 학습이었지만 우리 둘 다 그가 마스터할 준비가 되어 있다는 걸 알았다.

앞서 말했듯이 그는 감정노동의 공격을 정면으로 막아냈고 아주 잘 해냈다. 내가 일일이 일러주지 않았지만 그는 자신감을 갖고 이 새로운 역할을 능숙하게 해내고 있다고 느끼기 시작했다. 여전히 몇 가지는 내가 확인했지만 몇 주가 지나면서 대답이 언제나 "응"이라는 걸 알고 이제 남편에게 나의 도움이 필요 없다는 걸 확신한 후 내 일에만 집중했다. 이제 숙제를 챙기고 점심 도시락을 싸고 식단을 짜고 아이들의 준비물을 확인하는 사람은 (그리고 자기 물건도 챙기는 사람은) 롭이었다. 내가 너무 일에 치여 있었기에 그는 40장의 크리스마스카드도 혼자 다 썼다. 한 달 동안 그의 부모님에게 전화하고 문자를 보낸 사람도 그였다. 우리 가족 스케줄이 내 책상 앞에 붙어 있었지만 그가 먼저 일러주기도 했다. 내가 작정하고 그에게 이 모든 일을 맡긴 건 아니었다. 자연스럽게 그렇게 되었다. 나는 하루 일을 마치고 저녁이면 자료 조사를 위해 소파에서 책을 읽었다. 그사이 롭은 저녁을 차리고 정리하고 설거지했다.

그러다 어느 날 오후 내가 점심을 먹으며 잠깐 쉬고 있는데 남

남자들은 항상 나를 잔소리하게 만든다

편의 정신이 딴 데 가 있는 듯했다. 몸은 내 옆에 있었지만 내 옆에 있지 않았다. 나는 왜 그런지 안다고 생각했다. 구직이 마음대로 안 되니 정체성의 위기를 겪고 있는 것이리라. 하지만 남편에게 무슨 문제가 있냐고 묻자 뜻밖의 대답이 돌아왔다.

"뭔가 해야 할 일이 더 있는 것 같아서. 빠뜨린 게 있는 것 같은데 그게 뭔지 모르겠어."

그는 딸의 유치원에 새로 세탁한 이불을 보냈고, 아들에게는 점심 도시락과 간식을 싸주었다. 빨래를 했고 청소를 끝낸 다음 잠시 쉬는 시간을 갖는 중이었다. 빠뜨린 건 없었다. 적어도 중요한 건 없었다. 하지만 정신적 부하 때문에 명료하게 생각을 정리하지 못했다. 내가 너무나 잘 아는 감정이다. 자꾸 뭔가 더 할 일이 있는 것만 같고, 머릿속이 복잡해 잠시라도 편안히 앉아 있거나 쉬지 못하는 상태 말이다. 당신이 가족을 챙기는 유일한 사람일 때 항상 당신을 찾아와 갉아먹는 그 기분 나쁜 불안 말이다. 하나라도 놓치지 않기 위해서 정신을 집중하다 보니 뭔가 놓친게 분명하다는 생각에 빠져드는 것이다. 그 익숙한 불안은 나에게는 뜻밖의 일은 아니었으나 롭에게도 일어나고 있다는 사실이 내 눈을 뜨게 했다. 남편과 나 둘 다 이런 감정을 갖길 원하지 않는다. 현재 나는 일에만 집중하고 다른 건 거의 하지 않는 상태였고, 나 또한 내 삶과의 연결고리가 끊어진 기분이었다. 오직 일에만 온 신경을 집중하고 다른 건 흘려보낼 때 나는 대체로 예민해졌고 행복하지 않았다. 감정노동을 전혀 하고 있지 않을 때 고립감과 공허함을 느꼈다. 내 인생은 더 이상 조화롭거나 온전하게 느껴지지 않았다. 우리 두 사람 다 보람과 만족을 느끼는 삶을 살고 있지 못했다.

"시행착오를 거쳐야 한다." 베티 프리단은《두 번째 단계》에서 이렇게 썼다. "지리멸렬한 현실을 꿈같은 환상으로 대체한다는 생각을 버리고 실현 가능성 있는 진정한 역할 바꾸기를 위해, 남성과 여성이 가사를 공평하게 분담하고 책임을 나누기 위해 노력해야 한다."[1] 다시 말해서 다른 쪽 풀밭이 항상 더 푸를 것이라는 생각을 버리고 우리가 지금 서 있는 이 땅부터 가꾸어야 한다는 생각을 의식적으로 해야 한다는 뜻이다. 시행착오를 통해 감정노동의 균형을 맞추는 법을 연구해보아야 한다. 우리의 의도가 아무리 명확하다 해도 처음 시도에서 모든 것을 흡족하게 해낼 수는 없다. 이론적으로는 이미 알고 있었으나 이제 몸으로 하나씩 배워갈 차례였다.

시도 그리고 오류. 그렇다면 다시 처음부터 시작해본다.

감정노동을 전혀 하고 싶지 않다는 생각이 가끔은 유혹적으로 다가오고, 가끔은 필요에 의해서 그렇게 해야 하지만 길게 보았을 때 완벽한 해결책은 되지 못한다. 틀어진 불균형을 다른 불균형으로 대체하는 것뿐이다. 나는 그쯤에서《용기 내어 휴식하기》의 저자 캐런 브로디의 말에 다시 한번 공감했다. 그녀는 감정노동을 완전히 내려놓아보았지만 결국 일부는 다시 하게 되었다고 말했다. 해야 해서가 아니라 감정노동 중 그리워하는 부분이 있었기 때문이다. 가족과 친구들과의 유대감이 그리웠다. 함께 생활을 만들어가는 데서 오는 만족감이 그리웠다. 내가 만드는 데 조금도 일조하지 않는 생활에 몸만 쏙 들어가 사는 건 별 기쁨과 보람을 주지 않았다. 브로디처럼 2년 동안 다른 일은 모두 포기하고 책에만 집중하는 것도 쉽게 할 수 있는 결정은 아니다. 우리 대부분이 그것을 원하거나 시도하고 싶지도 않다. "다른 일이 어떻게 되어도 상관없다는 마음이 있어야 하죠."[2] 그녀는 말했다. 사실 대부분의 여성은 그런 태도에 쉽게 공감하지 않는다. 내가 마음 놓고 맡길 수 있었던 건 이제 롭의 능력을 신뢰하기 때문이다. 나도 어떤 일들을 더 해야 하는지 알고 있고, 남편이 놓친 일들은 내가 할 것이다. 모든 것을 내려놓기엔 나는 이 삶을 가꾸기 위해 너무 많은 시간과 노력을 쏟았다.

그래도 브로디가 그렇게 할 수 있었다는 점이 부럽기도 했다. 그녀는 가정 안의 "선장 노릇"에서 완전히 벗어나 있다가 다시 감정노동을 하면서 깨닫는 바가 있었다고 했다. "이제는 기준이 정말 낮아졌어요." 그녀는 웃으며 말한다. 하나하나 간섭하지 않고 작은 일에 걱정하지 않게 되었다. 중요하지 않은 것은 내려놓고 중요한 우선순위만 챙길 수 있게 되었다. 시간과 에너지를 써도 아깝지 않은 감정노동이 무엇인지 안다. "그냥 해야 될 것 같아서 하는 일은 별로 없죠." 그녀는 이후의 변화에 대해 말한다. "나에게 정말 중요한 일을 위해서만 내 시간을 내고 싶어요." 그녀는 1년에 한 번 있는 하누카 파티는 다시 복귀시키고 아들의 축구 경기 후의 친구 초대는 하고 싶다고 말한다. 커뮤니티 모임이나 대화의 기회는 중요하기에 거기에 에너지를 쏟고 싶다. 일정 기간 감정노동을 완전히 포기하지 않았다면 이루지 못했을 변화다.

하지만 우선순위를 찾기 위해서 모든 것을 내려놓아야 할 필요가 있을까? 우리 대부분은 그렇게 극단까지 가보고 모든 감정노동을 다 털어버리는 건 원치 않는다. 그러지 않고도 우선순위를 재조정할 수 있고 더 나은 조화를 만들어낼 수도 있다. 갑작스러운 큰 변화를 통해 눈이 밝아지는 경험을 할 수도 있지만 꼭 충격 요법 없이도 해답을 하나씩 찾아낼 수는 있다. 당신에게 정말 중요한 것이 무엇인지 확실히 해야 한다. 이제까지 감정노동을 통해 배운 문제 해결 능력을 십분 이용해보자.

내가《공을 떨어뜨리다》의 저자 티퍼니 두푸에게 어떻게 자신의 의무와 우선순위와 자아를 그렇게 확실히 찾을 수 있었냐고 물으니 이렇게 대답했다. "우선순위를 찾아낼 시간을 가지세요. 스트레스 받고 화내고 온갖 부정적인 이야기를 하면서 시간을 보낼 수도 있고 지금과는 다른 것을 원한다고, 나를 위한 새로운 현실을 만들겠다고 결심할 수도 있겠죠. 가장 어려운 부분이 공을 떨어뜨리는 거예요. 결국에는 내가 결정해야 하죠." 어떤 일은 남기고 어떤 일은 버릴지를 결정해야 한다. 무엇이 더 소중한지 정해야 한다. 두푸는 이런 결정들을 확신을 갖고 내린다. 그녀처럼 자신이 누구이고 이 땅에 왜 존재하는지에 대해 그렇게 확신을 갖고 있는 사람을 만나지 못했다. 그녀에게 우선순위가 뭐냐고 물으면 그녀는 1초도 고민하지 않고 답해줄 것이다. 여성과 소녀들의 권익 증진, 의식 있는 시민 양성하기, 남편과 아름다운 관계 만들어가기다. 내게 가장 중요한 것이 무엇인지만 결정하면 그때부터는 무엇을 해야 하고 하지 말아야 하는지 결정하기 쉬워진다. 그녀 자신이 살아 있는 증거였다. 감정노동에 접근할 때도 그녀의 결정을 돕는 단 하나의 질문은 그 일의 가치 여부다. "이 일은 내 시간이 최고로 유효하게 활용되는 일인가?" 이것은 그저 "내 시간을 들일 가치가 있는가?"를 넘어선다. 사실 여성들은 자신의 시간과 능력을 낮게 평가하는 경향이 있어서 망설이고 고민하기 쉽다. 밥슨칼리지가 2014년에 발표한 논문에 따르면, 여성 기업가들은 직원의 연봉을 책정할 수 있는 위치에 올랐을 때도 동일한 경영 프로그램을 이수한 남성 기업가 연봉의 80퍼센트만 스스로에게 책정한다고 한다.[3] 비슷한 결론을 도출한 논문은 수도 없이 많다. 이 사회가 끊임없이 우리 대신 우리 가치를 낮게 평가해왔기에 우리 또한 우리의 시간과 능력을 낮게 평가하기 쉽다. 바로 그렇기 때문에 우리의 우선순위를 확실히 해야 한다. 내 시간의 최고 최선의 이용은 무엇인가? 감정노동이 도움이 되길 바란다면 그렇게 해야 한다.

모든 사람에게 똑같은 기준이 적용될 수는 없다. 각자의 환경에 따라서 공정하고 평등한 관계에 대한 생각이 다를 수 있다. 비슷한 환경이라 할지라도 감정노동의 균형은 각각 다를 수 있다. 무자녀 맞벌이 부부를 위한 완벽한 공식도 없고 외벌이와 전업, 혹은 재택근무자와 파트타이머 부부를 위한 완벽한 맞춤 해결책이 있을 리는 없다. 공식이 없기 때문에 현재 상태를 바꿀 수 있는 단 한 가지 논의도 있을 수 없다. 나에게 가장 잘 맞는 공식을 찾아내기까지는 적응 기간이 필요하고 시행착오를 거쳐야 한다. 그렇기 때문에 그 무엇보다 나의 자아상과 우선순위를 확실히 파악하는 일이 앞서야 한다.

나에게는 가족과의 시간이 언제나 1순위이고, 이를 위해 내 생활의 체계를 합리화하고 간소화해왔다. 일에서도 마찬가지다. 내가 조금 더 효율적으로 살 수 있으면 우리 가족은 더 잘 살 수 있다. 적어도 내 안의 완벽주의자는 그렇게 말한다. 롭의 기준은 무엇일까? 아마 필요성과 편의성일 것이다(이 점에서 기준이라는 게 아예 없는 남자들보다 낫다). 집 안이 어수선한 건 그에게는 괜찮지만 나는 참지 못한다. 당연히 우리의 이상은 크게 다르다. 나의 현재 기준은 여성이 추구해야 한다고 배워온 도달할 수 없는 완벽주의에서는 멀어지고 있지만, 이 모든 것을 의식한다 해도 지저분한 집이 나에게 스트레스가 된다는 사실은 변치 않는다. 우리는 기준을 공유하고 타협하여 두 사람 모두에게 공명할 수 있는 방식을 찾아야 균형이 가능해질 것이다.

기준을 공유한다는 말조차 이해하지 못하는 일부 사람들(솔직히 말해 그저 남성들)이 있다. 나에겐 나의 기준이 있어. 너에겐 너의 기준이 있지. 내 기준이 거슬리면 너는 네 기준을 맞추기 위해서 너 혼자 더 노력하거나, 아니면 내 기준에 맞춰 살아. 네가 지저분한 집을 참지 못하는 건 내 잘못이 아니야. 너의 개인적인 취향일 뿐이야. 왜 내가 너의 기준에 맞추어야 하지? 왜 내가 바뀌어야 하지? 이런 식의 주장을 수도 없이 들었다. 내가 일을 주도적으로 하지 않는 건 문제가 아니야. 문제는 너의 기준이지.

이 책의 앞부분에도 나왔지만 이것은 굉장히 무자비한 주장이 될 수 있다. 한 사람이 게으르고 타협하지 않으면 다른 사람은 괴로워하거나 많은 일을 혼자 다 감당해야만 한다. 우리가 모두를 행복하고 편안하게 만드는 생활을 위해 하는 일들이 가치가 없다는 뜻을 내포한다. 우리가 목적이나 의미 없이 기준만 만들었다는 뜻이 된다. 우리 기준은 중요하지 않고, 우리 기분은 중요하지 않고, 우리 일은 중요하지 않다고 하는 주장이다. 우리의 정체성이 감정노동으로만 이루어져 있을 때라면 나라는 사람이 중요하지 않다고 말하는 주장이다.

그래서 감정노동은 상처와 분노가 가득한 지뢰밭이 된다. 한 사람의 독단적인 기준이 다른 사람에게는 생명줄이다. 우리 파트너가 왜 우리가 이런 감정노동을 감수하는지 이해하지 못할 때 공감대는 사라진다. 이건 우리가 집을 어떤 방식으로 관리하느냐의 문제만은 아니다. 우리가 노력하는 이유는 행복해지기 위해서다. 여성들이 높은 기준을 유지하려는 이유는 완벽주의 때문이 아니다. 자유라는 개념 때문이다. 비교 게임으로 들어갔을 때, "다 가져야 한다"는 부담에 눌려 있을 때, 책꽂이에 정리 관련 책들을 꽂아놓았을 때, 우리는 이 코너만 돌면 행복을 찾을 수 있다고 믿었다. 우리는 행복을 찾을 것이다. 지친 몸과 마음을 달래줄 조화로운 생활을 찾을 수 있을 것이라고 믿었다. 왜냐하면 파트너와 함께 노력하면서 그 평안을 찾을 수 있을 거라 생각하지 못해서다.

수백 명의 여성들을 만나고 우리 부부 관계의 변화를 목격하자 그 완벽주의가 팔려고 하는 거짓말이 보인다. 내가 고갈되지 않고서도 주변의 모든 사람을 챙길 수 있고, 그들을 편안하고 행복하게 해줄, 완성형 완벽주의는 이 세상에 없다. 나는 다 할 수 없다. 세상 누구도 못한다. 그 대신 우리는 감정노동의 어떤 부분이 본질적으로 우리에게 중요한지를 판단할 수 있다. 진짜 우선순위를 영혼을 다해 찾을 수 있다. 그 우선순위는 사회가 정하지 않았고 오직 나에게서 나온 것이다. 그런 다음 내가 가장 잘하는 그 일을 하고 거기에 맞춰서 우리 생활을 정성스럽게, 세부사항까지 세심하게 재조정해간다. 남들이 아니라 나를 위해서다. 먼저 기준을 정한다면, 내가 나를 책임진다면, 내 주변에 나와 똑같은 마음으로 임해줄 사람들, 특히 그런 파트너를 둔다면, 그토록 갈망하던 안정을 찾을 수 있다.

《하퍼스 바자》에 실린 글을 롭에게 보여주었던 건 나름대로 내 뜻을 확고히 알리는 행동이었다. 그가 자기 몫의 책임을 다하지 않고 이대로 살 수 없다고, 내 딴에는 명확하게 말했다. 매

남자들은 항상 나를 잔소리하게 만든다

우 불편하고 어려운 대화였다. 솔직히 말하면 몇 달에 한 번씩 감정노동 때문에 심한 부부 싸움을 하는 것보다 더 어려웠다. 우리 둘에게 맞는 공통의 기준을 적용한다는 것은 우리 두 사람 모두 자리에 나타나 개개인의 문제를 극복해야 한다는 뜻이다. 나는 내 완벽주의, 통제 욕망, 감정노동 수행 능력과 나의 가치를 연결시키는 사회적 조건화와 싸워야 했다. 남편은 처음으로 그런 기술들을 습득해나가야 했다. 감정노동을 너무나 오래 경시하면서 나를 상처 준 방식들을 대면해야 했다. 감정노동―더 온전한 삶을 만들어가는 행위들―이 그에겐 맞지 않다는 사회적 조건화와도 싸워야 했다. 한 팀이 되어 빨래하는 법과 아이의 투정을 받아주는 법 등을 알아내는 건 정말 풀어야 할 짐이 많다는 걸 의미했다.

정직하게 말해서, 나는 앞으로 우리가 100퍼센트 같은 페이지에 있게 될 확신할 수 없다. 완벽한 타협을 이루게 해줄 4단계 플랜을 제시해줄 수 없다. 우리에게 맞는 기준을 공유하긴 했지만 그 기준은 나에게만 쉬운 것일 수 있다. 롭은 내가 집에서 하는 일들을 적극적으로 해나가면서 나에게 거슬리는 것이 무엇인지 말해달라고 했다(내가 싱크대에 쓸데없는 물건들이 몇 개 이상 올라가 있지 않아야 한다고 왜 한 번도 말하지 않았을까?). 그는 우리 관계를 위해서 이 모든 일을 했고 그러다 보니 나의 기준을 그의 기준으로 받아들이려는 노력도 했다. 그가 완벽하게 해내진 못했지만 충분히 잘했기에 나도 완벽주의 기질을 버리고 "이렇게 하지 마"라거나 더 정확히 말하면 "더 잘할 수 있잖아"라고 말하지 않게 되었다. 그에게 나의 완벽주의를 주입시키려는 욕구, 내가 했던 것처럼 불가능할 정도로 노력하는 수준까지 이르게 하고 싶은 욕구와도 계속 싸워야 했다. 내가 아는 방법은 그뿐이었기 때문이다.

내가 완벽주의를 내려놓을수록 우리 둘의 사이는 더 나아졌다. 내가 전부 책임지고 해내야 한다는 생각을 버리면서 나에게는 가족과 일을 즐길 수 있는 시간과 여유가 생겼다. 롭은 나의 간섭과 판단을 걱정하지 않고 감정노동을 배울 수 있는 여유를 가졌다. 감정노동 공유는 가끔은 너무 어려워서 그 어려움을 인정하고 싶지 않았다. 우리는 서로에게 방해가 되기도 했다. 항상 의견이 일치한 것도 아니다. 하지만 의견이 일치할 때는, 우리에게 맞는 조화를 찾아가면서 훨씬 더 깊은 유대감을 느꼈다. 다른 장소에서 시작했지만 같은 방향으로 나아가고 있다.

롭이 감정노동을 맡으면 나는 더 행복해지고 우리 관계에 더 만족하며, 그러면 롭은 그 일을 계속 해내고 싶어 한다. 우리 둘다 행복해지고 우리 삶의 책임을 함께 나눌 때 감정노동은 더 이상 괴롭기만 한 일이 아니다. 사실 둘 다 즐기기까지 한다. 함께 하는 감정노동은 우리를 더욱 결속시켰다. 서로를 더 이해했다. 우리는 무엇이 잘되고 있고 무엇이 문제인지에 대한 대화를 피하지 않는다. 감정노동에 관해서라면 서로 점수를 매기고 서로 이기려고 하는 단계는 벗어났다. 각자 할 일을 해낼 거란 믿음이

남자들은 항상 나를 잔소리하게 만든다

있고 어떤 책임과 기준을 가져야 우리에게 맞는지를 찾아내면서 서로에게 배우기도 한다.

우리 둘 다 편안하게 느끼는 균형을 찾을 수 있었던 건 우리가 서로를 이해하기 위해 꼭 필요한 일들을 했기 때문이다. 공감 근육을 열심히 키워서 서로가 경험한 삶을 들여다보려 노력했다. 롭은 내 삶의 경험을 들으면서 소화하려고 했다. 그는 더 이상 방어적으로 반응하지 않으며 이해하고, 이해는 행동으로 이어진다. 그는 내가 진정으로 원하는 것을 준다. 즉 완벽하게 갠 수건이나 내가 원한다고 생각했던 깨끗한 싱크대가 아니라 나를 진정으로 봐줄 파트너가 된다.

〈젠 페어런팅〉 팟캐스트를 토드 애덤스와 공동으로 진행하는 캐시 애덤스는 이것이 우리가 진정 원하는 것이라 말한다. "결국에는 우리가 원하는 건 이렇게 말하는 사람입니다. '난 당신을 보고 있어. 당신 말을 듣고 있어. 당신이 하고 있는 일들을 알아보고 인정해.'"[4] 파트너가 우리의 감정노동을 알아봐주길 소망하는 마음은 더 깊은 유대에 대한 소망에서 나온다. 그 일을 알아보고 이해하는 파트너는 내가 사랑받고 있다고 느끼게 한다.

그러나 온전한 관계의 진정한 보답은 남성의 이해와 행동에서만 오지 않는다. 우리 또한 파트너를 보아야 한다. 지금 현재 그들이 하는 일뿐만 아니라 감정노동 영역에서의 잠재력도 보아야 한다. 남성들은 여전히 가정 안에서 완전한 평등을 찾지 못했고 그것을 추구하는 것을 못마땅하게 여기는 문화에서 성장했다.

한 발 나서고 싶은 남성들도 실수하거나 틀릴까 봐 나서지 못한다. 여성 또한 그 영역에 갇혀서 불가능한 노력과 시간을 들여가며 자신의 방식을 고집하면서 이 성 역할을 강조했다. 우리는 실수를 인정하고 남성들이 감정노동 안에서 자기만의 방식을 찾아낼 수 있게 해야 한다. 아마도 우리 혼자서는 생각해내지 못했을 훌륭한 접근방식이 나올 수도 있다. 그들은 보다 총체적인 인간이 될 기회를 가져야 한다. 스스로 감정노동의 가치를 발견할 수 있어야 한다.

여러 가지 방식으로 감정노동은 여성의 힘을 제한하는 세상에서 여성이 주체가 될 수 있는 요새였다. 하지만 통제를 위한 통제에 매달리는 건 옳은 삶의 방식이 아니다. 우리 생각만큼 우리는 완벽주의의 혜택을 입지 못한다. 남성들도 마찬가지다. 남성들은 가정 안에서 자신의 역할에 자신감을 가져야 하고 엄마의 문지기 역할에서 자유로워져야 한다. 자신의 삶에 온전히 참여하기 위해서, 남자들은 보살피지 못하고 마음을 열지 못하고 직관적이지 못하고 정리를 못하고 감정노동에 능하지 않다는 편견의 고리를 끊어야 한다.

남성들이 일적인 생활, 사적인 생활, 가정생활을 스스로 만들어 온전히 즐기지 못하게 하는 서사를 버려야 한다. 임금노동 분야에서 여성의 기술이 덜 사용되는 것과 마찬가지로 가정 안에서 남성의 기술과 혁신이 부족한 상태다. 내 방식에 묶여서 누군가 나에게 적응하길 기대해선 안 된다. 함께 일하면서 남성과 여성이 똑같이 감정노동의 힘을 발휘할 수 있는 새로운 방식을 찾아야 한다.

남편과 나란히 걸으며 우리 가정 안에서 감정노동의 균형을 맞춰갔던 일은 나에게 큰 깨달음을 주었다. 그는 내가 굳게 믿고 있던 많은 편견을 깨뜨려주었다. 즉 내가 원래부터 감정노동에 더 능하다거나 내가 통제욕을 절대 내려놓을 수 없다거나 우리 가족을 편안하고 행복하게 해줄 최고이자 유일한 방법을 항상 알고 있다는 생각들이다. 반면 그는 삶의 더 깊고 다양한 면을 탐험하는 기쁨을 얻었다. 그는 나와 똑같이 우리 가정과 우리 생활에 꼭 필요한 사람이며, 그 사실은 남편이 전에는 모르고 있던 강력한 힘을 준다. 그는 자신의 생활 면면을 책임진다는 것이 무엇인지 알고 이제 그가 생각하는 남성다움은 수정되었으며 스스로 자신의 가치를 결정할 수 있게 되었다. 그는 생활의 모든 일면에서 가치를 찾아낸다. 그의 삶의 모든 면이 그의 것이기 때문이다. 그는 우리 가정에, 우리 결혼에, 우리 가족에게, 친구들에게 조금 더 가까이 다가가는 사람이다. 자신의 삶과 더 밀착해 있으며, 나는 내 삶에서 더 자유로워졌다. 이 균형이 완벽하진 않다고 해도—앞으로도 그렇게 될지 확신할 수는 없다—완벽함이 우리가 추구하는 목표가 아니라는 사실 또한 알고 있다. 우리가 원하는 건 발전이고 평등의 감각이다. 이 두 가지는 현재뿐만 아니라 미래의 우리 관계에 희망이 된다.

우리가 스스로에게, 서로를 위해 많은 걸 얻었고 우리가 한 모든 노력과 고생이 가치가 있다고 생각한다. 더 말할 것도 없다. 하지만 이 여행이 우리 부부 단계에서만 끝나선 안 된다는 걸 안다. 우리 두 아들과 딸을 볼 때, 나는 아이들이 처음으로 우리 관계를 평등하게 보고 있다는 걸 안다. 아이들은 매일 매년 엄마와 아빠 안에 쌓여가는 분노와 불만을 느끼지 않고 보지 않는다. 하등의 도움이 안 되는 낡은 성 역할을 흡수하지 않는다. 누가 무엇을 잘하고 못하는지 마음속으로 점수를 매기지 않는다. 세상 밖으로 드러난 감정노동을 자유자재로 주고받는 모습을 본다. 동등하게 분담하면서 서로에게 감사하는 우리를 본다. 이 모습은 그들에게는 지극히 정상적인 모습이 될 것이다. 그들의 자아관과 세계관을 형성할 것이다.

감정노동을 조사하면서 가장 충격을 받은 것은 세대 간 차이가 거의 없다는 점이었다. 우리 엄마도, 우리 할머니도, 나와 친구들도 똑같은 경험을 했다. 감정노동의 불균형은 해로웠고, 내가 아는 어떤 사회 현상보다도 세대와 국경을 초월했다. 쉽게 눈에 보이고 수정이 가능한 가사노동의 분업과 달리 감정노동은 그 특유의 비가시성 때문에 우리에게 끈적하게 달라붙어 있었다. 지금까지도 우리를 비껴가고 있다.

보이지 않는 대상과 싸울 수는 없지만 이제 드디어 우리는 눈을 떴다. 감정노동과 감정노동의 넓게 뻗은 가지들, 우리의 삶 속에서 얽히고설킨 가지들을 이제는 볼 수 있다. 이것이 우리를 어떻게 후퇴시켰는지 본다. 어떤 이익을 주었는지도 본다. 이제는 무엇이 최선인지를 안다고 자신한다. 감정노동의 방대하고 복잡한 이슈들을 검토할 것이다. 각각의 조각들을 연결시켜볼 것이다. 개개인에 맞는 해결책을 신중히 찾아낼 것이다. 자신 있게 앞으로 한 걸음 내딛을 것이다.

우리 아들과 딸들은 우리가 알았던 그 감정노동의 고통을 모를 것이다. 그들은 더 잘 알 것이고 더 잘하게 될 것이다. 이 일이 반드시 감춰져 있어야 할 필요는 없다. 우리 앞의 선구적인 페미니스트들 덕분에 우리 세대가 더 평등해진 것처럼, 앞으로 감정노동도 우리의 두 번째 본성이 될 것이다. 우리 삶 안에서 감정노동의 불균형을 바꾸기 위해 싸울 수 있고, 우리 자녀들은 세상의 변화를 이끌 수 있다.

우리는 과거와 선을 긋고 새로 시작할 수 있다. 새로운 세대의 탄생은 지금 내가 서 있는 자리에서 시작된다.

감사의 말

이 책을 출간하면서 넘치는 감사의 마음을 갖게 되었다. 이 책을 현실로 만들 수 있게 도와준 수많은 분들에게 감사한다.

나의 훌륭한 에이전트인 존 마스는 이 책이 나오기까지 늘 한결같은 지지를 보내주었다. 모든 단계와 과정에서 나의 가장 든든한 지원자였고 불안에 떠는 나의 전화를 차분히 받아주는 성자였다. 스털링 로드 리터리스틱의 회원들인 셀레스트 파인, 제이드리 브래딕스, 안나 페트코비치, 대니얼 부코스키 모두 나의 끝없는 질문에 답해주었다.

편집자인 리비 에델슨은 이 책을 믿어주고 더 나아질 수 있게 해주었다. 하퍼원출판사의 주디스 커, 멜린다 뮬린, 제니퍼 젠슨, 레이나 애들러, 기드온 웨일, 에바 에이버리, 수전 퀴스트는 첫날부터 열정을 갖고 이 책을 만들어주었다.

남자들은 항상 나를 잔소리하게 만든다

물론 이 책은 나의 《하퍼스 바자》 에세이 〈여자들은 잔소리하려는 게 아니다. 그저 지긋지긋할 뿐〉이 없었다면 태어나지 못했을 것이다. 나에게 영감과 용기를 주고 내가 작가 경력을 시작할 수 있도록 해준 빈더스에게 감사한다. 내 부족한 첫 시도에도 기회를 준 올리비아 플레밍에게 감사한다. 그 글을 읽고 공유해준 독자들에게 큰절을 하고 싶다. 여러분의 열정이 이 책을 가능하게 했다.

내 작가로서의 삶의 희로애락(그리고 내 진짜 삶에서의 희로애락)을 지켜봐주고 함께했던 하이디 오란에게 감사한다. 미셸 호튼이 없었다면 벌써 오래전에 작가의 꿈을 포기했을 것이다. 나의 EM 작가들, 메리 소여, 켈리 버치, 매기 에스리지, 쇼니 브루지, 디안드레아 살바도르, 그레첸 보시오, 로런 하트만, 브리아나 미드, 크리스텔 아세브도, 에밀리 링겐펠저, 제시카 레몬스, 케이티 파지오, 크리샨 브리스코, 에린 혜저, 마리아 토카, 케이티 앤, 앤디 머피 등 모든 단계마다 나를 응원하고 위로하고 축하해준 분들에게 감사 인사를 전한다.

멜라니 페리시는 초고 읽어주기부터 기저귀와 직접 만든 저녁 가져다주기까지 모든 일을 해주었다. 나의 작가 생활은 그런 우정이 없었으면 유지되지 못했을 것이다. 나에게 소중한 시 읽고 쓰기 모임을 주최한 메리 노크에게 감사한다. 조 크롤리, 당신과 출간의 기쁨을 나누지 못해 아쉽다. 당신이 무척 그립다.

크리스 코크는 혼자 앞머리 자르고 털모자를 쓰던 시절부터 내 글을 읽어주었다. 더 나은 작가가 될 수 있게, 나의 어색함을 계속 이겨낼 수 있게 도와주어 감사하다. 내가 생각지도 못한 작가로서의 우울한 운명에 대해서 이야기해준 건 별로 안 고맙지만(성공하면 우울해질 거라느니, 페미니즘 글을 쓰면 남자들이 나를 죽이려 할 거라느니) 나의 논픽션 사랑을 지지해주고 이 길을 걸을 수 있게 해준 세스 보이드에게 늘 감사한다.

자신도 모르는 사이에 페미니스트 작가를 한 명 키워내신 나의 엄마, 야생마 같은 우리 아이들을 돌보아주셔서 내가 책을 끝마칠 수 있었다. 나에게 확고한 직업윤리와 능력에 대한 믿음을 심어주신 아버지에게 감사한다. 이 모든 과정과 삶을 함께하며 나를 지지해준 가족에게 감사한다. 이 책은 그 사랑의 증명서다.

나의 게일이 되어준 맨디.

나의 쉬노지가 되어준 니콜.

저녁 먹으며, 와인 마시며, 긴 드라이브 중에 나와 감정노동에 관한 대화를 나누어준 친구들 제이드, 제이미, 케이트, 카리, 알렉시스, 마리아, 쇼나, 맨디에게 이 책을 선물하고 싶다. 이야기와 삶이 서로 너무나 많이 겹쳤던 리마도 특별하다.

마지막에 쓰지만 내 마음속에서 마지막은 아닌 내 파트너 롭에게 감사한다. 그는 처음부터 이 책을 열렬히 지지해주었다. 우리 부부의 이야기를 쓸 수 있게 해주어서, 프로처럼 감정노동을 맡아주어서, 그리고 언제나 성장하고 변화할 준비가 되어 있어서 감사하다. 사랑합니다.

|주|

프롤로그

1. Tiffany Dufu, *Drop the Ball* (New York: FlatIron Books, 2015), 44.
2. Kim Parker and Gretchen Livingston, "Seven Facts About American Dads," Pew Research Center, June 13, 2018, http://www.pewresearch.org/fact-tank/2017/06/15/fathers-day-facts/.
3. Sheryl Sandberg, *Lean In* (New York: Random House, 2013), 109.
4. Interview with the author, August 18, 2017.
5. Chaunie Brusie, "No, Dear Husband and Kids, You're Not Cleaning 'for' Me," Babble, https://www.babble.com/parenting/no-dear-husband-and-kids-youre-not-cleaning-for-me/.
6. Gemma Hartley, "Women Aren't Nags—e're Just Fed Up," *Harper's Bazaar*, September 27, 2017, http://www.harpersbazaar.com/culture/features/a12063822/emotional-labor-gender-equality/.
7. Arlie Russell Hochschild, *The Managed Heart: Commercialization of Human Feeling* (Berkeley: Univ. of California Press, 1983), 7.
8. Rebecca J. Erickson, "Why Emotion Work Matters: Sex, Gender, and the Division of Household Labor," *Journal of Marriage and Family*, April 15, 2005.
9. Jess Zimmerman, "Where's My Cut? On Unpaid Emotional Labor," The Toast, July 13, 2015, http://the-toast.net/2015/07/13/emotional-labor/.
10. "Emotional Labor: The MetaFilter Thread Condensed," https://drive.google.com/file/d/0B0UUYL6kaNeBTDBRbkJkeUtabEk/view?pref=2&pli=1.
11. Rose Hackman, "'Women Are Just Better at This Stuff': Is Emotional Labor Feminism's Next Frontier?," *The Guardian*, November 8, 2015,

남자들은 항상 나를 잔소리하게 만든다

https://www.theguardian.com/world/2015/nov/08/women-gender-roles-sexism-emotional-labor-feminism.

12. Gemma Hartley, "The Amount of Emotional Labor We Put on Stay-At-Home Moms Is Horribly Unfair," Romper, August 29, 2017, https://www.romper.com/p/the-amount-of-emotional-labor-we-put-on-stay-at-home-moms-is-horribly-unfair-79612.

13. Erica Chenoweth and Jeremy Pressman, "This Is What We Learned by Counting the Women's Marches," *The Washington Post*, February 7, 2017, https://www.washingtonpost.com/news/monkey-cage/wp/2017/02/07/this-is-what-we-learned-by-counting-the-womens-marches/?utm_term=.ec335a3201fe.

14. Judith Shulevitz, "Mom: The Designated Worrier," *New York Times*, May 8, 2015, https://www.nytimes.com/2015/05/10/opinion/sunday/judith-shulevitz-mom-the-designated-worrier.html?_r=1.

15. Sandberg, *Lean In*, 78.

16. Hochschild, *The Managed Heart*, 85.

17. Interview with the author, August 18, 2017.

18. Yang Claire Yang, Courtney Boen, Karen Gerken, Ting Li, Kristen Schorpp, and Kathleen Mullan Harris, "Social Relationships and Physiological Determinants of Longevity Across the Human Life Span," *Proceedings of the National Academy of Sciences* 113, no. 3 (January 2016): 578–83, http://www.pnas.org/content/113/3/578.

19. Ayal A. Aizer et al., "Marital Status and Survival in Patients with Cancer," *Journal of Clinical Oncology* 31, no. 31 (2013): 3869–76, http://ascopubs.org/doi/abs/10.1200/JCO.2013.49.6489.

20. "Marriage and Men's Health," Harvard Health Publishing, July 2010, https://www.health.harvard.edu/newsletter_article/marriage-and-mens-health; P. Martikainen and T. Valkonen, "Mortality After the Death of a Spouse: Rates and Causes of Death in a Large Finnish Cohort," *American Journal of Public Health* 86, no. 8 (August 1996): 1087–93, https://www.ncbi.nlm.nih.gov/pubmed/8712266.

21. Rep. Maxine Waters during a House Financial Services Committee hearing July 27, 2017.

1. 남편에게 같은 질문을 다섯 번째 반복하던 날

1. Maria Krysan, Kristin A. Moore, and Nicholas Zill, "Identifying Successful Families:An Overview of Constructs and Selected Measures," Office of Social Services Policy, May 10, 1990, https://aspe.hhs.gov/basic-report/ identifying-successful-families-overview-constructs-and-selected- measures.

2. Sarah Bregel, "How to Say You Maybe Don't Want to Be Married Anymore," *Longreads*, November 2017, https://longreads.com/2017/11/ 20/how-to-say-you-maybe-dont-want-to-be-married-anymore/.

3. Interview with the author, December 13, 2017.

4. David R. Hibbard and Duane Buhrmester, "The Role of Peers in the Socialization of Gender-Related Social Interaction Styles," *Sex Roles* 39, no. 3 – 4 (August 1988), 185 – 202.

5. Interview with the author, June 11, 2018.

6. Interview with the author, June 10, 2018.

7. Micaela di Leonardo, "The Female World of Cards and Holidays: Women, Families, and the Work of Kinship," *Signs* 12, no. 3 (Spring 1987): 4410 – 53, https://www.anthropology.northwestern.edu/ documents/people/TheFemaleWorldofCards.pdf.

8. Jeanne E. Arnold, Anthony P. Graesch, Enzo Ragazzini, and Elinor Ochs, *Life at Home in the Twenty-First Century: Thirty-Two Families Open Their Doors* (Los Angeles: Cotsen Institute of Archaeology Press, 2012).

2. 임신과 육아가 내게 떠맡긴 것들

1. Stephanie Land, "The Mental Load of Being a Poor Mom," Refinery29, July 25, 2017, http://www.refinery29.com/2017/07/160057/the-mental- load-of-being-a-poor-mom.

2. "You Should've Asked," *Emma* (blog), May 20, 2017, https://english. emmaclit.com/2017/05/20/you-shouldve-asked/.

3. Rasheena Fountain, "Black Single Mothers Are More Than Scapegoats," *Huffington Post*, April 6, 2016, https://www.huffingtonpost.com/ rasheena-fountain/black-single-mothers-are-_b_9619536.html.

4. Michelle Homer, "Community Rallies Around Houston Dad Struggling to

Pay for Three Sons' Insulin," KHOU11, June 9, 2017, http://www.khou. com/features/community-rallies-around-houston-dad-struggling-to-pay-for-3-sons-insulin/447076681.

5. Dufu, *Drop the Ball*, 211.

6. Jami Ingledue, "The Mental Workload of a Mother," *Huffington Post*, July 24, 2017, https://www.huffingtonpost.com/entry/the-mental-workload-of-a-mother_us_59765076e4b0c6616f7ce447.

7. Brigid Schulte, *Overwhelmed: Work, Love, and Play When No One Has The Time* (New York: Farrar, Straus and Giroux, 2014), 185.

8. Lyn Craig, "Does Father Care Mean Fathers Share? A Comparison of How Mothers and Fathers in Intact Families Spend Time with Children," *Gender & Society* 20, no. 2 (April 2006): 259 – 81, DOI: 10.1177/0891243205285212.

9. Juliana Menasce Horowitz, "Who Does More at Home When Both Parents Work? Depends on Which One You Ask," Pew Research Center, November 5, 2015, http://www.pewresearch.org/fact-tank/2015/11/05/who-does-more-at-home-when-both-parents-work-depends-on-which-one-you-ask/.

10. Michael Kimmel, "Why Gender Equality Is Good for Everyone—Men Included," TEDWomen 2015, May 2015, https://www.ted.com/talks/michael_kimmel_why_gender_equality_is_good_for_everyone_men_included.

3. 내려놓으라고? 그럼 누가 하는데?

1. "Men Deliberately Do Housework Badly to Avoid Doing It in the Future," *The Telegraph*, November 7, 2014, http://www.telegraph.co.uk/men/the-filter/11215506/Men-deliberately-do-housework-badly-to-avoid-doing-it-in-future.html.

2. Deborah Arthurs, "Women Spend Three Hours Every Week Redoing Chores Their Men Have Done Badly," *Daily Mail*, March 19, 2012, http://www.dailymail.co.uk/femail/article-2117254/Women-spend-hours-week-redoing-chores-men-badly.html?ITO=1490.

3. Sarah M. Allen and Alan J. Hawkins, "Maternal Gatekeeping: Mothers'

Beliefs and Behaviors That Inhibit Greater Father Involvement in Family Work," *Journal of Marriage and Family* 61, no. 1 (1999).

4. Interview with the author, November 28, 2017.

5. Madhura Ingalhalikar, Alex Smith, Drew Parker, Theodore D. Satterthwaite, Mark A. Elliott, Kosha Ruparel, Hakon Hakonarson, Raquel E. Gur, Ruben C. Gur, and Ragini Verma, "Sex Differences in the Structural Connectome of the Human Brain," *Proceedings of the National Academy of Sciences* 111, no. 2(January 14, 2014): 823–28, https://doi.org/10.1073/pnas.1316909110.

6. Dufu, *Drop the Ball*, 4.

7. Interview with the author, December 18, 2017.

8. Interview with the author, December 1, 2017.

9. Schulte, *Overwhelmed*, 37.

4. 집안일을 많이 도와주면 고마워해야 할까

1. Rufi Thorpe, "Mother, Writer, Monster, Maid," *Vela*, http://velamag.com/mother-writer-monster-maid/.

2. Lynne Twist, *The Soul of Money: Transforming Your Relationship with Money and Life* (New York: W.W. Norton, 2003), 44.

3. "Chore Wars: A New Working Mother Report Reveals Not Much Has Changed at Home," *Working Mother*, April 17, 2015, https://www.workingmother.com/content/chore-wars-new-working-mother-%20report-reveals-not-much-has-changed-home.

4. Hillary Rodham Clinton, *What Happened* (New York: Simon and Schuster, 2017), 133.

5. Interview with the author, December 20, 2017.

5. 왜 이런 일은 내 눈에만 보이는지

1. Barry Schwartz, *The Paradox of Choice: Why More Is Less* (New York: Harper-Collins, 2004), 108.

2. Joel Hoomans, "35,000 Decisions: The Great Choices of Strategic Leaders," Roberts Wesleyan College, March 20, 2015, https://go.roberts.edu/leadingedge/the-great-choices-of-strategic-leaders.

3. Schwartz, *The Paradox of Choice*, 109.

4. Joanne Lipman, *That's What She Said: What Men Need to Know (and Women Need to Tell Them) About Working Together* (New York: HarperCollins, 2018), 1.

5. Wannabee Blunt, "Military Wives Are the Final Frontier of Feminism," Blunt Moms, http://www.bluntmoms.com/military-wives-final-frontier-feminism/.

6. Interview with the author, November 9, 2017.

7. Interview with the author, February 28, 2018.

8. Cheryl Strayed and Steve Almond, "Emotional Labor: The Invisible Work (Most) Women Do—with Gemma Hartley," *Dear Sugars*, May 5, 2018, http://www.wbur.org/dearsugar/2018/05/05/emotional-labor-invisible-work.

6. 워킹맘도 전업맘도 벗어날 수 없는 것

1. Betty Friedan, *The Second Stage* (New York: Summit Books, 1981), 94.

2. Interview with the author, December 3, 2017.

3. Hochschild, *The Managed Heart*, 85.

4. Kimberly Seals Allers, "Rethinking Work-Life Balance for Women of Color," *Slate*, March 5, 2018, https://slate.com/human-interest/2018/03/for-women-of-color-work-life-balance-is-a-different-kind-of-problem.html.

5. Adrianne Frech and Sarah Damaske, "The Relationship Between Mothers' Work Pathways and Physical and Mental Health," *Journal of Health and Social Behavior* 53, no. 4 (2012): 396–412.

6. Gail G. Hunt and Susan Reinhard, "Caregiving in the U.S.," report for the National Alliance for Caregiving and AARP Public Policy Institute, 2015.

7. Interview with the author, December 7, 2017.

8. Judith Warner, "The Opt-Out Generation Wants Back In," *New York Times*, August 7, 2013, http://www.nytimes.com/2013/08/11/magazine/the-opt-out-generation-wants-back-in.html?pagewanted%3Dall.

9. Friedan, *The Second Stage*, 111.

10. John Adams, "The 'Mental Load' Is Real—ut Feminists Are Wrong If

They Think Only Women Feel It," *The Telegraph*, June 7, 2017, http://www.telegraph.co.uk/men/fatherhood/mental-load-real-feminists-wrong-think-women-feel/.

11. Interview with the author, December 22, 2017.

12. Anne-Marie Slaughter, *Unfinished Business: Women Men Work Family* (New York: Random House, 2015), 139.

13. Trish Bendix, "I Live with a Woman—e're Not Immune to Emotional Labor," *Harper' Bazaar*, October 9, 2017, http://www.harpersbazaar.com/culture/features/a12779502/emotional-labor-lgbtq-relationships/.

14. Sondra E. Solomon, Esther D. Rothblum, and Kimberly F. Balsam, "Money, Housework, Sex, and Conflict: Same Sex Couples in Civil Unions, Those Not in Civil Unions, and Heterosexual Married Siblings," *Sex Roles* 52 (2005).

15. Chimamanda Ngozi Adichie, *We Should All Be Feminists* (New York: Anchor Books, 2014), 34.

7. 회사에서도 상냥한 역할은 사양합니다

1. Interview with the author, January 26, 2018. Luckily, Mavrakis turned out to be fine after the needle stab.

2. Mona Chalabi, "Dear Mona, How Many Flight Attendants Are Men?," FiveThirtyEight, October 3, 2014, https://fivethirtyeight.com/features/dear-mona-how-many-flight-attendants-are-men/.

3. Hochschild, *The Managed Heart*, 163.

4. Interview with the author, January 22, 2018.

5. Alison Vekshin, "Brothels in Nevada Suffer as Web Disrupts Oldest Trade," *Bloomberg*, August 28, 2013, https://www.bloomberg.com/news/articles/2013-08-28/brothels-in-nevada-shrivel-as-web-disrupts-oldest-trade.

6. Peter Holley, " 'What Do Women Want?': A Company That Lets Women Hire Attractive Male Servants Says It Has the Answer," *The Washington Post*, October 11. 2017, https://www.washingtonpost.com/news/innovations/wp/2017/10/10/what-do-women-want-a-company-that-lets-women-hire-attractive-male-servants-says-it-has-the-answer/.

7. "Heartbreak ManServant," YouTube, December 7, 2015, https://www. youtube.com/watch?v=d-cFTVNqfLw.

8. Bureau of Labor Statistics, *Occupational Outlook Handbook* (Washington, DC: Department of Labor, 2016).

9. Andreas Schleicher, *Building a High-Quality Teaching Profession: Lessons from Around the World* (OECD Publishing, 2011), http://dx.doi. org/10.1787/9789264113046-en.

10. Interview with the author, June 30, 2018.

11. Robert B. Krogfoss, ed., *Manual for the Legal Secretarial Profession*, 2nd ed. (St. Paul, MN: West Publishing, 1974), 601.

12. Hochschild, *The Managed Heart*, 84.

13. Sandberg, *Lean In*, 41.

8. 리더가 되기엔 너무 감정적이라고?

1. Michael Kruse, "The TV Interview That Haunts Hillary Clinton," *Politico Magazine*, September 23, 2016, https://www.politico.com/magazine/ story/2016/09/hillary-clinton-2016-60-minutes-1992-214275.

2. Daniel White, "A Brief History of the Clinton Family's Chocolate-Chip Cookies," *Time*, August 19, 2016, http://time.com/4459173/hillary-bill-clinton-cookies-history/.

3. Clinton, *What Happened*, 136–37.

4. Joshua Green, "Take Two: Hillary's Choice," *The Atlantic*, November 2006, https://www.theatlantic.com/magazine/archive/2006/11/take-two-hillarys-choice/305292/.

5. Leslie Bennetts, "On Aggression in Politics: Are Women Judged by a Double Standard?," *New York Times*, February 12, 1979, https://www. nytimes.com/1979/02/12/archives/on-aggression-in-politics-are-women-judged-by-a-double-standard-one.html.

6. David Frum (*davidfrum*), Twitter post, September 26, 2016, https:// twitter.com/davidfrum/status/780580701422755840.

7. Clinton, *What Happened*, 122.

8. Clinton, *What Happened*, 134.

9. Clinton, *What Happened*, 133.

10. Clinton, *What Happened*, 134.

11. Marcus Noland, Tyler Moran, and Barbara Kotschwar, "Is Gender Diversity Profitable? Evidence from a Global Survey," Peterson Institute for InstitutionalEconomics Working Paper Series, February 2016, https://piie.com/publications/wp/wp16-3.pdf.

12. Jack Zenger and Joseph Folkman, "Are Women Better Leaders Than Men?," *Harvard Business Review*, March 15, 2012, https://hbr.org/2012/03/a-study-in-leadership-women-do.

13. Sonia Muir, "Heidi versus Howard—Perception Barrier to Be Hurdled," *Agriculture Today*, March 2012, https://www.dpi.nsw.gov.au/content/archive/agriculture-today-stories/ag-today-archive/march-2012/heidi-versus-howard-perception-barrier-to-be-hurdled-commissioner.

14. Madeline E. Heilman and Tyler G. Okimoto, "Why Are Women Penalized for Success at Male Tasks? The Implied Communality Deficit," *Journal of Applied Psychology* 92, no. 1 (January 2007): 81–92, https://nyuscholars.nyu.edu/en/publications/why-are-women-penalized-for-success-at-male-tasks-the-implied-com.

15. Drew DeSilver, "Despite Progress, U.S. Still Lags Many Nations in Women Leaders," Pew Research Center, January 26, 2015, http://www.pewresearch.org/fact-tank/2015/01/26/despite-progress-u-s-still-lags-many-nations-in-women-leadership/.

16. "Women and Leadership: Public Says Women Are Equally Qualified, but Barriers Persist," Pew Research Center, January 14, 2015, http://www.pewsocialtrends.org/2015/01/14/women-and-leadership/.

9. 우리가 참아온 대가

1. "More Than 12M 'Me Too' Facebook Posts, Comments, Reactions in 24 Hours," CBS, October 17, 2017, https://www.cbsnews.com/news/metoo-more-than-12-million-facebook-posts-comments-reactions-24-hours/.

2. Interview with the author, December 4, 2017.

3. Irin Carmon and Amy Brittain, "Eight Women Say Charlie Rose Sexually Harassed Them—with Nudity, Groping and Lewd Calls," *The*

Washington Post, November 20, 2017, https://www.washingtonpost. com/investigations/eight-women-say-charlie-rose-sexually-harassed- them--with-nudity-groping-and-lewd-calls/2017/11/20.

4. Julia Moskin and Kim Severson, "Ken Friedman, Power Restaurateur, Is Accused of Sexual Harassment," *New York Times*, December 12, 2017, https://www.nytimes.com/2017/12/12/dining/ken-friedman-sexual- harassment.html.

5. "The Criminal Justice System: Statistics," RAINN, https://www.rainn.org/ statistics/criminal-justice-system.

6. Jane Mayer and Ronan Farrow, "Four Women Accuse New York's Attorney General of Physical Abuse," *The New Yorker*, May 7, 2018, https://www.newyorker.com/news/news-desk/four-women-accuse- new-yorks-attorney-general-of-physical-abuse.

7. Interview with the author, November 9, 2017.

8. Leslie Morgan Steiner, *Crazy Love* (New York: St. Martin's Press, 2009).

9. Leslie Morgan Steiner, "Why Domestic Violence Victims Don't Leave," TEDxRainier, November 2012, https://www.ted.com/talks/leslie_ morgan_steiner_why_domestic_violence_victims_don_t_leave.

10. Steiner, *Crazy Love*, 93.

11. Interview with the author, February 4, 2018.

12. Margaret Atwood, *Second Words: Selected Critical Prose 1960 - 1982* (Toronto: House of Anansi, 2000), 413.

10. 지긋지긋한 싸움 끝내기

1. Betty Friedan, *The Feminine Mystique* (New York: Dell Publishing, 1963), 30.

2. Friedan, *The Feminine Mystique*, 19.

3. Friedan, *The Feminine Mystique*, 50.

4. Darla Halyk (New World Mom), Facebook post, February 8, 2018, https://www.facebook.com/NewWorldMom/posts/1827440660622445.

5. Miranda Larbi, "'I Can Do It All, but All of It Is Not Mine to Do' Should Be the Feminist Anthem of 2018," *Metro*, February 18, 2018, http://metro. co.uk/2018/02/18/can-not-mine-feminist-anthem-2018-7321935/.

6. Interview with the author, February 28, 2018.

7. Interview with the author, March 16, 2018.

8. Interview with the author, March 12, 2018.

9. Interview with the author, March 13, 2018.

10. Betty Friedan, *The Second Stage* (New York: Summit Books, 1981), 157.

11. 여자들에겐 집안일 유전자가 있을까

1. Interview with the author, March 7, 2018.

2. Barry Hewlett, *Intimate Fathers: The Nature and Context of Aka Pygmy Paternal Infant Care* (Ann Arbor: Univ. of Michigan Press, 1991).

3. Emma Seppala, "Are Women More Compassionate Than Men?," *Greater Good Magazine*, June 26, 2013, https://greatergood.berkeley.edu/article/item/are_women_more_compassionate_than_men.

4. Julie Blindel, "Iceland: The World's Most Feminist Country," *The Guardian*, March 25, 2010, https://www.theguardian.com/lifeandstyle/2010/mar/25/iceland-most-feminist-country.

5. Joanne Lipman, *That's What She Said: What Men Need To Know (and Women Need to Tell Them) About Working Together* (New York: HarperCollins, 2018), 224.

6. "Jóanna Sigurðardótir: 'Gender Equality Did Not Fall into Our Laps Without a Struggle,'" Women Political Leaders Global Forum, February 27, 2014, https://www.womenpoliticalleaders.org/j%C3%B3hanna-sigur%C3%B0ard%C3%B3ttir-gender-equality-did-not-fall-into-our-laps-without-a-struggle-1989/.

7. Ivana Kottasová, "Iceland Makes It Illegal to Pay Women Less Than Men," CNN Money, January 3, 2018, http://money.cnn.com/2018/01/03/news/iceland-gender-pay-gap-illegal/index.html.

12. 감정노동에 대해 이야기하기

1. Interview with the author, March 13, 2018.

2. Interview with the author, November 9, 2017.

13. 인정할 건 인정하자

1. Interview with the author, December 11, 2017.
2. Gretchen Rubin uses the phrase "Outer order, inner calm" often in her work.
3. Friedan, *The Second Stage*, 159.
4. Interview with the author, April 16, 2018.

14. 선을 그으면, 더욱 가치 있는 일이 된다

1. Interview with the author, November 17, 2017.
2. Interview with the author, March 15, 2018.
3. Gretchen Rubin, *Better Than Before: What I Learned About Making and Breaking Habits—to Sleep More, Quit Sugar, Procrastinate Less, and Generally Build a Happier Life* (New York: Random House, 2015), 223.
4. Brené Brown, "3 Ways to Set Boundaries," *O, The Oprah Magazine*, September 2013.

15. 버릴 것과 남길 것

1. Friedan, *The Second Stage*, 147.
2. Interview with the author, December 1, 2017.
3. Lisa Evans, "Why Are Women Entrepreneurs Paying Themselves Less Than They Deserve?," *Fast Company*, March 17, 2014, https://www.fastcompany.com/3027709/why-are-women-entrepreneurs-paying-themselves-less-than-they-deserve.
4. Interview with the author, April 16, 2018.

남자들은 항상 나를 잔소리하게 만든다

초판 1쇄 발행 2019년 10월 21일

지은이 ㅣ 제마 하틀리
옮긴이 ㅣ 노지양
발행인 ㅣ 김형보
편집 ㅣ 최윤경, 박민지, 강태영, 이환희, 김지희
마케팅 ㅣ 이연실, 김사룡
경영지원 ㅣ 최윤영

발행처 ㅣ 어크로스출판그룹(주)
출판신고 ㅣ 2018년 12월 20일 제 2018-000339호
주소 ㅣ 서울시 마포구 양화로10길 50 마이빌딩 3층
전화 ㅣ 070-5080-4037(편집) 070-8724-5877(영업) 팩스 ㅣ 02-6085-7676
e-mail ㅣ across@acrossbook.com

한국어판 출판권 ⓒ 어크로스출판그룹(주) 2019

ISBN 979-11-90030-22-9 03330

이 책은 저작권법에 따라 보호를 받는 저작물이므로 무단 전재와 무단 복제를 금지하며,
이 책의 전부 또는 일부를 이용하려면 반드시 저작권자와 어크로스출판그룹(주)의
서면 동의를 받아야 합니다.

이 도서의 국립중앙도서관 출판예정도서목록(CIP)은 서지정보유통지원시스템 홈페이지
(http://seoji.nl.go.kr)와 국가자료공동목록시스템(http://www.nl.go.kr/kolisnet)에서 이용
하실 수 있습니다.(CIP제어번호 : CIP2019039293)

만든 사람들
편집 ㅣ 최윤경
교정교열 ㅣ 오효순
디자인 ㅣ 어나더페이퍼
본문 조판 ㅣ 성인기획